NOUVEAU PROGRAMME 2019

Impulse 2de

Allemand A2 → B1

Direction pédagogique :
Catherine TORRES-SPARTALIS
Inspectrice Pédagogique Régionale honoraire

Caroline MORINIAUX
Professeure agrégée
Lycée du Parc des Loges, Evry (91)
Académie de Versailles

Simone PRÜCKL
Professeure agrégée
Lycée Parc de Vilgénis, Massy (91)
Académie de Versailles

Nicole THIERY-CHASTEL
Professeure agrégée
Lycée Alexandre Dumas, Saint-Cloud (92)
Formatrice académique, Académie de Versailles

Nathan

Bienvenue dans *Impulse* 2de !

La Seconde est une année charnière : elle fait la transition entre le collège et le cycle terminal. En allemand LVA, votre objectif est de consolider le niveau B1 du CECRL afin de vous engager vers le niveau B2.
En LVB, il s'agit de consolider le niveau A2 afin de vous engager vers le niveau B1.
D'un point de vue culturel, les programmes s'organisent autour de la thématique « L'art de vivre ensemble ».
Elle est déclinée en 8 axes :

1. Vivre entre générations
2. Les univers professionnels, le monde du travail
3. Le village, le quartier, la ville
4. Représentation de soi et rapport à autrui
5. Sports et société
6. La création et le rapport aux arts
7. Sauver la planète, penser les futurs possibles
8. Le passé dans le présent

	A2	B1
Écouter	• Je peux comprendre des expressions et un vocabulaire très fréquent relatifs à ce qui me concerne de très près (par exemple moi-même, ma famille, les achats, l'environnement proche, le travail). • Je peux saisir l'essentiel d'annonces et de messages simples et clairs.	• Je peux comprendre les points essentiels quand un langage clair et standard est utilisé et s'il s'agit de sujets familiers concernant le travail, l'école, les loisirs, etc. • Je peux comprendre l'essentiel de nombreuses émissions de radio ou de télévision sur l'actualité ou sur des sujets qui m'intéressent à titre personnel ou professionnel si l'on parle d'une façon relativement lente et distincte.
Lire	• Je peux lire des textes courts très simples. • Je peux trouver une information particulière prévisible dans des documents courants comme les publicités, les prospectus, les menus et les horaires et je peux comprendre des lettres personnelles courtes et simples.	• Je peux comprendre des textes rédigés essentiellement dans une langue courante ou relative à mon travail. • Je peux comprendre la description d'événements, l'expression de sentiments et de souhaits dans des lettres personnelles.
Interagir à l'oral	• Je peux communiquer lors de tâches simples et habituelles ne demandant qu'un échange d'informations simple et direct sur des sujets et des activités familières. • Je peux avoir des échanges très brefs même si, en règle générale, je ne comprends pas assez pour poursuivre une conversation.	• Je peux faire face à la majorité des situations que l'on peut rencontrer au cours d'un voyage dans une région où la langue est parlée. • Je peux prendre part sans préparation à une conversation sur des sujets familiers ou d'intérêt personnel ou qui concernent la vie quotidienne (par exemple famille, loisirs, travail, voyage et actualité).
Interagir à l'écrit	• Je peux m'engager dans une interaction sociale simple, dire ce que je ressens, ce que je fais ou ce dont j'ai besoin, et répondre aux commentaires par des remerciements, des excuses ou des réponses aux questions. • Je peux mener à bien certaines transactions, comme acheter des produits, je peux suivre des instructions simples et je peux participer à une tâche commune avec un partenaire coopératif.	• Je peux interagir à propos d'expériences, d'événements, d'impressions et d'émotions à condition de pouvoir préparer. • Je peux demander ou donner des éclaircissements simples et répondre aux commentaires et aux questions en donnant quelques détails. • Je peux participer à un projet avec un groupe de travail, à condition qu'il y ait des aides visuelles, comme des images, des statistiques et des graphiques pour clarifier les notions compliquées.
Parler en continu	• Je peux utiliser une série de phrases ou d'expressions pour décrire en termes simples ma famille et d'autres gens, mes conditions de vie, ma formation et mon activité professionnelle actuelle ou récente.	• Je peux m'exprimer de manière simple afin de raconter des expériences et des événements, mes rêves, mes espoirs ou mes buts. • Je peux brièvement donner les raisons et explications de mes opinions ou projets. Je peux raconter une histoire ou l'intrigue d'un livre ou d'un film et exprimer mes réactions.
Écrire	• Je peux écrire une série d'expressions et de phrases simples reliées entre elles avec des connecteurs simples comme « et », « mais » et « parce que ».	• Je peux écrire un texte simple et cohérent sur des sujets familiers ou qui m'intéressent personnellement.
Médiation	• Je peux transmettre les points principaux de courts textes simples portant sur des sujets d'intérêt immédiat s'ils sont exprimés clairement en langue familière. • Je peux participer à la réalisation de tâches concrètes simples, demander aux autres ce qu'ils pensent, faire des suggestions et comprendre les réponses, si je peux faire répéter ou reformuler de temps en temps. • Je peux faire des suggestions de façon simple pour faire avancer le débat et je peux demander ce que les gens pensent de certaines idées. • Je peux contribuer à la communication avec des mots simples et inviter les gens à expliquer des choses, indiquer quand je comprends et/ou si je suis d'accord. • Je peux donner l'essentiel de ce qui est dit dans des situations quotidiennes prévisibles au sujet de désirs et de besoins personnels. • Je peux voir quand les interlocuteurs ne sont pas d'accord ou quand il y a des difficultés et je peux utiliser des expressions simples pour aller vers un compromis ou un accord.	• Je peux transmettre les informations données dans des textes informatifs clairs et bien structurés, sur des sujets familiers ou d'ordre personnel. • Je peux aider à définir une tâche en termes simples et demander aux participants d'apporter leur expertise. • Je peux inviter les gens à parler, à expliquer leurs points de vue ou à préciser certains points qu'ils ont évoqués. • Je peux poser des questions appropriées pour vérifier la compréhension de notions et je peux répéter en partie ce qui a été dit pour confirmer une compréhension mutuelle. • Je peux aider à la création d'une culture commune en présentant les gens, en échangeant des informations sur les priorités et poser de simples questions pour avoir une confirmation et/ou une clarification. • Je peux donner l'essentiel de ce qui est dit si les interlocuteurs parlent clairement et m'accordent des pauses pour réfléchir à la façon de présenter les choses.

Source : Grille pour l'auto-évaluation (incluant l'interaction en ligne et la médiation), CECRL : *Volume complémentaire avec de nouveaux descripteurs du CECRL, février 2018*

ISBN 978.2.09.178156.3

Impulse 2de

va vous permettre d'approfondir votre connaissance du monde germanophone et de progresser en allemand grâce à des supports authentiques et des outils innovants tels que Nathan live!.

Une transition douce entre la classe de 3e et le cycle terminal... pour mieux prendre en compte votre parcours individuel

Chacun des huit axes du programme est abordé dans **deux contextes culturels** différents, du plus simple au plus complexe, du plus proche au plus éloigné de votre réalité. Pour chaque document, sont proposées des **activités exploitables à différents niveaux de compétence, de A2 à B1**.

Un ancrage culturel fort... pour donner du sens aux apprentissages

Seize problématiques ancrées dans l'aire culturelle germanophone vous permettent d'en explorer les réalités géographiques, sociologiques, artistiques, historiques... puis de les comparer avec les environnements qui vous sont plus familiers.

Les documents authentiques variés motivent la lecture, l'écoute, suscitent la réflexion individuelle, la prise de parole, les échanges entre pairs, les recherches pour prolonger le travail de classe.

Un renforcement linguistique progressif... pour permettre à chacun de conforter son autonomie langagière

Les activités proposées vous permettent **d'approfondir** progressivement **votre étude de la langue**, **d'enrichir votre lexique**, **de vous approprier les structures grammaticales** indispensables à la communication orale et écrite. **Phonétique et prosodie** font l'objet d'entraînements spécifiques dans chacune des unités.

Des activités de médiation... pour favoriser la réflexion sur sa propre culture, les langues parlées et apprises et encourager la décentration et la mise en perspective

Dans les consignes ainsi que dans des rubriques spécifiques – ***Zwischen den Kulturen***, ***Über die Grenzen hinaus*** – ***Impulse*** vous invite à construire du lien avec les autres langues et les autres disciplines, mais aussi avec votre environnement, votre culture et votre répertoire linguistique. En cela, ***Impulse*** contribue à la construction de la citoyenneté et du **parcours Avenir**.

Des travaux collaboratifs, en présentiel ou virtuels... pour développer la compétence sociale, la capacité à travailler ensemble et à communiquer

Impulse favorise les travaux collaboratifs, sans négliger réflexion et recherche personnelles qui garantissent l'implication de chacun. Les stratégies d'apprentissage, si elles sont individuelles, peuvent être travaillées et enrichies en binômes et en groupes : ***Impulse*** propose également des jeux de mémorisation, des activités de réflexion sur la langue, des bilans.

Des évaluations et bilans réguliers... pour permettre à chacun de se situer et de progresser sur le chemin des apprentissages et de l'autonomie

Le manuel, complété par des **tests d'évaluation** et un fichier téléchargeable ***Auf dem Weg zur Certification***, permet de faire des bilans réguliers de vos différentes compétences langagières, culturelles et interculturelles. Il vous prépare ainsi également à **la Certification A2-B1**.

Viel Erfolg und viel Spaß mit ***Impulse***

Les auteures

À la découverte de votre manuel

Pour découvrir et comprendre

Dans votre manuel, chaque unité comporte quatre pages de documents pour découvrir les différents aspects de la thématique culturelle abordée.

À quoi sert la page d'ouverture ?

- Elle vous permet de découvrir la problématique de l'unité à travers un grand visuel et une activité orale interactive qui servent d'entrée en matière.

Comment fonctionnent les pages *Blick auf...* ?

- Chaque double page traite d'un des aspects de la problématique à travers plusieurs **documents authentiques**. Elle propose des **activités de réception et de production** adossées au niveaux du CECRL.
- Des boîtes ***Wortschatz*** et ***Tipp!*** sont à disposition pour vous donner des outils linguistiques afin de vous exprimer sur les documents.
- La rubrique ***Recherchieren*** vous donne des pistes pour approfondir le sujet par des lectures ou des recherches complémentaires dont vous rendez ensuite compte à la classe.

Pour maîtriser la langue et préparer la tâche finale

Quels outils sont à votre disposition pour progresser en grammaire, vocabulaire et phonologie ?

Dans chaque unité, deux pages ***Grammatik macht Sinn*** et ***Wortschatz macht Sinn*** permettent un travail systématique sur les outils linguistiques découverts dans les documents et utiles à la réalisation de la tâche finale.

- La page ***Grammatik macht Sinn*** vous propose une pause réflexive sur la construction de la langue allemande, suivie d'activités progressives.
- La page ***Wortschatz macht Sinn*** est divisée en trois parties : une **carte mentale** lexicale pour faciliter la mémorisation, des activités de manipulation du lexique et une rubrique ***Prosodie und Phonetik*** pour vous faire progresser en prononciation.

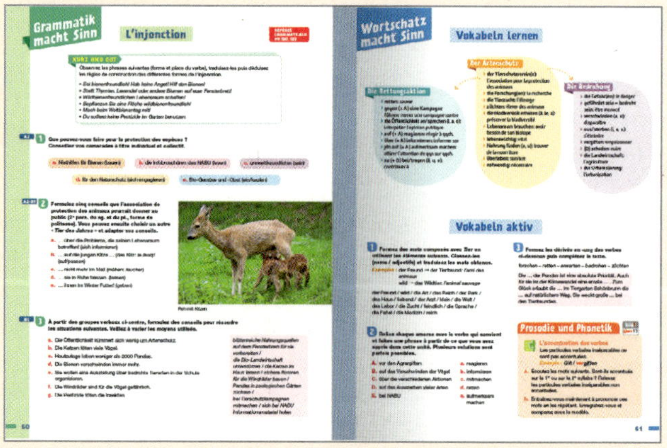

Les pictos de votre manuel

Compréhension de l'oral

Compréhension de l'écrit

Expression orale en continu

Expression orale en interaction

Expression écrite

Expression écrite en interaction

Médiation écrite ou orale

Interlangues

REPÈRES GRAMMATICAUX P. 184 — Renvoi aux repères grammaticaux en fin de manuel

Nathan live! VIDÉO — Vidéo accessible via *Nathan live !* ou dans votre manuel numérique

Nathan live! MP3 3 — Audio accessible via *Nathan live !*, sur le site compagnon **lyceen.nathan.fr/impulse2** ou dans votre manuel numérique

Pour progresser et vous évaluer

À quoi sert la page *Finale* ?

Cette page est l'aboutissement de votre travail sur l'ensemble de l'unité.

Elle vous permet de montrer que vous avez compris les enjeux de la problématique, assimilé les éléments culturels et appris à manipuler les outils linguistiques nécessaires pour vous exprimer.

La rubrique ***Schritt für Schritt*** est un guide précieux pour vous accompagner dans votre production.

Comment utiliser les pages *Testen Sie sich!* ?

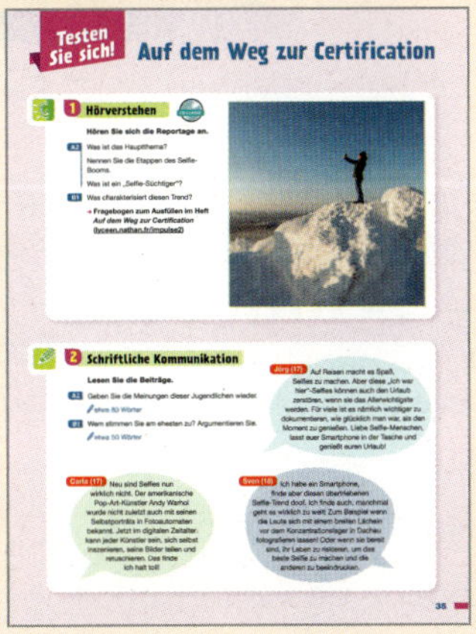

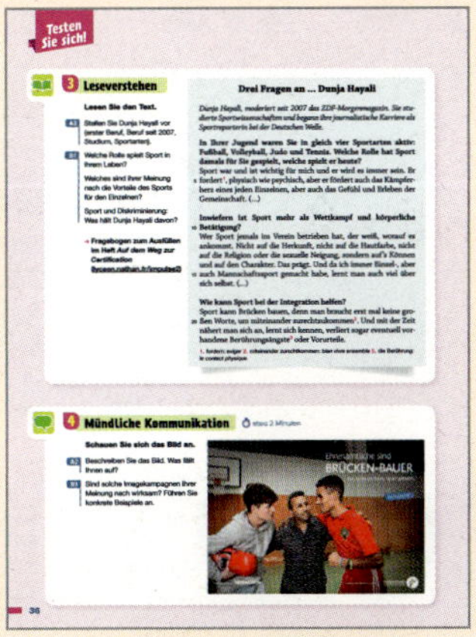

- Toutes les deux unités, vous trouvez **deux pages d'évaluation** dont l'objectif est de vous situer par rapport aux niveaux du CECRL. Les deux premières activités proposées se réfèrent à l'axe de la première des deux unités, les deux suivantes à la seconde.
- Ces activités sont complétées par le ***fichier de certification*** téléchargeable sur le site compagnon **lyceen.nathan.fr/impulse2**.

Quels autres outils pouvez-vous utiliser dans votre manuel ?

À la fin du manuel, vous disposez de pages qui peuvent vous être utiles tout au long de l'année :

- ***Lektüre*** : une lecture suivie et didactisée vous permet d'aborder un texte long en toute confiance.
- Les pages ***Méthodologie*** fournissent des stratégies pour maîtriser les différentes compétences langagières.
- Les ***repères grammaticaux*** viennent compléter les pages ***Grammatik macht Sinn*** de chaque unité.

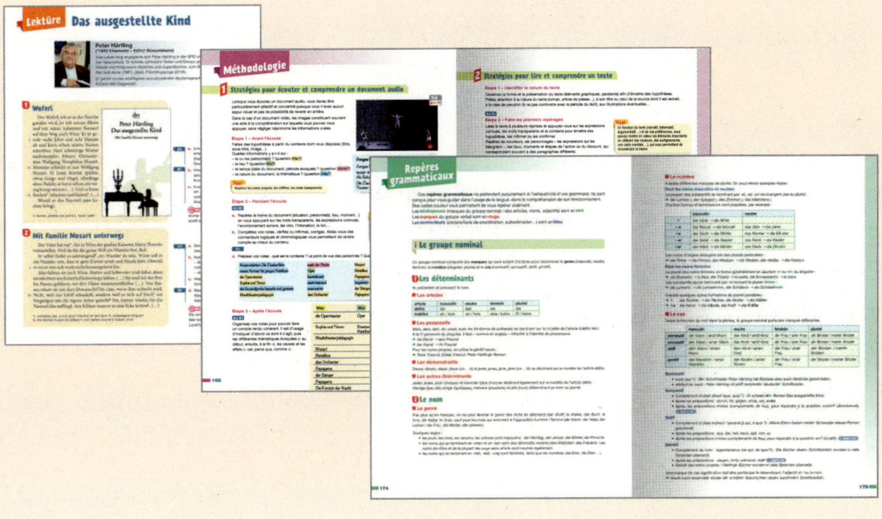

Sommaire

- AXE MAJEUR
- axe mineur

Sommaire

● AXE MAJEUR
● axe mineur

Sommaire

- AXE MAJEUR
- axe mineur

Unités par axe du programme

BIENVENUE AU LYCÉE

Votre année de Seconde

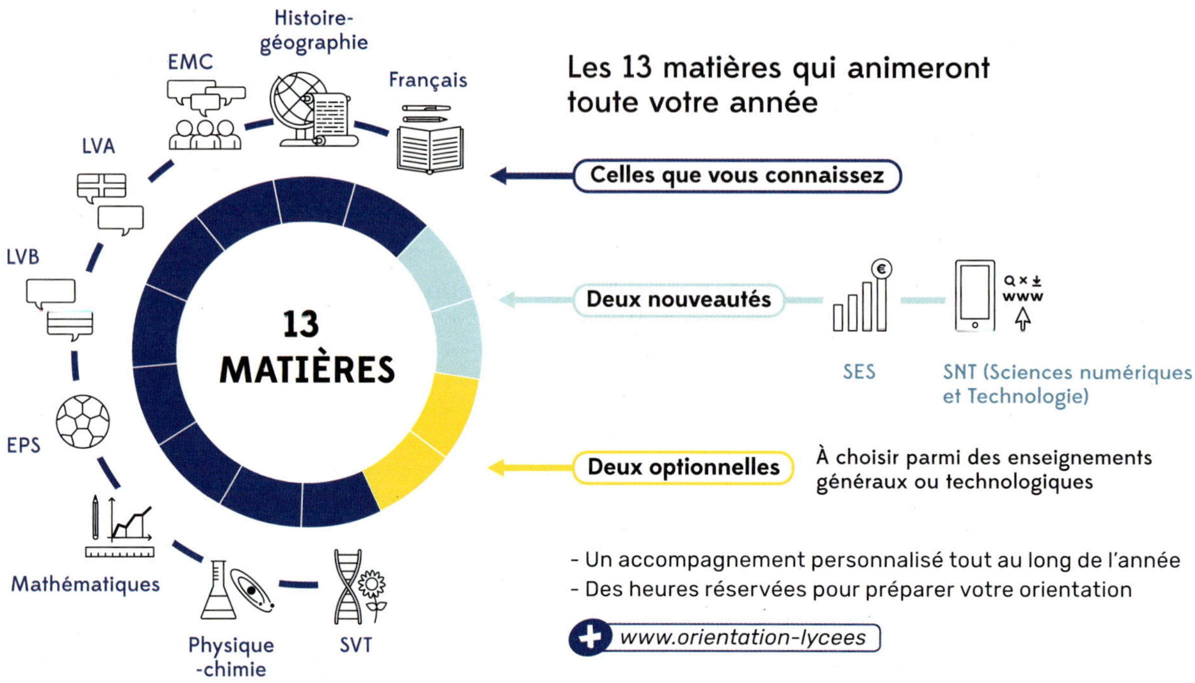

Les 13 matières qui animeront toute votre année

Celles que vous connaissez

Deux nouveautés : SES ; SNT (Sciences numériques et Technologie)

Deux optionnelles : À choisir parmi des enseignements généraux ou technologiques

- Un accompagnement personnalisé tout au long de l'année
- Des heures réservées pour préparer votre orientation

+ *www.orientation-lycees*

Préparez vos choix pour la Première

LA VOIE TECHNOLOGIQUE

Les séries technologiques sont organisées autour de grands domaines de connaissances appliquées aux différents secteurs d'activités et proposent l'étude de situations concrètes.

LA VOIE GÉNÉRALE

Un tronc commun et trois enseignements de spécialités qui ouvrent des horizons. Un choix très ouvert: vous poursuivrez deux de ces spécialités en Terminale.

+ *www.horizons2021.fr*

Votre Bac démarre dès la Première

BULLETINS

Vos bulletins scolaires de Première et de Terminale seront pris en compte dans la note finale.

ÉPREUVES

En Première et en Terminale, vous serez évalué en contrôle continu dans votre lycée. Vous passerez aussi des épreuves nationales.

GRAND ORAL

Une nouvelle épreuve pour tous en Terminale.

Construisez votre parcours professionnel

VOUS

- Explorez le monde professionnel.
- Découvrez les formations du Supérieur.
- Interrogez-vous sur vos centres d'intérêt et vos atouts.

VOTRE LYCÉE

- Bénéficiez de l'accompagnement personnalisé et des Semaines de l'orientation.
- Adressez-vous à votre professeur principal, aux psychologues de l'éducation nationale (au lycée ou au CIO).

LES OUTILS NUMÉRIQUES

Posez directement vos questions aux conseillers ONISEP sur la plate-forme gratuite et personnalisée Mon Orientation.

+ *www.monorientationenligne.fr*

AUTOUR DE VOUS

Journées portes ouvertes, Salons, stages d'immersion, visites d'entreprise...

Retrouvez tous les liens utiles pour votre orientation sur le site nathan.fr/onisep

Demain, la Première

Deux voies d'orientation s'offrent à vous

Le conseil de classe du 3e trimestre étudiera votre choix et le chef d'établissement prendra une décision.

UN BACCALAURÉAT GÉNÉRAL

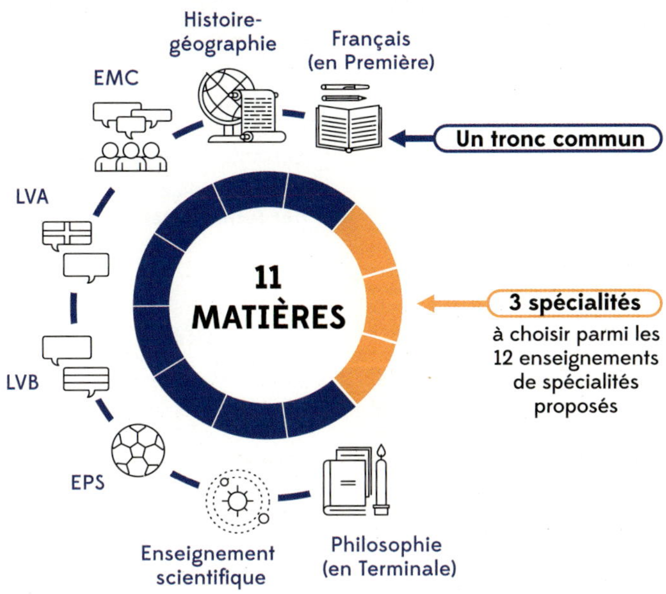

12 enseignements de spécialités

- Histoire-géographie, géopolitique et sciences politiques
- Langues, littératures et cultures étrangères
- Sciences de la vie et de la Terre
- Sciences économiques et sociales
- Mathématiques
- Numérique et sciences informatiques
- Humanités, littérature et philosophie
- Sciences de l'ingénieur
- Littérature, langues et cultures de l'Antiquité
- Physique-chimie
- Arts
- Biologie-écologie *(dispensé en lycées agricoles)*

Découvrez les horizons que vous ouvrent vos choix d'enseignement de spécialités *www.horizons2021.fr*

UN BACCALAURÉAT TECHNOLOGIQUE

Disciplines communes à tous les Baccalauréats technologiques (sauf TMD) avec des programmes adaptés à chaque série.

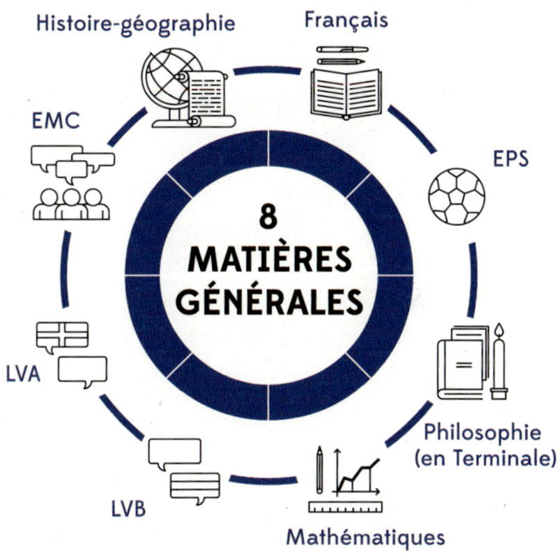

8 séries technologiques

- STL laboratoire
- TMD musique, danse
- STD2A design, arts appliqués
- STMG management, gestion
- ST2S santé, social
- STAV agronomie et vivant
- STHR hôtellerie, restauration
- STI2D industrie, développement durable

Nathan onisep

SAVOIR S'ORGANISER POUR RÉUSSIR

Pour réussir sa classe de Seconde au lycée, il faut être capable de s'organiser ! Être lycéen, c'est gagner en liberté, mais c'est aussi devoir faire preuve d'autonomie. Comment faire pour ne pas se laisser déborder par le travail ? Voici quelques pistes qui pourront vous aider.

1 ORGANISER SON TEMPS DE TRAVAIL

Imprimez-vous un emploi du temps.
Coloriez les plages horaires selon le code suivant :

- (bleu) Le temps en classe
- (vert) Le temps réservé aux activités extrascolaires et aux loisirs (musique, sport, sorties…)
- (jaune) Les moments disponibles pour travailler, que ce soit à la maison, au lycée, en bibliothèque…

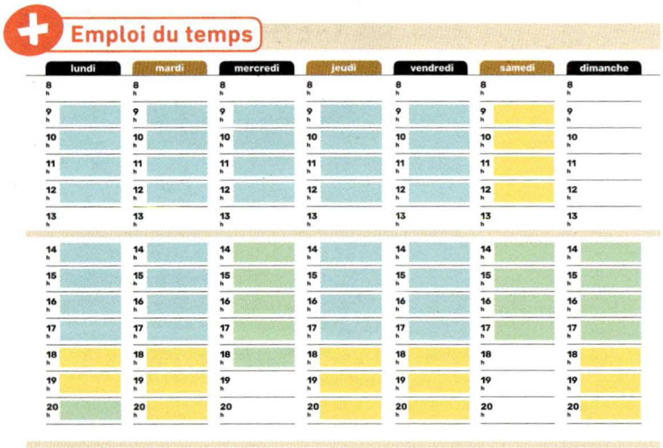

Conseil

Pensez à dégager plusieurs créneaux dans la semaine pour travailler. Il vaut mieux travailler 45 minutes à 1h30 par jour plutôt que 4 heures en une seule fois : on est moins efficace et c'est décourageant.

Les avantages de cette méthode

- Vous apprenez à être organisé(e) et à anticiper : vous êtes capable de vous y prendre à l'avance !
- Vous développez un travail régulier et de bonnes habitudes qui vous permettront de réussir au lycée.

2 PLANIFIER SON TRAVAIL

Une fois que vous aurez déterminé les plages horaires dédiées au travail, il faudra ensuite **planifier,** c'est-à-dire savoir ce que vous avez à faire, quand vous pouvez le faire, tout en étant capable de vous adapter.

Chaque week-end, listez le travail que vous devez effectuer pour la ou les semaine(s) à venir :

- Les **devoirs** – exercices, devoirs à la maison, livre à lire…
- Les **révisions** pour les évaluations, mais aussi toutes les leçons à revoir, même lorsque le professeur ne le demande pas.

Sur votre planning de la semaine, notez les devoirs et révisions que vous effectuerez au fur et à mesure, afin de ne pas être débordé(e) et pour ne pas avoir à travailler à la dernière minute.

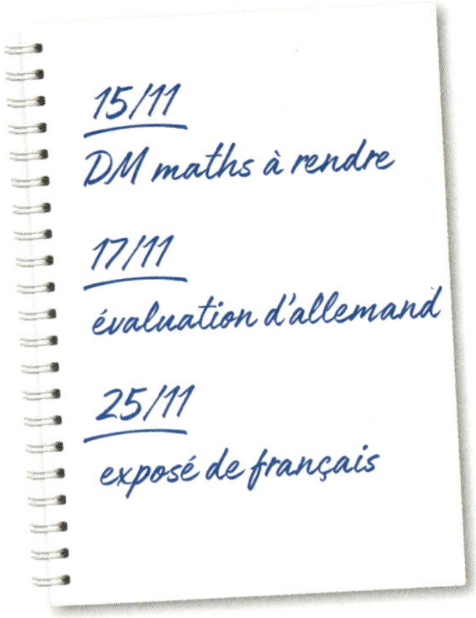

Conseil

Commencez toujours par le plus important et le plus gros à faire, il sera ensuite plus facile de finir avec des petites tâches, moins importantes.

3 TRAVAILLER DANS DE BONNES CONDITIONS

- Travaillez au calme : coupez-vous de toutes sources de distraction (réseaux sociaux, sms, internet, jeux vidéo, télévision). Soyez reposé(e) et détendu(e) !
- Ayez confiance en vous et en vos capacités : la réussite résulte des efforts que vous aurez engagés.

Les avantages de cette méthode

Vous permettez à votre cerveau de se concentrer sur une seule tâche à accomplir, car NON, le cerveau n'est pas multitâche ! Il lui est très difficile de faire 2 choses en même temps.

4 SE FIXER DES OBJECTIFS

- Pour vous aider à développer vos capacités et à progresser, vous pouvez créer un « tableau d'objectifs » : chaque mois, évaluez-vous dans chaque matière. Vous pouvez utiliser un code couleur (pastilles, autocollants…).

+ Tableau à imprimer

	Français	Histoire-géographie	Maths	Allemand	....
Réviser les leçons tous les soirs	🔴🔵⚪⚪ ⚪⚪⚪⚪ ⚪⚪	🟡🔴⚪⚪ ⚪⚪⚪⚪ ⚪⚪	🔵🔵⚪⚪ ⚪⚪⚪⚪ ⚪⚪	🟡🟡⚪⚪ ⚪⚪⚪⚪ ⚪⚪	⚪⚪⚪⚪ ⚪⚪⚪⚪ ⚪⚪
Participer en classe et être attentif	🔵🔵⚪⚪ ⚪⚪⚪⚪ ⚪⚪	🔴🔵⚪⚪ ⚪⚪⚪⚪ ⚪⚪	🟡🔵⚪⚪ ⚪⚪⚪⚪ ⚪⚪	🔵🔵⚪⚪ ⚪⚪⚪⚪ ⚪⚪	⚪⚪⚪⚪ ⚪⚪⚪⚪ ⚪⚪
Faire des fiches de révision	🟡🔴⚪⚪ ⚪⚪⚪⚪ ⚪⚪	🟡🟡⚪⚪ ⚪⚪⚪⚪ ⚪⚪	🟡🔵⚪⚪ ⚪⚪⚪⚪ ⚪⚪	🔴🟡⚪⚪ ⚪⚪⚪⚪ ⚪⚪	⚪⚪⚪⚪ ⚪⚪⚪⚪ ⚪⚪
Soigner le travail maison	🟡🔵⚪⚪ ⚪⚪⚪⚪ ⚪⚪	🟡🔴⚪⚪ ⚪⚪⚪⚪ ⚪⚪	🟡🔵⚪⚪ ⚪⚪⚪⚪ ⚪⚪	🔴🔵⚪⚪ ⚪⚪⚪⚪ ⚪⚪	⚪⚪⚪⚪ ⚪⚪⚪⚪ ⚪⚪

🔵 **Très bien** 🟡 **Moyen** 🔴 **Attention !**

Les avantages de cette méthode

- Vous apprenez à prioriser : repérer et effectuer en priorité les tâches les plus importantes ou celles qui prendront le plus de temps.
- Vous apprenez à avancer « petits pas par petits pas », « sans vous stresser ».

5 DÉVELOPPER DIFFÉRENTES MÉTHODES POUR COMPRENDRE ET MÉMORISER

- S'organiser au lycée, c'est aussi travailler en équipe ou en binôme, faire des fiches de révision, des tableaux de synthèse ou des cartes mentales pour résumer les chapitres.
- Vous pouvez aussi vous entraîner sur des exercices, réaliser des capsules vidéos ou vous enregistrer, travailler votre mémoire…

Les avantages de cette méthode

- Donnez du sens à votre année.
- Trouvez du plaisir à travailler et visualisez vos progrès.
- Acceptez de faire des erreurs et dites-vous que l'on peut toujours recommencer.
- Prenez confiance en vous, en votre potentiel et en vos qualités.

TEST

QUEL EST MON TYPE DE MÉMOIRE ?

Tout le monde est capable d'apprendre ! Il est utile pour cela de trouver les bonnes méthodes et de créer les bons outils. Faites ce test pour mieux vous connaître et identifier quel(s) type(s) de mémoire vous correspond(ent) !

Légendes

- **Ça me correspond tout à fait ▸ 4 points**
- **Ça me correspond un peu ▸ 3 points**
- **Ce n'est pas vraiment moi ▸ 2 points**
- **Ça ne me correspond pas du tout ▸ 1 point**

1. Je dessine des schémas, des cartes mentales, des affiches pour m'aider à mémoriser.
2. Je me souviens mieux de ce que je lis que de ce que j'entends.
3. Quand j'apprends du vocabulaire, je me répète la définition dans ma tête.
4. Pour mobiliser une information, je me souviens surtout des pages du manuel ou de mon cahier qui y sont consacrées.
5. Je comprends mieux les consignes orales que les consignes écrites.
6. Je préfère lire une histoire que l'entendre.
7. J'apprends mieux un mot si je l'écris plusieurs fois.
8. Je comprends mieux quand je lis ma leçon à voix haute.
9. Je me souviens mieux des repères ou des règles en les répétant.
10. J'apprends mieux quand je marche ou que je fais tourner un objet dans mes mains.
11. Quand je relis ma leçon, il me vient beaucoup d'images du cours.
12. J'aime construire des choses et bricoler.
13. Je comprends mieux les explications sous forme de tableau ou de schéma.
14. Pour retrouver une information, je me souviens surtout de ce que je faisais au moment de l'apprendre.
15. Pour retrouver une information, je me souviens surtout de ce que mon professeur a dit à ce sujet.

Résultats

Vos résultats peuvent être proches dans deux colonnes, ce qui signifie que vous combinez plusieurs types de mémoire !

A	B	C
Additionnez le nombre de points obtenus aux questions :	Additionnez le nombre de points obtenus aux questions :	Additionnez le nombre de points obtenus aux questions :
2 4 6 11 13	3 5 8 9 15	1 7 10 12 14

Si votre score de la **COLONNE A** est le plus élevé : vous avez plutôt une **mémoire visuelle**.

Si votre score de la **COLONNE B** est le plus élevé : vous avez plutôt une **mémoire auditive**.

Si votre score de la **COLONNE C** est le plus élevé : vous avez plutôt une **mémoire corporelle**.

LA MÉMOIRE VISUELLE

Avoir une mémoire visuelle signifie que vous retenez mieux ce que vous lisez, voyez ou écrivez. Vous photographiez mentalement les pages de vos cahiers, le tableau…

Vos outils

- Soignez votre travail, la présentation de vos cours pour que vos cahiers ou vos classeurs soient agréables à regarder.
- Utilisez tout ce qui peut marquer votre mémoire visuellement : couleurs, schémas, mise en page…
- Surlignez ou soulignez des mots, des phrases, des terminaisons, etc. ou utilisez des codes couleurs.

LA MÉMOIRE AUDITIVE

Avoir une mémoire auditive signifie que vous retenez mieux ce que vous entendez. Vous comprenez et mémorisez mieux lorsque vous lisez des informations à voix haute et que vous les reformulez avec vos propres mots.

Vos outils

- Écoutez bien en classe et révisez en oralisant : lisez vos cours à voix haute, mais aussi les consignes des exercices, le vocabulaire que vous voulez apprendre, etc. Vous pouvez aussi vous enregistrer, puis écouter l'enregistrement plusieurs fois pour bien mémoriser les informations importantes.
- Vous pouvez également travailler en duo ou en groupe : échangez des questions, reformulez ensemble ce que vous avez compris.

LA MÉMOIRE CORPORELLE

Avoir une mémoire corporelle signifie que vous retenez mieux en bougeant, en faisant des mouvements. Vos sensations et vos émotions jouent un rôle important dans le processus de mémorisation.

Vos outils

- Privilégiez les activités de manipulation, les jeux et l'écriture pour apprendre.
- Rédigez des fiches de révision, des listes de mots, des résumés très courts.
- Utilisez un des murs de votre chambre pour installer un tableau blanc (ou des feuilles de papier) : cela vous servira à lister, à faire des schémas, à organiser vos idées.
- Identifiez les mouvements qui vous permettent de mieux vous concentrer (marcher, faire bouger un objet dans vos mains…) et faites-les lorsque vous révisez.

Ein Gespräch führen / Sich mündlich ausdrücken

Grüßen und sich verabschieden

- Hallo! / Guten Morgen! / Guten Tag! / Guten Abend!
- Kann ich dich / Sie sprechen?
- Entschuldigung! / Entschuldigen Sie!
- Wie geht es dir? / Wie geht es Ihnen?
- Könntest du bitte … / Könnten Sie bitte …
- Tschüs! / Bis bald! / Mach's gut! / Bis später! / Auf Wiedersehen!

Seine Meinung äußern

- Ich meine / denke, dass …
- Meiner Meinung / Ansicht nach ...
- Ich halte ... für ...
- Ich lege (viel / wenig / großen / keinen) Wert auf (+ A).
- Für mich ist ... (sehr, wenig, kaum, nicht) wichtig.

Einverstanden sein

- Das denke ich auch.
- Das ist gut möglich.
- Das stimmt.
- Das ist richtig.
- Er / Sie hat sicher recht.

Nicht einverstanden sein

- Damit bin ich gar nicht einverstanden.
- Da bin ich ganz anderer Meinung.
- Das ist nicht wahr.
- Das ist sicher ein Irrtum.
- Das kann ich mir nicht vorstellen!
- Das sehe ich anders.
- Das stimmt nicht.
- Ich glaube eher, dass ...

Etwas vorschlagen

- Ich schlage dir / Ihnen vor, ...
- Hättest du / Hätten Sie Lust, ...
- Wie wär's, wenn ...?

Nachfragen

- Was meinst du / meinen Sie?
- Was sagst du / sagen Sie dazu?
- Was hältst du / halten Sie von (+ D)?
- Wie denkst du / denken Sie darüber?
- Was meinst du / meinen Sie damit?
- Was willst du / wollen Sie damit sagen?
- Es tut mir leid. Ich habe Sie nicht verstanden.
- Wie kommt es, dass ...?

Positiv reagieren

- Das ist eine prima Idee. / Tolle Idee!
- Die Idee ist nicht schlecht!
- Aber gern!
- Mit Vergnügen!

Negativ reagieren

- Nein, dazu habe ich keine Lust.
- Das finde ich langweilig.
- Das gefällt mir nicht.
- Das passt mir nicht.
- Ich interessiere mich nicht dafür.

Nuancieren

- Er / sie soll … sein / haben.
- Es heißt, er / sie sei …
- Man hat mir gesagt, er / sie wäre ...
- Angeblich …
- Anscheinend …
- Scheinbar …
- Vielleicht ...
- Es mag sein, dass …
- Wahrscheinlich …
- Es kann / könnte sein, dass …

Zum Schluss

- Abschließend möchte ich sagen …
- Letzten Endes ...
- Um zum Schluss zu kommen ...

KAPITEL 1

Die Kunst der Selbstinszenierung

→ Selbstbildnisse: nur eine Zeiterscheinung?

Vor dem Brandenburger Tor in Berlin

Auf geht's!

a. Schauen Sie sich das Bild an. Warum macht die junge Frau vielleicht ein Foto von sich?

b. Und Sie? Machen Sie auch Selfies? Wozu?

FINALE → p. 26

Projekt Ein Bild von sich erstellen und vorstellen

Schritt für Schritt Ein Porträt erstellen

Blick auf... Berühmte Selbstporträts

1 Zwei Selbstbildnisse

Gruppenarbeit: Wählen Sie eines der beiden Bilder.

A2
a. Wie hat sich der Maler dargestellt? Machen Sie sich Notizen (Haare, Kopf, Augen, Hand, Gesicht …).
b. Was fällt Ihnen auf (die Kleider, die Farben, das Licht, der Hintergrund …)?

B1
c. Machen Sie sich Notizen zu der Stimmung des Bildes (Gesichtsausdruck, Haltung).
d. Welches Bild gibt der Maler von sich?

A2-B1
e. Bereiten Sie eine kurze Präsentation des gewählten Bildes für die andere Gruppe vor.
Der Maler stellt sich als ... dar. Er gibt sich als ... Ich denke an (+ A) …

Recherchieren Dürer und Schiele haben noch andere Selbstbildnisse gemalt. Wählen Sie eins und vergleichen Sie es mit den Bildern auf diesen Seiten. Präsentieren Sie dann Ihr Bild der Klasse.

Bild A

Albrecht Dürer (1471-1528), *Selbstbildnis im Pelzrock*, 1500

Albertus Durerus Noricus ipsum me propriis sic effin gebam coloribus aetatis anno XXVIII

So malte ich, Albrecht Dürer aus Nürnberg, mich selbst in naturgetreuen Farben im Alter von 28 Jahren.

Albrecht Dürer wird 1471 als Sohn eines Goldschmieds[1] in Nürnberg geboren. In dieser Stadt stirbt er 1528. Schon als Junge arbeitet er in der Werkstatt[2] seines Vaters. Sehr früh zeigt sich sein Talent zum Zeichnen[3] und Malen. Fasziniert von der italienischen Renaissance reist Dürer mehrmals nach Italien. Das erste Selbstbildnis zeichnete Albrecht Dürer schon im Alter von dreizehn Jahren. Es ist eines der ersten autonomen Selbstporträts der Kunstgeschichte.

1. der Goldschmied(e): *l'orfèvre*
2. die Werkstatt(¨en): *l'atelier*
3. zeichnen: *dessiner*

Bild B

Egon Schiele (1890-1918), *Selbstbildnis mit Pfauenweste*, 1911

Wortschatz

- **ein Selbstbildnis malen:** peindre un autoportrait
- **sich als ... dar/stellen:** se représenter en...
- **selbstbewusst = selbstsicher**
- **ernst:** sérieux
- **etw. verschönern:** embellir qqch.
- **ein Idealbild von sich geben (i, a, e):** donner une image idéale de soi
- **den Betrachter an/sehen (ie, a, e):** regarder le spectateur
- **den Eindruck haben, dass ...:** avoir l'impression que...

Egon Schiele wird 1890 in Tulln an der Donau als Sohn eines Bahnbeamten geboren. Er ist ein Wunderkind[1] aber auch ein Rebell. Der Lehrer der Kunstakademie ist ihm zu streng[2] und zu konservativ. Er verlässt die Schule, sucht neue Wege.
In den knapp zehn Jahren seines künstlerischen Schaffens[3] fertigt er über 330 Ölgemälde[4] und mehrere Tausend Zeichnungen[5] an. Als er das *Selbstbildnis mit Pfauenweste*[6] malt, ist er sehr arm. Egon Schiele ist einer der wichtigsten Maler und Grafiker des österreichischen Expressionismus. Er stirbt 1918 mit nur 28 Jahren an der Spanischen Grippe.

1. das Wunderkind(er): *l'enfant prodige* **2.** streng: *sévère* **3.** schaffen (u, a): *créer* **4.** das Ölgemälde(-): *la peinture à l'huile* **5.** die Zeichnung(en): *le dessin* **6.** die Pfauenweste(n): *le gilet en plumes de paon*

Blick auf... Die Selfie-Generation

1 Bin ich schön?

A2 **a.** Schauen Sie sich das Video an und machen Sie sich Notizen: Um welche App handelt es sich? Was machen viele der interviewten Personen?

B1 **b.** Erklären Sie das Potenzial und die Gefahr der App, von der hier die Rede ist.
Was meinen Sie dazu?

c. Welche Apps benutzen Sie selbst?

Sind Soziale Netzwerke Fluch oder Segen? Euromaxx, Deutsche Welle, 2018

2 Konstruktion einer digitalen Identität

A2 **a.** Lesen Sie den Text und machen Sie sich Notizen zu der Ausstellung (Wer? Wo? Wann? Welches Thema?).

B1 **b.** Berichten Sie über den „Selfie-Boom".

Düsseldorf – Millionen Selfies schwirren durchs Netz[1], die digitale Identität wird wichtiger als die reale Person. „Ich fotografiere mich, also bin ich", so könnte die Losung[2] für das 21. Jahrhundert lauten.
Der neue Leiter des (...) NRW-Forums Düsseldorf, Alain Bieber, nähert sich[3] in seiner fulminanten Debüt-Schau „Ego Update – Die Zukunft der digitalen Identität" dem popkulturellen Massenphänomen „Selfie". (...)
„Man wird zum Privatpaparazzi", sagt Bieber über den weltweiten Selfie-Boom. „Noch nie hat man sein Innerstes so nach außen gekehrt[4]." Es sei schon fast ein sozialer Druck, bei sozialen Netzwerken dabei zu sein und Inhalte zu produzieren. Das Selfie werde „eine Art Beweis[5] meiner Existenz". (...)
Deutlich wird, dass das Selfie inzwischen ein eigenes visuelles Genre ist, das die Fotografie als Medium und Kunstform verändert hat[6]. So hat der Rapper MC Fitti sich als „#Selfiegott" in einer Bronze-Büste verewigt[7] und diese in einen bunten Tempel gestellt. In die ausgestreckte Bronzehand kann man das Smartphone stecken und dann ein Selfie mit dem Selfiegott machen.

© *Die Welt*, 18.09.2015

1. das Netz(e) / das Netzwerk(e): *le réseau* **2.** die Losung(en): *la devise* **3.** sich nähern: *s'approcher* **4.** nach außen kehren: *tourner vers l'extérieur* **5.** der Beweis(e): *la preuve* **6.** verändern: *transformer* **7.** sich verewigen: *s'immortaliser*

Fotoausstellung *Ego Update – Die Zukunft der digitalen Identität* in Düsseldorf. Alain Bieber macht ein Selfie mit der Bronze-Büste des Rappers MC Fitti.

3 Ich und immer nur Ich

live! MP3 1

A2

a. Hören Sie sich das Lied an und lesen Sie den Liedtext.

b. Stellen Sie die Person vor, die im Lied auftritt (was sie macht, was sie will, wie sie sich darstellt …).

B1

c. Der Song ist ironisch. Woran kann man das erkennen? Was wird kritisiert?

d. Schreiben Sie eine weitere Strophe. Sie können andere Personen (du, sie, wir, ihr ...) benutzen.

SDP (Abkürzung für **S**tone**d**eaf**p**roduction) ist ein Allround-Musiker-Duo aus Berlin-Spandau bestehend aus Vincent Stein und Dag-Alexis Kopplin, beide 1983 geboren.

„Erstmal ein Selfie“

Ich bin Fotograf
Ich bin das Motiv
Ich bin ein Model, arrogant und selbstverliebt
Gib mir ein Like!
Dauert doch nicht lange, Mann
Küsschen in die Kamera, am Handy ist ’ne Stange dran
Guck mal, mein Urlaub:
Bild im Windpark!
Doch auf dem Bild bin nur
ich, nicht der Windpark
Selfiemusik, ich will, dass
die Welt mich sieht
Duckface-Foto aus’m Krisengebiet
Ich grinse in die Linse[1],
Und dahinter geht die Welt unter[2]
Ich halte mich selbst
Für das 11. Weltwunder[3]
Krass! Ich find’ mich selber so scharf:
Ich mach sogar Selfies im Schlaf!

Ich bin so schön!
Ich will, dass das die Welt sieht
Ich mache erstmal ein Selfie!
Das Haus brennt,
Mann, ist das schön hell hier
Ich mache erstmal ein Selfie!
Flugzeugabsturz[4]
Gleich zerschellen wir[5]
Ich mache erstmal ein Selfie!
Instagram
Drück mal auf ‚Gefällt mir’
Ich mache erstmal ein Selfie!

SDP feat. Mad Maks
Vincent Stein, Dag Alexis Kopplin, Robin Haefs,

1. in die Linse grinsen: *grimacer dans l’objectif* **2.** unter/gehen (i, a): *sombrer* **3.** sich für (+ A) halten (ä, ie, a): *se prendre pour* **4.** der Flugzeugabsturz(¨-e): *le crash aérien* **5.** zerschellen: *s’écraser*

Wortschatz

- **der Trend(s) = die Tendenz(en):** la tendance
- **die Wirklichkeit = die Realität**
- **echt, authentisch ≠ falsch**
- **retuschieren = bearbeiten**
- **ins Netz stellen:** mettre en ligne
- **das Aussehen:** l’apparence physique
- **wichtig:** important
- **jdm gefallen (ä, ie, a):** plaire à qqn

Le présent des verbes faibles et forts, des verbes réfléchis

REPÈRES GRAMMATICAUX PP. 179-182

KURZ UND GUT

Relevez les verbes dans les phrases suivantes et indiquez leur infinitif.
S'agit-il de verbes faibles ou forts ? Retrouvez les règles de formation du présent.

- *Ich mache schöne Bilder, die ich ins Internet stelle.*
- *Schreibst du einen Kommentar zu den Bildern? Gibst du mir ein Like?*
- *Nein, wir haben keine Lust.*
- *Sie liest alle Kommentare.*
- *Er malt ein Selbstbildnis. Er trägt einen Pelzmantel. Er arbeitet Tag und Nacht an dem Bild.*
- *Warum macht ihr Fotos? Warum schaut ihr euch die ganze Zeit im Spiegel an?*
- *Mit welcher App bearbeiten Sie Bilder?*

Traduisez les phrases puis entraînez-vous en binômes à conjuguer ces verbes à toutes les personnes.

A2 **1** **Conjuguez les verbes entre parenthèses au présent. Traduisez ensuite les phrases obtenues.**

a. Wenn du dich im Spiegel (an/schauen), (sehen) du dich wie die anderen dich (sehen)? (Gefallen) dir dieses Bild von dir oder (haben) du Lust, dieses Bild zu bearbeiten?

b. Wer (fotografieren) nicht gern? Seitdem es digitale Kameras (geben), (machen) es sogar noch mehr Spaß.

c. Jeder (stellen) Fotos ins Internet. (Teilen) ihr auch Fotoalben? (Finden) du das Foto toll? (Geben) du mir ein Like? (Sein) ihr euch aber der Gefahren bewusst, wenn ihr euer Privatleben so ins Internet (stellen)?

A2-B1 **2** **À l'oral, conjuguez les groupes verbaux suivants à toutes les personnes.**

a. sich im Spiegel an/schauen
b. ein Foto machen
c. sich schminken
d. besser aus/sehen

B1 **3** **Rédigez un article sur le *Supercandy Pop-Up Museum* en utilisant les expressions ci-dessous.**

ein neues Museum in Köln	• keine Kunstwerke aus/stellen • mit einer Konfetti-Kanone als Kulisse (*décor*) für Selbstinszenierungen dienen
der Eintritt	• nicht frei sein • 29 Euro kosten
ihr	• die Kulisse wählen • sich in Szene setzen • die Fotos ins Internet stellen
Sandra	• oft ins Supercandy Museum gehen • sich schminken • Spaß haben • tausend Fotos machen und die schönsten auf Instagram posten
Emma und Sven	• dieses Museum lächerlich finden • sich über Sandra lustig machen • in Köln lieber ins Museum Ludwig gehen

Wortschatz macht Sinn

Vokabeln lernen

Bilder teilen

- **ins Internet stellen:** mettre en ligne
- **auf Instagram posten:** poster sur Instagram
- **ein Like geben (i, a, e):** donner/mettre un like
- **viele Follower haben:** avoir beaucoup de followers
- **sich über (+ A) freuen:** se réjouir de
- **digital:** numérique
- **jdm gefallen (ä, ie, a):** plaire à qqn

Das Selbstbildnis

- **sich vor/stellen:** se présenter
- **ein Foto, ein Selfie machen:** prendre une photo, faire un selfie
- **ein Selbstbildnis malen, zeichnen:** peindre, dessiner un autoportrait
- **sich als ... inszenieren, dar/stellen:** se mettre en scène, se représenter comme...
- **schön:** beau ≠ **hässlich**
- **süß:** mignon
- **das Aussehen:** l'apparence physique
- **der Künstler(-):** l'artiste

Das Idealbild

- **ein Bild bearbeiten, retuschieren:** retoucher une photo
- **schlanker, stärker aus/sehen (ie, a, e):** avoir l'air plus mince, plus fort
- **etw. verändern:** modifier qqch.
- **verschönern:** embellir
- **entfernen:** gommer, enlever
- **sich schminken:** se maquiller
- **mit (+ D) (un)zufrieden sein:** être (in)satisfait de

Der Narzissmus

- **selbstverliebt = narzisstisch**
- **nur an sich denken (a, a):** ne penser qu'à soi
- **egozentrisch:** égocentrique
- **von (+ D) abhängig sein:** être dépendant de
- **lächerlich finden (a, u):** trouver ridicule
- **übertrieben:** excessif
- **sich über (+ A) lustig machen:** se moquer de

Vokabeln aktiv

1 **Trouvez l'intrus de chaque série et expliquez en allemand ce que les trois autres termes ont en commun.**

a. Selbstbildnis | Egozentrismus | Selbstporträt | Selfie

b. teilen | malen | zeichnen | schreiben

c. verschönern | verbessern | verändern | ab/hängen

2 **Associez les éléments des deux colonnes. Traduisez les phrases obtenues en français.**

A. Sandra freut sich	**a.** von seinem Handy ab.
B. Sven ist	**b.** an sich selbst.
C. Jasmin macht sich	**c.** über die vielen Follower.
D. Thomas hängt allzu sehr	**d.** mit diesem Foto nicht zufrieden.
E. Sofia ist egoistisch, sie denkt nur	**e.** über ihre Freundin lustig.

Prosodie und Phonetik

live! MP3 2

Voyelles brèves ou voyelles longues ?

Les voyelles sont brèves lorsqu'elles sont suivies d'une double consonne.

Exemple : *die Palĕtte*

Elles sont longues dans la plupart des autres cas (voyelles suivies de deux consonnes différentes, voyelles doublées ou prolongées par un e ou un h).

Exemple : *stēhen / mālen*

a. Écoutez les mots suivants et notez pour chacun si la voyelle est longue ou brève.

b. Entraînez-vous en prononçant les phrases suivantes.

- *Er steht vor dem Spiegel.*
- *Er stellt sich vor den Spiegel.*
- *Er malt das Bild vor dem Spiegel.*

FINALE

Projekt — Ein Bild von sich erstellen und vorstellen

A2-B1 **1** Machen Sie ein Bild von sich. Sie können ein Selfie, ein Foto, eine Collage, eine Zeichnung, eine Karikatur … machen. Sie können sich auf originelle Weise in Szene setzen.

2 Machen Sie sich dann ein paar Notizen und stellen Sie Ihr Bild vor. Erklären Sie, warum Sie sich so dargestellt haben.

Médiation

Interlangues

Zwischen den Kulturen

Wie haben sich Künstler / Künstlerinnen aus anderen Ländern, die Sie kennen, dargestellt (zum Beispiel: Frida Kahlo, Andy Warhol …)? Wählen Sie ein Selbstbildnis und stellen Sie es den anderen vor.

Über die Grenzen hinaus

Erstellen Sie eine Collage mit Ihren Selbstporträts und tauschen Sie sich über dieses „Klassenbild" mit der Partnerklasse aus.

Schritt für Schritt

Ein Porträt erstellen

1 Quel media choisissez-vous ?

Ich mache ein Foto von mir …
Ich zeichne … Ich male … eine Karikatur …

2 Quelle mise en scène ? Quels aspects de votre personnalité donnez-vous à voir ?

Eine Profil-Darstellung … Ein Brustbild … Ein Kopfbild …
Welche Accessoires? Möchten Sie sich verkleiden?

3 De quelle façon souhaitez-vous vous représenter?

– die Farben: grell, warm, kalt, schwarz-weiß …
– der Stil: realistisch, lustig, poetisch, ironisch, romantisch, expressionistisch, impressionistisch
– der Hintergrund: eine dunkle / helle Farbe, eine Landschaft, eine Kulisse …

(a) der blaue Hintergrund
(b) der rote Vorhang / die theatralische Inszenierung
(c) das Brustbild
(d) der Hut mit Schleier auf dem Kopf
(e) die Blume
(f) die Augen: den Betrachter an/sehen
(g) rote Lippen

Paula Modersohn Becker (1876-1907), *Selbstbildnis mit Hut und Schleier*, 1906-1907

SPORTS ET SOCIÉTÉ

Sport verbindet

KAPITEL 2

→ **Leistet Sport in Deutschland einen Beitrag zum friedlichen Zusammenleben?**

Tag gegen Rassismus, Neptun Schwimmhalle, Rostock, März 2017

Auf geht's!

a. Schauen Sie sich das Foto an. Wo und zu welchem Anlass wurde es gemacht?
b. Welche Botschaft soll vermittelt werden?

Blick auf… Diskriminierung im Sport

1 Rassismus im Fußball

A2-B1 **a.** Sehen Sie sich das Foto an. Beschreiben Sie kurz die Personen und die mögliche Situation (Wer? Wo? Was ist wohl passiert?).

b. Lesen Sie nun den Text. Waren Ihre Hypothesen richtig? Geben Sie genaue Informationen über die Personen und die Situation.

B1 **c.** Erklären Sie die Reaktion der Lauchringer Spieler.

SC Lauchringen verlässt nach Beleidigung[1] eines Mitspielers den Platz beim FC Weizen.

Einen unrühmlichen Abschluss[2] nahm die Partie des FC Weizen gegen den SC Lauchringen in der Fußball-Kreisliga A, Ost: Schiedsrichter[3] Gregor Huber (Erzingen) musste das Spiel nach 85 Minuten beim Stand von 4:1 für die Weizener vorzeitig beenden. Die Lauchringer hatten aus Protest den Platz verlassen[4].

„Ein Zuschauer hat unseren Spieler Kebba Mamadou rassistisch beleidigt. Deshalb haben wir uns dafür entschieden, vom Platz zu gehen“, erklärte der sichtlich aufgebrachte[5] SC-Vorsitzende Thomas Kummer. Schiedsrichter Huber dazu: „Was bleibt mir anderes übrig, als das Spiel zu beenden, wenn die Lauchringer Spieler vom Platz laufen?“

© *Südkurier*, 08.09.2018

1. die Beleidigung(en): *l'insulte, l'offense* **2.** ein unrühmlicher Abschluss: *une fin peu glorieuse* **3.** der Schiedsrichter(-): *l'arbitre* **4.** verlassen (ä, ie, a): *quitter* **5.** sichtlich aufgebracht: *visiblement en colère*

Der weinende Kebba Mamadou mit einem Teamkollegen auf dem Weg in die Kabine. Im Hintergrund Schiedsrichter Huber, der die Partie abbrechen musste.

2 Zeichen gegen Rassismus

Der Frankfurter Kevin-Prince Boateng ist eins der Gesichter der Kampagne.
DFL setzt Zeichen gegen Rassismus, ARD, 2018

A2-B1 **a.** Sehen Sie sich das Bild an. Analysieren Sie es (Person, Tätigkeit, Farben, Botschaft …).

b. Sehen Sie sich dann das Video an. Notieren Sie Informationen über die Kampagne der Deutschen Fußball Liga (beteiligte Personen, Ziel …).

B1 **c.** Erklären Sie, warum diese Kampagne Kevin-Prince Boateng so wichtig ist.

Recherchieren Suchen Sie Informationen über Kevin-Prince Boateng und stellen Sie ihn kurz in der Klasse vor.

3 Die Rote Karte für Rassismus

A2-B1 **a.** Sehen Sie sich das Plakat an und analysieren Sie es (Person, Ort, Slogan, Botschaft …).

b. Lesen Sie den Text und informieren Sie sich über die Kampagne (Ziel? Für wen? Von wem? …).

B1 **c.** Erklären Sie, welche besondere Rolle Profisportler haben und warum.

Show Racism the Red Card – Deutschland

Show Racism the Red Card – Deutschland bringt Kinder und Jugendliche mit dem Profisport zusammen. Gemeinsam setzen wir das Zeichen[1] für eine Gesellschaft, in der Rassismus und Diskriminierung keinen Platz haben. Kernidee unseres Projekts ist, die Vorbildfunktion[2] von Profisportlern/innen in die politische Bildung zu integrieren und für unterschiedliche Formen von Diskriminierung und Rassismus zu sensibilisieren.

© Bündnis für Demokratie und Toleranz

1. ein Zeichen für (+ A) setzen: *donner un signal*
2. das Vorbild(er): *le modèle*

Wortschatz

- **rassistisch:** raciste
- **die Fremdenfeindlichkeit:** la xénophobie
- **jdn diskriminieren:** discriminer qqn
- **gegen (+ A) protestieren:** protester contre
- **sich für (+ A) engagieren:** s'engager pour
- **etw. durch/streichen (i, i):** rayer qqch.
- **das Vorurteil(e):** le préjugé

Blick auf...

Sportvereine und Integration

1 Neue soziale Heimat

A2-B1 **a.** Lesen Sie den Text und berichten Sie darüber (Initiator, Thema, Ergebnis ...).

B1 **b.** Erklären Sie, was „eine neue soziale Heimat“ ist.

Laut einer aktuellen Untersuchung[1] der Initiative „Zivilgesellschaft in Zahlen“ (ZiviZ) leisten Vereine „einen großen Beitrag[2] zur sozialen Integration von Bürgern mit Migrationshintergrund“. Insgesamt hat jede vierte gemeinnützige[3] Organisation in Deutschland seit 2015 Angebote[4] für Migranten oder Flüchtlinge[5] in ihr Programm genommen. (...) ZiviZ hat festgestellt, dass Vereine in Deutschland für Migranten eine Chance sind, schnell so etwas wie eine neue soziale Heimat zu finden. In Vereinen ist die Integration von Menschen ein alltägliches Thema.

© Deutsch Perfekt, 26.09.2018

1. die Untersuchung(en): *l'étude* **2.** einen Beitrag zu (+ D) leisten: *contribuer à* **3.** gemeinnützig: *d'intéret général* **4.** das Angebot(e): *l'offre* **5.** der Flüchtling(e): *le réfugié*

Flüchtlinge in der Cricket-Abteilung des FSV Pfaffenhofen

2 Alle sind willkommen!

live! MP3 3

A2-B1 **a.** Hören Sie sich die Reportage an. Notieren Sie sich Informationen über die vorgestellte Person (Name, Alter, Heimatland, Erfahrungen in Deutschland als Kind, Sportart, Karriere ...).

B1 **b.** Welche Bedeutung hatte bzw. hat Fußball für sie?

c. Erklären Sie, wie Sie das Zitat von Walther Bensemann verstehen.

„Der Sport ist eine Religion, ist vielleicht das einzige wahre Verbindungsmittel der Völker und Klassen.“

(Walther Bensemann, Fußballpionier)

3 Mitmachen und weiterkommen

A2-B1 **a.** Lesen Sie den Text. Warum kann ein Ehrenamt in einem Verein sowohl für Flüchtlinge als auch für den Verein positiv sein?

B1 **b.** Erklären Sie, warum Zeit und Geduld notwendig sind.

c. Erklären Sie die Rolle der Tutoren für Flüchtlinge im Verein.

8 IM FUSSBALL ZU HAUSE

MITMACHEN UND WEITERKOMMEN.

FLÜCHTLINGE IN DER VEREINSARBEIT.

Ein Ehrenamt im Vereinsfußball bietet Flüchtlingen die Chance, ihre Kompetenzen einzubringen und Verantwortung zu übernehmen[1]. Es kann Selbstvertrauen, Orientierung sowie viele neue Erfahrungen und Kontakte vermitteln. Auch Vereine profitieren, stellt doch die Gewinnung von neuen Ehrenamtlichen eine stetige Herausforderung dar[2]. Flüchtlinge können mit ihren Erfahrungen den Verein bereichern. Zunächst sind jedoch etwas Zeit und Geduld[3] nötig: Interessen, Kompetenzen und Sprachkenntnisse sowie rechtliche Bedingungen und Bleibeperspektiven stecken den Rahmen für ein Engagement ab[4].

Wie können sich Flüchtlinge im Verein ehrenamtlich engagieren?
(...) Mitwirken[5] können Flüchtlinge auf vielen Ebenen. (...) Vereine sind Orte zum Ausprobieren und Lernen.
Um Engagement zu fördern, gilt es, Eigeninitiative, Mitsprache, Identifikation und Verantwortungsgefühl[6] im Verein zu stärken. (...) Ein Tutor oder fester Ansprechpartner ist gerade am Anfang wichtig. Trainertandems oder Patenschaften von etablierten Mitgliedern und Flüchtlingen machen es leichter. Vereinsmitglieder mit Migrationserfahrung können Vorbilder sein und als Kultur- und Sprachmittler[7] agieren.

1. Verantwortung übernehmen (i, a, o): *prendre des responsabilités* **2.** eine stetige Herausforderung dar/stellen: *représenter un défi permanent* **3.** die Geduld: *la patience* **4.** den Rahmen ab/stecken: *fixer le cadre* **5.** mit/wirken: *participer* **6.** das Verantwortungsgefühl: *le sens des responsabilités* **7.** der Kultur- und Sprachmittler(-): *le médiateur culturel et linguistique*

Wortschatz

- **das Vereinsmitglied(er):** le membre d'une association
- **Kontakte knüpfen:** nouer des contacts
- **ehrenamtlich:** bénévole(ment)
- **mit Migrationshintergrund:** issu de l'immigration
- **sich fremd / integriert fühlen:** se sentir étranger / intégré
- **bereichern:** enrichir
- **fördern:** encourager
- **sich für (+ A) verantwortlich fühlen:** se sentir responsable de

Grammatik macht Sinn

La construction de la phrase simple

REPÈRES GRAMMATICAUX P. 184

KURZ UND GUT

Identifiez les différents types de phrases (déclarative, interrogative et injonctive).
Repérez les éléments verbaux (base verbale, particule séparable, infinitifs et participes passés).
Repérez les phrases négatives. Comment forme-t-on la négation ?

- *Die Deutschen **lieben** Vereine. In Deutschland **gibt** es rund 600 000 Vereine. Diese Zahl **ist** im Vergleich zu den letzten Jahren **gestiegen**. Wahrscheinlich **wird** die Zahl der Vereine auch immer weiter **steigen**. Der Trend **geht** nämlich **weiter**. Die Vereine **wollen** immer mehr Mitglieder **gewinnen**.*
- ***Bist** du auch in einem Sportverein ehrenamtlich tätig? Was **machst** du dort? **Willst** du in unserem Verein **mitmachen**? **Komm** einfach nach der Schule mal zu uns!*
- *Nein, ich **bin** in keinem Sportverein Mitglied. Leider **habe** ich keine Zeit. Außerdem **bin** ich gar nicht sportlich.*
- *Unsere Mannschaft **hat** noch nie bei einem wichtigen Turnier **gewonnen**. Ich **spiele** nicht Fußball sondern Handball.*

A2 **1** **Formez des phrases complètes en mettant les éléments suivants dans le bon ordre. Prenez en compte la ponctuation. Parfois, plusieurs solutions sont possibles.**

a. engagieren / ehrenamtlich / in Vereinen / viele Menschen / sich / in Deutschland / .
b. beleidigt / den Fußballspieler / während des Spiels / hat / wer / ?
c. gegen Diskriminierung / Kevin-Prince Boateng / hat / teilgenommen / an einer Kampagne / .
d. will / Show Racism the Red Card / setzen / ein Zeichen / gegen Rassismus / .
e. gezeigt / der Schiedsrichter / hat / die rote Karte / dem Spieler / ?

A2-B1 **2** **Répondez aux questions suivantes par la négative.**

a. Spielst du gern Volleyball? – Nein, …
b. Bist du in einem Verein aktiv? – Nein, …
c. Möchtest du später einmal ehrenamtlich arbeiten? – Nein, …
d. Hast du schon einmal Handball gespielt? – Nein, …
e. Treffen wir uns beim Fußballturnier? – Nein, …

B1 **3** **a.** **Rédigez un article dans lequel vous présentez l'événement sportif ci-contre. Faites particulièrement attention à la place des verbes. Vous pouvez utiliser, entre autres, les verbes suivants :** *statt/finden (a, u) / an (+ D) teil/nehmen (i, a, o) / organisieren / kosten / es gibt / sich treffen (i, a, o), …*

b. **Posez des questions sur cet événement. Pensez à utiliser les interrogatifs suivants :** *Wie? Was? Wer? Für wen? Wann? Wo? Wie viel? …*

Exemple : *Wie heißt das Fußballturnier? – Adalbert-Probst-Gedächtnis-Pokal.*

Vokabeln lernen

Sport verbindet

- **Menschen zusammen/bringen (a, a):** mettre des personnes en contact
- **Kontakte knüpfen:** nouer des contacts
- **das Selbstvertrauen stärken:** donner confiance en soi
- **jdn / etw. akzeptieren:** accepter qqn /qqch.
- **sich integrieren:** s'intégrer
- **keinen Unterschied machen:** ne pas faire de différence
- **gleich sein:** être égal, pareil
- **solidarisch:** solidaire
- **gemeinsam:** ensemble ≠ **allein**
- **die Gleichheit:** l'égalité

Der Verein

- **das Mitglied(er):** le membre
- **das Vereinsleben:** la vie associative
- **bei (+ D) mit/wirken = an (+ D) teil/nehmen (i, a, o):** participer à
- **ehrenamtlich:** bénévole(ment)
- **sich für (+ A) engagieren:** s'engager pour
- **das Engagement:** l'engagement
- **Verantwortung übernehmen (i,a,o):** prendre des responsabilités
- **verantwortungsbewusst:** responsable

Die Diskriminierung

- **Diskriminierung erfahren (ä, u, a):** être discriminé
- **jdn diskriminieren:** discriminer qqn
- **jdn aus/schließen (o, o):** exclure qqn
- **der Rassismus = die Fremdenfeindlichkeit**
- **rassistisch = fremdenfeindlich:** raciste, xénophobe
- **sich fremd fühlen:** se sentir étranger
- **jdn beleidigen:** insulter, offenser qqn
- **die Beleidigung(en):** l'insulte, l'offense

Fußball spielen

- **das Spiel(e):** le match
- **der Spieler(-), die Spielerin(nen):** le joueur, la joueuse
- **der Fußballprofi(s):** le footballeur professionnel
- **der Fußballplatz(¨e):** le terrain de football
- **ein Tor schießen (o, o):** marquer un but
- **der Schiedsrichter(-):** l'arbitre
- **jdm die gelbe / rote Karte zeigen:** donner un carton jaune / rouge à qqn
- **der Weltmeister(-):** le champion du monde

Vokabeln aktiv

1 Formez des verbes à partir des noms suivants puis utilisez-les dans des phrases.

Exemple : die Teilnahme → teilnehmen
→ Viele Mannschaften nehmen am Jugendturnier teil.

a. das Fußballspiel
b. das Engagement
c. die Diskriminierung
d. die Beleidigung
e. das Gefühl
f. die Integration

2 Complétez chaque phrase par le mot ou l'expression qui convient.

a. Wenn jemand arbeitet, ohne dafür Geld zu bekommen, arbeitet er …
b. Der … kann den Fußballspielern die … … zeigen, wenn sie unfair gespielt haben.
c. … ist ein Synonym für das Wort „Fremdenfeindlichkeit".
d. Wenn ein Fußballspieler ein … …, freuen sich die Fans.

3 Indiquez le contraire des mots suivants.

a. allein
b. tolerant

Prosodie und Phonetik

Nathan live! MP3 4

L'intonation de la phrase

a. Écoutez les phrases enregistrées. Lesquelles sont des interrogatives ? Notez leur numéro.
b. Écoutez à nouveau l'enregistrement. Repérez les mots accentués.
c. Entraînez-vous à bien prononcer ces phrases en les répétant après les avoir réentendues. Vous pouvez vous enregistrer.

FINALE

Projekt

Ein Plakat für Integration im Sportverein entwerfen

A2-B1 Ein Sportverein Ihrer Wahl (Fußball, Handball, Tischtennis etc.) startet eine Werbekampagne, um für mehr Integration und weniger Diskriminierung zu werben. Sie sollen dafür ein Plakat entwerfen.

Bilden Sie Gruppen und sammeln Sie Ideen. Für welchen Sportverein soll die Kampagne sein? Wie wollen Sie das Plakat gestalten?

Médiation

Interlangues

Zwischen den Kulturen

Informieren Sie sich über ähnliche Kampagnen in anderen Ländern (zum Beispiel in Frankreich, in Großbritannien, in den USA, in Spanien, in Italien …). Sammeln Sie Materialien und stellen Sie sie in der Klasse vor.

Über die Grenzen hinaus

Schicken Sie die Plakate an Ihre Partnerklasse und bitten Sie sie, die besten drei Plakate auszuwählen und zu begründen, warum ihnen diese am besten gefallen.

Schritt für Schritt

Ein Plakat erstellen

1 **Choisissez un sport puis une ville en Allemagne, en Autriche ou en Suisse et inventez une association.**

2 **Échangez au sein du groupe : quel sera le message de votre campagne et comment le communiquer ?**

Alle sind im Verein willkommen. / Der Verein schließt niemanden aus. / Es ist ein Multikulti-Verein. / Integration ist für den Verein eine Priorität. / Wir sind alle gleich. / Der Verein zeigt Rassismus die rote Karte …

3 **Inventez un slogan qui interpelle. Écrivez un petit texte explicatif afin de donner des informations supplémentaires sur votre campagne.**

Slogan

„Wo wir herkommen? Vom Sport!“ / „Die rote Karte? Für Rassisten!“ / „Multikulti – eine Chance!“ …

Text

Unser Verein engagiert sich für … Notre association s'engage pour…
Für uns ist es wichtig, dass … C'est important pour nous que…
Wir setzen uns dafür ein, dass … Nous nous engageons à ce que…
Wir sind davon überzeugt, dass … Nous sommes convaincus que…
Integration ist für uns … Pour nous, l'intégration c'est…

4 **Trouvez une illustration pour créer votre affiche et présentez-la à vos camarades.**

(a) Une photo qui interpelle
(b) Un slogan court et marquant
(c) Un petit texte explicatif
(d) En bas : le logo et un renvoi au site Internet et aux réseaux sociaux de l'association.

Testen Sie sich!

Auf dem Weg zur Certification

1 Hörverstehen

CD CLASSE

Hören Sie sich die Reportage an.

A2 Was ist das Hauptthema?

Nennen Sie die Etappen des Selfie-Booms.

Was ist ein „Selfie-Süchtiger“?

B1 Was charakterisiert diesen Trend?

→ **Fragebogen zum Ausfüllen im Heft *Auf dem Weg zur Certification* (lyceen.nathan.fr/impulse2)**

2 Schriftliche Kommunikation

Lesen Sie die Beiträge.

A2 Geben Sie die Meinungen dieser Jugendlichen wieder.

etwa 80 Wörter

B1 Wem stimmen Sie am ehesten zu? Argumentieren Sie.

etwa 50 Wörter

Jörg (17) Auf Reisen macht es Spaß, Selfies zu machen. Aber diese „Ich war hier“-Selfies können auch den Urlaub zerstören, wenn sie das Allerwichtigste werden. Für viele ist es nämlich wichtiger zu dokumentieren, wie glücklich man war, als den Moment zu genießen. Liebe Selfie-Menschen, lasst euer Smartphone in der Tasche und genießt euren Urlaub!

Carla (17) Neu sind Selfies nun wirklich nicht. Der amerikanische Pop-Art-Künstler Andy Warhol wurde nicht zuletzt auch mit seinen Selbstporträts in Fotoautomaten bekannt. Jetzt im digitalen Zeitalter kann jeder Künstler sein, sich selbst inszenieren, seine Bilder teilen und retuschieren. Das finde ich halt toll!

Sven (18) Ich habe ein Smartphone, finde aber diesen übertriebenen Selfie-Trend doof. Ich finde auch, manchmal geht es wirklich zu weit! Zum Beispiel wenn die Leute sich mit einem breiten Lächeln vor dem Konzentrationslager in Dachau fotografieren lassen! Oder wenn sie bereit sind, ihr Leben zu riskieren, um das beste Selfie zu machen und die anderen zu beeindrucken.

Testen Sie sich!

3 Leseverstehen

Lesen Sie den Text.

A2 Stellen Sie Dunja Hayali vor (erster Beruf, Beruf seit 2007, Studium, Sportarten).

B1 Welche Rolle spielt Sport in ihrem Leben?

Welches sind ihrer Meinung nach die Vorteile des Sports für den Einzelnen?

Sport und Diskriminierung: Was hält Dunja Hayali davon?

→ **Fragebogen zum Ausfüllen im Heft *Auf dem Weg zur Certification* (lyceen.nathan.fr/impulse2)**

Drei Fragen an ... Dunja Hayali

Dunja Hayali moderiert seit 2007 das ZDF-Morgenmagazin. Sie studierte Sportwissenschaften und begann ihre journalistische Karriere als Sportreporterin bei der Deutschen Welle.

In Ihrer Jugend waren Sie in gleich vier Sportarten aktiv: Fußball, Volleyball, Judo und Tennis. Welche Rolle hat Sport damals für Sie gespielt, welche spielt er heute?
Sport war und ist wichtig für mich und er wird es immer sein. Er fordert[1], physisch wie psychisch, aber er fördert auch das Kämpferherz eines jeden Einzelnen, aber auch das Gefühl und Erleben der Gemeinschaft. (...)

Inwiefern ist Sport mehr als Wettkampf und körperliche Betätigung?
Wer Sport jemals im Verein betrieben hat, der weiß, worauf es ankommt. Nicht auf die Herkunft, nicht auf die Hautfarbe, nicht auf die Religion oder die sexuelle Neigung, sondern auf's Können und auf den Charakter. Das prägt. Und da ich immer Einzel-, aber auch Mannschaftssport gemacht habe, lernt man auch viel über sich selbst. (...)

Wie kann Sport bei der Integration helfen?
Sport kann Brücken bauen, denn man braucht erst mal keine großen Worte, um miteinander zurechtzukommen[2]. Und mit der Zeit nähert man sich an, lernt sich kennen, verliert sogar eventuell vorhandene Berührungsängste[3] oder Vorurteile.

© Deutscher Olympischer Sportbund, 2018

1. fordern: *exiger* 2. miteinander zurecht/kommen: *bien vivre ensemble* 3. die Berührung: *le contact physique*

4 Mündliche Kommunikation

etwa 2 Minuten

Schauen Sie sich das Bild an.

A2 Beschreiben Sie das Bild. Was fällt Ihnen auf?

B1 Sind solche Imagekampagnen Ihrer Meinung nach wirksam? Führen Sie konkrete Beispiele an.

KAPITEL 3

Auf ins Grüne!

→ Hat das Dorfleben in Deutschland Zukunft?

Seitenroda, Thüringen

Auf geht's!
Schauen Sie sich das Foto an. Möchten Sie dort gerne wohnen? Warum? Warum nicht? Tauschen Sie sich aus.

Blick auf...

Das Dorfleben: Idyll oder Alptraum?

1 Gehen oder bleiben?

A2 **a.** Sehen Sie sich das Video an. Stellen Sie Familie Burk vor (Personen, Wohnort heute, Wohnort früher).

A2-B1 **b.** Warum lebte diese Familie auf dem Land?

B1 **c.** Nennen Sie die Vor- und Nachteile des Landlebens. Wie stehen Sie persönlich dazu?

live! VIDÉO

Stadt, Land, Flucht! – Landflucht einer Familie, SWR, 2015

Tipp!

Pour exprimer une opinion, vous pouvez utiliser :
Für mich ist …
(Pour moi…)
Was mich betrifft, (so) …
(En ce qui me concerne…)
Meiner Meinung nach …
(À mon avis…)
Mir scheint, dass …
(Il me semble que…)
In meinen Augen …
(À mes yeux…)

2 Landflucht

A2-B1 **a.** Lesen Sie den Text. Ist Landflucht ein neues Phänomen? Machen Sie sich Notizen (Wer? Warum?).

B1 **b.** Was macht die Stadt so attraktiv?

c. Machen Sie Vorschläge, um die Dörfer attraktiver zu machen.

Das Aussterben der Dörfer

Vor allem die Jungen verlassen die Dörfer. In Orten, die ihnen keine Arbeitsplätze, keine Einkaufs- und nur wenig Freizeitmöglichkeiten bieten, bleiben die Wenigsten. Deutschlands Dörfer überaltern, manche stehen bereits ganz leer. Doch es ist nicht nur die Jugend, die dem Land den Rücken kehrt. Auch für ältere Menschen werden die Städte dank ihrer besseren Infrastruktur attraktiv.
40 Prozent der über 65-Jährigen glauben, in der Stadt besser aufgehoben[1] zu sein, ergab eine Umfrage von Immowelt. Kaum verwunderlich[2], fehlen doch schon in vielen Dörfern Einkaufsmöglichkeiten, Arzt, Post, Bank, Pfarrer[3] und vor allem das traditionelle Dorfleben.

1. gut aufgehoben sein: *être entre de bonnes mains* **2.** verwunderlich: *surprenant* **3.** der Pfarrer(-): *le pasteur, le curé*

3 Landsucht

A2 **a.** Hören Sie sich das Interview an. Was erfahren Sie über Anke und Thomas?

A2-B1 **b.** Listen Sie die Argumente auf, die für das Leben auf dem Land sprechen.

c. Wählen Sie das Argument, das für Sie selbst am wichtigsten ist, und erklären Sie warum.

4 Stadtflüchtlinge auf dem Land

Der Journalist Burkhard und seine Frau Eva sind aufs Land gezogen. Sie hatten lange davon geträumt.

Man konnte nicht mehr barfuß[1] in den Garten gehen, die Nacktschnecken[2] hatten das Terrain erobert, die braunen, fetten. Burkhard war mal reingetreten in so ein Ding, danach behielt man seine Schuhe an. (...)
Eva trug auch keine Spinnen[3] mehr ins Freie, wie sie es früher mal getan hatte. Sie drehte jetzt das Wasser heiß und hielt den Duschkopf wie einen Flammenwerfer auf die dicken Spinnen, die sie in der Badewanne fand (...).
Der Sommer auf dem Land war wie ein Krieg. (...)
Leben und leben lassen, Ehrfurcht[4] vor der Kreatur, friedliches Miteinander von Mensch und Tier. Sie hatten das geglaubt! Naive Großstadtflüchtlinge aus Hamburg-Eppendorf, es war fast rührend[5], wenn man heute daran dachte. (...)
Im ersten Sommer hatten sie gelacht, sie fanden alles witzig[6]. So viel Kolumnenstoff, die Gummistiefelwelt[7], er hatte mühelos sein erstes Buch geschrieben. Über die Schnecken und Insekten, (...) und Maulwurfshügel[8] im frisch gesäten Rasen[9]. Über die Bauern, die keinen Spaß verstanden und alles ausradierten, was sie als Schädling[10] definierten.

Dörte Hansen, *Altes Land*,
© Knaus Verlag, 2015

1. barfuß: *pieds nus* **2.** die Nacktschnecke(n): *la limace* **3.** die Spinne(n): *l'araignée* **4.** die Ehrfurcht: *le respect* **5.** rührend: *émouvant* **6.** witzig: *drôle* **7.** die Gummistiefelwelt: *le monde des bottes en caoutchouc* **8.** der Maulwurfshügel(-): *la taupinière* **9.** der frisch gesäte Rasen: *le gazon fraîchement planté* **10.** der Schädling(e): *le nuisible*

A2-B1 **a.** Lesen Sie den Text und machen Sie sich Notizen zu den Personen (Name, Beruf, früherer Wohnort, jetziger Wohnort ...).

b. Was charakterisiert ihr jetziges Leben?

B1 **c.** Was war im ersten Sommer anders? Vergleichen Sie.

B1+ **d.** Charakterisieren Sie den Ton dieser Textstelle. Begründen Sie Ihre Antwort.

Wortschatz

- **etw. brauchen:** avoir besoin de qqch.
- **sich nach Ruhe sehnen:** aspirer au calme
- **mit (+ D) (un)zufrieden sein:** être (in)satisfait de
- **idyllisch:** idyllique
- **das Dorf verlassen (ä, ie, a):** quitter le village
- **sich ein/leben:** s'intégrer, s'acclimater
- **sich etw. vor/stellen:** s'imaginer qqch.
- **der Vorteil(e) ≠ der Nachteil(e):** l'avantage ≠ l'inconvénient

Blick auf… Die Zukunft der Dörfer

1 Die Scheune in Bollewick

A2 **a.** Lesen Sie den Text und machen Sie sich Notizen zu der Scheune in Bollewick (früher, heute).

A2-B1 **b.** Was hat die Veränderung gebracht?

Recherchieren Die Scheune Bollewick: Gehen Sie auf die Webseite, wählen Sie ein Angebot aus und stellen Sie es Ihren Mitschülern vor. Begründen Sie Ihre Wahl.

Die Geschichte eines Comebacks

Bollewick wurde früher „Das stinkende Dorf" genannt. Die Scheune[1] dort ist ziemlich groß, 125 Meter lang und 34 Meter breit. Um den Ort machten die Menschen einen großen Bogen. Denn 650 Kühe lebten früher in der Scheune.

Heute kann man in der Scheune übernachten (…). In einem richtigen Hotel. Es gibt auf zwei Etagen Lebensmittelstände mit Wurst, Honig (…) aus Mecklenburg, einen Bäcker und sogar einen Friseur. (…) Die Scheune ist ein gutes Beispiel dafür, wie sich Orte verändern können. Und dafür, wie ihnen Menschen eine neue Bedeutung geben (…).
Mittlerweile kommen im Jahr mehr als 100.000 Besucher, 70 Menschen haben in der Scheune Arbeit. Manche von ihnen pflegen noch alte Handwerksberufe wie Kürschner[2] oder Holzdrechsler[3] und verkaufen die Produkte direkt aus der Werkstatt[4].

1. die Scheune(n): *la grange* **2.** der Kürschner(-): *le fourreur* **3.** der Holzdrechsler(-): *le tourneur sur bois* **4.** die Werkstatt(¨-en): *l'atelier*

2 RoQ: Rockfestival in Quarnebeck

Hiergeblieben! – Landleben bewusst gewählt (2/5), MDR, 2018

A2 **a.** Sehen Sie sich das Video an. Stellen Sie dann die Personen und den Ort vor.

A2-B1 **b.** Notieren Sie Informationen zu dem Festival (Wo? Was? Wie lange? Wie viele Besucher? Seit wann? …).

B1 **c.** Welche Probleme mussten die Organisatoren lösen, um das Festival zu organisieren?

Recherchieren Informieren Sie sich im Internet zu den Veranstaltungen der letzten vier Jahre.

3 Ein Ort der Integration

A2 **a.** Lesen Sie den Text. Worum geht es hier (Wer? Wo? Was?)?

B1 **b.** Welche positiven Konsequenzen hatte die Ankunft der Flüchtlingsfamilie für das Dorf?

Rechberg (Baden-Württemberg). Der katholische Wallfahrtsort[1] hat 1.300 Einwohner (...). Die Aufregung war daher groß, als Rechberg im Jahr 2016 eine zehnköpfige Flüchtlingsfamilie zugewiesen wurde[2]. (...)
Die Ortsvorsteherin[3] (...) hatte (...) einige Nachbarn versammelt, um die Familie in den kommenden Monaten zu begleiten. (...) Bei Gängen auf Ämter[4] (...), bei Schulanmeldungen oder [um] ihnen die deutsche Mülltrennung zu vermitteln. Die Familie kommt aus Syrien, die Kinder waren zwischen zwei und 20 Jahren alt. (...) Die ganze Familie profitiert bis heute stark von der nachbarschaftlichen Hilfe – ebenso wie die Menschen, die sie unterstützen[5]. (...) Nun trinken plötzlich Menschen gemeinsam Kaffee, die jahrzehntelang nebeneinanderher gewohnt haben. (...) Nicht nur die Geflüchteten, auch Rechberg hat davon profitiert, dass Menschen mit Migrationshintergrund verstärkt in den ländlichen Raum zogen.

1. der Wallfahrtsort(e): *le lieu de pélerinage* **2.** zuweisen (ie, ie): *assigner, attribuer* **3.** die Ortsvorsteherin(nen): *(ici) la maire* **4.** das Amt(¨-er): *le service administratif* **5.** unterstützen: *soutenir*

4 Eine Umfrage

live! MP3 7

A2 **a.** Hören Sie sich die Reportage an und machen Sie sich Notizen zum Ergebnis der Studie.

A2-B1 **b.** Warum wollen immer mehr Leute aufs Land ziehen?

B1 **c.** Was könnte das Landleben in der Zukunft charakterisieren?

Thüringens Landwirtschaftsministerin B. Keller beim Landeswettbewerb „Unser Dorf hat Zukunft 2018"

Wortschatz

- **renovieren:** rénover
- **Arbeitsplätze schaffen (u, a):** créer des emplois
- **die Gemeinschaft(en):** la communauté
- **jdm helfen (i, a, o):** aider qqn
- **mit jdm Kontakt auf/nehmen (i, a, o) = mit jdm Kontakt knüpfen**
- **die Lebensart(en):** le mode de vie
- **die Weltoffenheit:** l'ouverture sur le monde
- **die Integration fördern:** promouvoir l'intégration

Tipp!

Pour exprimer la cause ou la conséquence, vous pouvez utiliser :
– la conjonction ***weil*** (parce que) : *weil die Leute …*
– l'adverbe ***deshalb*** (c'est pourquoi) : *Deshalb wollen sie …*
– l'expression ***aus diesem Grund*** (pour cette raison) : *Aus diesem Grund gehen sie …*

Grammatik macht Sinn

La déclinaison du groupe nominal

REPÈRES GRAMMATICAUX PP. 175-176

KURZ UND GUT

• Observez les phrases suivantes et traduisez-les. Repérez les marques de cas des groupes nominaux en rouge, et justifiez ces marques. Reconstituez ensuite en binômes la déclinaison du groupe nominal avec l'article défini, puis avec l'article indéfini (masculin, neutre, féminin, pluriel).

- ***Die Eltern*** *wollen aufs Land ziehen. Am Wochenende zeigen sie* ***den Kindern das Haus****.*
- ***Das Haus*** *steht in der Mitte* ***eines Dorfes. Der Garten*** *ist sehr groß.*
- ***Die Tochter*** *mag Tiere, deshalb will* ***die Familie einen Hund*** *kaufen.*
- *Aber* ***diese Idee*** *gefällt* ***dem Sohn*** *nicht.*

• Observez maintenant les phrases suivantes. Notez les cas régis par les prépositions.

- ***Für die Kinder*** *wählen sie die Naturnähe. Die Luft ist frisch,* ***ohne die stinkenden Abgase der Stadt****.*
- *Die Tochter* ***des Nachbarn*** *kommt als Babysitter. Sie spielt gerne* ***mit den Kindern****.*

A2-B1 **1** **a. Quel est l'emploi des cas ? Reproduisez le tableau ci-dessous dans votre cahier et complétez-le.**

b. Certaines prépositions sont obligatoirement suivies d'un cas précis. indiquez-les dans votre tableau en les choisissant dans la liste ci-dessous :

aus, bei, durch, für, gegen, mit, nach, ohne, seit, trotz, um, von, während, wegen, zu

CAS	Nominatif	Accusatif	Datif	Génitif
	die Eltern (sujet) ...			
Après les prépositions		für ...		

A2-B1 **2** **Complétez les phrases avec les éléments proposés. Traduisez ensuite les phrases obtenues.**

a. … verlassen … mit ... (das Dorf / die jungen Leute / ihren Kindern)
b. Zu Beginn … waren nur … da. (wenige Kinder / des Schuljahres)
c. … fiel aber … ein. (dem Bürgermeister / eine Lösung)
d. Er fragte, ob man … … zuweisen konnte. (Flüchtlingsfamilien / seinem Dorf)
e. … begrüßten … mit … (einem Blumenstrauß / die Dorfbewohner / die neuen Nachbarn)
f. Denn … … hatten … gerettet. (der Flüchtlinge / die Kinder / die Dorfschule)

A2-B1 **3** **Complétez les déterminants selon le cas exigé puis traduisez les phrases en français.**

a. D… Familie gefällt d… Dorfleben nicht.
b. D… Dorf sein… Kindheit bedeutet d… Sohn wenig.
c. Für d… Eltern hat d… Landleben viel… Nachteile gehabt.
d. D… Vater hat sein… Sohn versprochen, dass sie während d… Sommer… oft in die Stadt fahren werden.
e. Seit d… Ferien hat sich d… Leben d… Familie Burk verändert.

Wortschatz macht Sinn

Vokabeln lernen

Das Dorf

- **die Dorfgemeinschaft(en):** la communauté du village
- **einander helfen (i, a, o):** s'entraider
- **der Nachbar(n, n), die Nachbarin(nen):** le voisin, la voisine
- **der Einwohner(-):** l'habitant
- **stressfrei:** sans stress
- **sich isoliert fühlen:** se sentir isolé
- **etw. brauchen:** avoir besoin de qqch.
- **sich etw. vor/stellen:** s'imaginer qqch.
- **der Vorteil(e) ≠ der Nachteil(e):** l'avantage ≠ l'inconvénient

Das Landleben

- **auf dem Land auf/wachsen (ä, u, a):** grandir à la campagne
- **die Ruhe:** le calme
- **die Nähe zur Natur:** la proximité de/avec la nature
- **die Umgebung:** l'environnement
- **das Idyll → idyllisch**
- **die Lebensqualität:** la qualité de vie
- **die Lebensart(en):** le mode de vie
- **etw. genießen (o, o):** apprécier qqch.
- **gesund leben:** mener une vie saine
- **aufs Land ziehen (o, o):** déménager à la campagne

Der Neuanfang

- **(sich) verändern:** (se) transformer
- **Arbeitsplätze schaffen (u, a):** créer des emplois
- **die wirtschaftliche Lage verbessern:** améliorer la situation économique
- **ein Vorurteil ab/bauen:** détruire un préjugé
- **der Flüchtling(e):** le réfugié
- **das Fördergeld(er):** la subvention
- **die Telearbeit:** le télétravail
- **die Integration fördern:** promouvoir l'intégration
- **sich nach Ruhe sehnen:** aspirer au calme

Die Landflucht

- **das Aussterben:** la disparition
- **das Verkehrsmittel(-):** le moyen de transport
- **der Internetanschluss(¨e):** la connexion Internet
- **von (+ D) (un)abhängig sein:** être (in)dépendant de
- **sich in (+ A) (nicht) ein/leben:** (ne pas) s'intégrer, s'acclimater à
- **mit (+ D) (un)zufrieden sein:** être (in)satisfait de
- **(un)attraktiv:** (peu) attrayant

Vokabeln aktiv

1 **Retrouvez le verbe de la même famille. Notez le prétérit et le participe II des verbes irréguliers. Utilisez ensuite ces verbes dans des phrases.**

Exemple : die Arbeit → arbeiten

a. der Einwohner **b.** das Gefühl **c.** die Flucht
d. die Förderung **e.** die Veränderung **f.** die Hilfe

2 **Décomposez chacun des mots suivants, déduisez leur genre et traduisez-les. Associez-les ensuite à leur définition.**

A. Landflucht
B. Arbeitsplatz
C. Lebensqualität
D. Fördergeld
E. Internetanschluss

a. Dort, wo ich arbeite.
b. Das Geld wird mir gegeben, um mein Projekt zu realisieren.
c. Damit kann ich im Internet surfen.
d. Viele Leute verlassen ihre Dörfer.
e. Auf dem Land ist sie die beste.

Prosodie und Phonetik

Nathan live! MP3 8

Ich- / Ach-Laut
Le « ch » se prononce [ç] ou [x] en fonction des voyelles qui le précèdent.

a. Recopiez cette liste de mots dans votre cahier. Écoutez ensuite l'enregistrement puis classez les mots selon deux catégories pour en déduire la règle.

nicht	*Dach*	*Landsucht*
nach	*Bücher*	*mich*
ich	*Nachbar*	*Bräuche*
Küche	*Bochum*	*jugendlich*
noch	*Landflucht*	*auch*
Flüchtling	*erreichen*	*Köche*

b. Entraînez-vous à prononcer les phrases suivantes.
- *In der Nacht klettert mein Nachbar aufs Dach. So ein Krach!*
- *Vor der Kirche trifft der Flüchtling Jugendliche aus München.*

FINALE

Projekt – Einen Forumsbeitrag zum Thema Landleben schreiben

A2-B1 **Antworten Sie auf folgenden Forumsbeitrag.**

Hilfe, meine Eltern wollen aufs Land ziehen!

Littlemisssunshine19
15.02.2018, 12:24

Hallo ihr Lieben,
Ich bin 16 und wohne in einem Vorort von Stuttgart. Ich lebe in einer 70 Quadratmeter großen Wohnung, mit meinen Eltern und meinem Bruder (11), muss mit ihm das Zimmer teilen. Gestern überraschten mich meine Eltern mit der Frage, ob wir nicht aufs Land ziehen sollten.
Nun weiß ich nicht so recht, was ich dazu sagen soll. Kein Kino, keine Geschäfte, Nachbarn, die einen den ganzen Tag beobachten, kein Bus nach 17 Uhr, kein WLAN … Allerdings hätte ich dann bestimmt ein eigenes Zimmer und Haus mit Garten. Kann mir jemand helfen?

Médiation

Zwischen den Kulturen

Ist Landflucht auch ein Thema in Frankreich oder in anderen Ländern? Informieren Sie sich darüber und bereiten Sie eine Präsentation anhand von Beispielen vor.

Über die Grenzen hinaus

Leben Sie lieber in der Stadt oder auf dem Land? Welches sind die Vor- und Nachteile? Machen Sie eine Umfrage in der Klasse. Erzählen Sie der Partnerklasse davon und bitten Sie sie, auch eine Umfrage zu machen.

Schritt für Schritt

Auf einen Internetbeitrag reagieren (Interaktiv schreiben)

1. **Prenez en compte la situation.**
2. **Réagissez aux autres contributions, prenez position.**
3. **Exprimez une opinion argumentée.**
4. **Appuyez-vous sur votre propre expérience, vos connaissances (films, livres, séries…).**
5. **Donnez des conseils.**
6. **Formulez une conclusion et des encouragements.**

Frankie777
15.02.2018, 12:37

1. *Die Situation ist nicht einfach. / Du sitzt aber in der Tinte! / So ein Mist! / Du hast aber Glück! / Das ist einfach großartig …*
2. *Genau! / Ich bin mit … (nicht) einverstanden. / Da stimme ich zu. / Überhaupt nicht! / Das ist doch sinnlos …*
3. *Dafür spricht, dass … / Dagegen spricht, dass … / Einerseits … andererseits … / Der Vorteil / Der Nachteil ist, dass …*
4. *Soviel ich weiß … / Meiner Meinung nach … / Es erinnert mich an den Film…, den Roman, wo … / Dabei denke ich an … / Meine Erfahrung ist …*
5. *Ich rate dir, zu … / Am liebsten solltest du … / Versuch doch … / An deiner Stelle würde ich …*
6. *Zusammenfassend meine ich also, dass … / Schließlich … / Kopf hoch! / Halt die Ohren steif! / Ich wünsche dir alles Gute! …*

KAPITEL 4

Berufswelten

→ Ist das Studium der einzige Weg zum Beruf?

Zimmermannslehrling

Auf geht's!

a. Schauen Sie sich das Foto an. Würde Ihnen dieser Beruf gefallen? Warum (nicht)? Tauschen Sie sich aus.

Blick auf... Handwerksberufe

1 Eine Imagekampagne

Nathan live! MP3 9

A2-B1 **a.** Sehen Sie sich die beiden Plakate an. Erklären Sie, welche Berufe zu sehen sind und wie sie dargestellt werden.

B1 **b.** Erklären Sie die Slogans der Plakate. Wie finden Sie diese Imagekampagne?

A2-B1 **c.** Hören Sie sich nun die Reportage an. Was charakterisiert heute das Handwerk?

B1 **d.** Erklären Sie, wie Philipp und Selina ihren Beruf sehen und was heutzutage im Vergleich zu früher anders ist.

2 Warum ist das Handwerk in der Krise?

A2 **a.** Lesen Sie den Text. Mit welchem Problem ist Deutschland konfrontiert?

B1 **b.** Erklären Sie die Gründe für dieses Problem und die positiven Folgen für die Jugendlichen.

Recherchieren Sammeln Sie Informationen über die duale Berufsausbildung in Deutschland. Wie funktioniert sie? Geben Sie konkrete Beispiele.

Mehr Ausbildungsplätze als Bewerber

Die deutsche Berufsausbildung wird sogar im Ausland kopiert, so erfolgreich ist sie. Hierzulande mangelt[1] es jedoch an geeigneten[2] Bewerbern[3]. (...)

Es ist die Zeit der Auszubildenden. Rund 500.000 Jugendliche starten in diesen Tagen ihre Berufsausbildung. Schon lange beklagt[4] beispielsweise das Handwerk, dass immer mehr Abiturienten studieren möchten, statt sich für eine Berufsausbildung zu entscheiden. In diesem Jahr wird es wohl erstmals seit Jahren weniger Bewerber als Stellen geben in der betrieblichen Ausbildung, das erwartet die Bundesagentur für Arbeit (BA). So wurden bis Juli 531.426 Lehrstellen fürs neue Ausbildungsjahr gemeldet[5], aber nur 501.878 Interessenten.
Das liegt zum einen daran, dass die Schülerzahlen sinken und zum anderen der Bedarf[6] der Firmen an Mitarbeitern steigt. (...)
„Die Situation auf dem Ausbildungsmarkt ist für Lehrstellenbewerber besser denn je", sagte DIHK-Präsident Eric Schweitzer (...). „Während die Betriebe früher unter zahlreichen Bewerbern auswählen[7] konnten, wählen heute immer öfter die Jugendlichen ihren Ausbildungsbetrieb aus."
Nicht alle Ausbildungen sind dabei gleich nachgefragt. Am beliebtesten sind Lehren im Einzelhandel[8], als Kaufleute für Büromanagement, Verkäufer, Kraftfahrzeugmechatroniker und Industriekaufleute.

© dpa, 3.9.2018

1. an (+ D) mangeln: *manquer de* **2.** geeignet: *adapté* **3.** der Bewerber(-): *le candidat* **4.** beklagen: *déplorer* **5.** melden: *annoncer* **6.** der Bedarf an (+ D): *les besoins en / de* **7.** aus/wählen: choisir **8.** der Einzelhandel: *le commerce de détail*

Wortschatz

- **die Ausbildung(en):** la formation
- **der/die Auszubildende = der Azubi(s):** l'apprenti(e)
- **kaufen:** acheter ≠ **verkaufen:** vendre
- **der Betrieb(e):** l'entreprise
- **an (+ D) fehlen:** manquer de
- **nicht genug:** pas assez
- **nach (+ D) suchen:** chercher
- **die Lehrstelle(n):** la place d'apprentissage

Blick auf… Das Universitätsstudium

1 Das Studium ist beliebt

A2-B1 **a.** Sehen Sie sich die zwei Grafiken an. Wie viele Studierende gibt es 2019 in Deutschland? Wie viel Prozent sind das gemessen an der Gesamtbevölkerung (2017: 82,79 Millionen Einwohner)?

b. Welche Fächer sind beliebt? Was halten Sie davon? Was würde Sie besonders interessieren?

Recherchieren Informieren Sie sich über die Zahl der Studierenden in Frankreich. Kann man denselben Trend feststellen? Welches sind die beliebtesten Fächer?

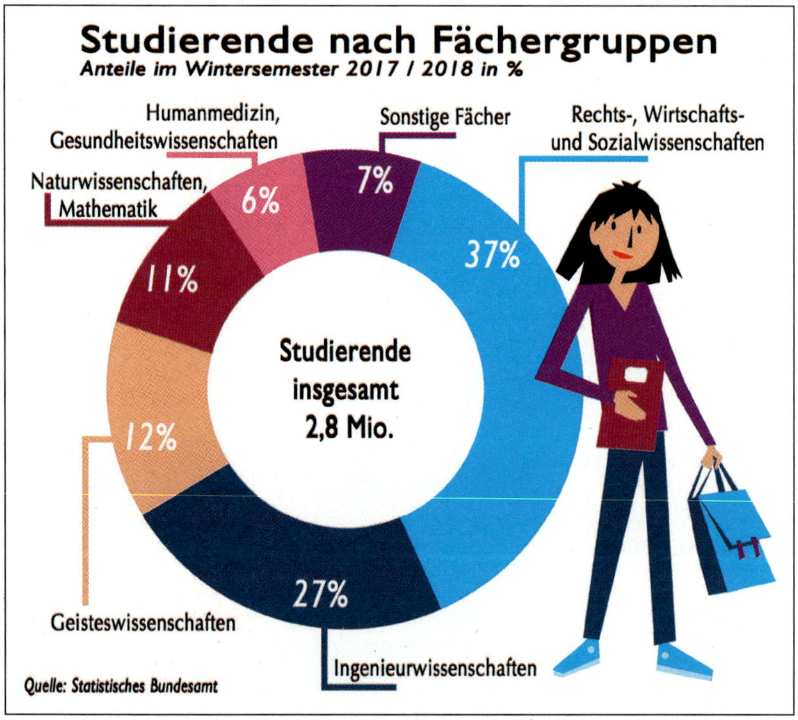

Tipp!

Pour exprimer des tendances statistiques, vous pouvez utiliser :
- ***immer mehr:*** de plus en plus
- ***immer weniger:*** de moins en moins
- ***Die Zahl der … steigt ≠ fällt / geht zurück / sinkt:*** Le nombre de … augmente ≠ baisse / diminue

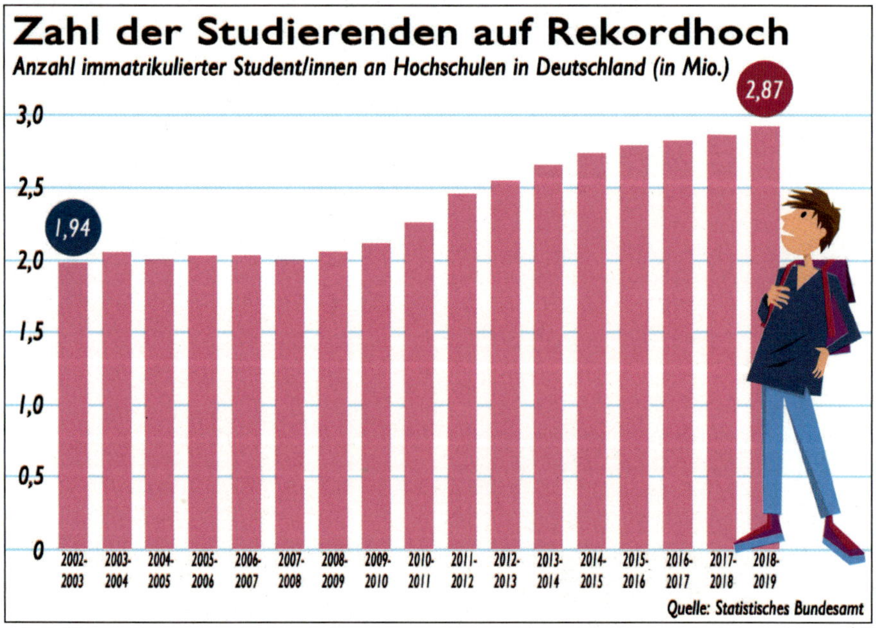

Wortschatz
- **studieren:** faire des études
- **das Fach(¨-er):** la matière
- **der Studienabschluss(¨-e):** le diplôme universitaire
- **sich um eine Stelle bewerben (i, a, o):** postuler à/pour un emploi
- **enttäuscht sein:** être déçu
- **das Studium ab/brechen (i, a, o):** interrompre ses études
- **die wahre Berufung(en):** la vraie vocation
- **mutig sein:** être courageux

2 Lohnt sich das Studium noch?

A2-B1 **a.** Lesen Sie den Text. Stellen Sie kurz Kandil Uluc vor (Studium, Noten, Jobsuche, Eltern, Motivation …).

B1 **b.** Erklären sie, warum es für Kandil Uluc so schwierig ist, eine passende Arbeit zu finden.

Eigentlich, dachte Kandil Uluc, müsste sie sich keine Sorgen machen. Einen Bachelorabschluss in BWL[1] in der Tasche, Notenschnitt passable 2,3, hoch motiviert – was sollte da schiefgehen[2]? (...)
Das war im Februar 2015. Kandil bewarb sich als Trainee bei einer Modekette und auf Absolventenstellen bei großen Logistikunternehmen – in Frankfurt, Hamburg, deutschlandweit. (...)
Doch die Rückmeldungen[3] blieben aus. Dann kamen Absagen[4]. Dann zwei, drei Telefoninterviews, aber kein Stellenangebot. (...)
Mehr als hundert Bewerbungen hat Kandil, 30 Jahre, seit ihrem Studienabschluss geschrieben. Vergebens[5]. (...)
Fest steht: In Deutschland studieren heute so viele Menschen wie noch nie zuvor, fast drei Millionen sind es. Allein zu diesem Wintersemester werden eine halbe Million Neueinschreibungen erwartet. (...) Ein Uni-Abschluss war [bisher] ein Versprechen auf ein gutes Einkommen[6], auf Status, Aufstieg (...).
Auch Kandil hat so gedacht. Ihre Eltern kamen in den Achtzigerjahren aus der Türkei nach Deutschland, ihr Vater ist Busfahrer, ihre Mutter putzt. (...) „Ich wollte mehr erreichen“, sagt sie. Doch kann sich diese Hoffnung erfüllen, wenn es die Hälfte eines Altersjahrgangs in die Hörsäle und Seminarräume zieht? Verlieren die Abschlüsse dann nicht an Wert[7]?

© *Spiegel Online*, 19.11.2017

1. BWL = die Betriebswirtschaftslehre: *les sciences économiques* **2.** schief/gehen (i, a): *ne pas marcher* **3.** die Rückmeldung(en) = (hier) die Antwort **4.** die Absage(n): *la réponse négative, le refus* **5.** vergebens: *en vain* **6.** ein gutes Einkommen: *un bon salaire* **7.** an Wert verlieren (o, o): *perdre en valeur*

3 Andere Wege sind auch möglich

A2-B1 **a.** Hören Sie sich das Interview mit Tim an. Notieren Sie Informationen über ihn (Alter, Studium, wahre Berufung, Reaktion der Eltern, Reaktion des zukünftigen Chefs …).

B1 **b.** Erklären Sie, warum Tim sein Studium abgebrochen hat. War das die richtige Entscheidung für ihn?

Grammatik macht Sinn

L'expression du futur

REPÈRES GRAMMATICAUX P. 182

KURZ UND GUT

Observez les phrases suivantes. Expliquez les règles de construction du futur avec *werden*.

Was wirst du nach dem Abi machen?

Ich weiß noch nicht, aber wahrscheinlich werde ich an die Uni gehen. Vielleicht werde ich Medizin studieren und Arzt werden, denn Ärzte werden immer gebraucht werden.

Repérez d'autres manières d'exprimer le futur. Comment traduiriez-vous ces phrases ?

Und du? Weißt du schon, was du studieren willst?

Ja, aber ich habe nicht vor, zu studieren. Ich will nächstes Jahr eine Ausbildung zur Optikerin machen.

A2 **1** **Complétez les phrases suivantes en conjuguant les verbes entre parenthèses au futur.**

a. Deutsche Firmen machen sich Sorgen: … sie in Zukunft genug passende Bewerber …? (finden)

b. Gleichzeitig … zahlreiche Ausbildungsbewerber keine Stelle …, da sie nicht dafür geeignet sind. (bekommen)

c. Die meisten Azubis … in ihrem Bundesland einen Ausbildungsplatz … (suchen)

d. Das Jobcenter … dem Bewerber bei der Arbeitssuche … (helfen)

e. … du eine duale Ausbildung … oder … du …? (machen / studieren)

f. Als Absolventen der Wirtschaftsuniversität … ihr gut ausgebildet … (sein)

g. Der Chef dieser Firma … dich bestimmt … (an/stellen)

A2-B1 **2** **Parmi les phrases suivantes, repérez celles qui sont au futur. Indiquez les autres sens de *werden*. Traduisez ensuite toutes les phrases.**

a. Viele Ausbildungsstellen werden in Berufen angeboten, für die sich nicht genügend Bewerber interessieren.

b. Noch einmal komplizierter wird die Situation, wenn Firmen in Berufen ausbilden, die bei Jugendlichen nicht sehr populär sind, zum Beispiel im Hotel- und Restaurationsgewerbe.

c. Ein Verkäufer bleibt nicht sein Leben lang an der Kasse, sondern wird oft Abteilungsleiter (*chef de rayon*).

d. Wegen der schlechten demografischen Entwicklung wird es in Deutschland wahrscheinlich einen Fachkräftemangel (*manque d'ouvriers spécialisés*) geben.

e. Wann wirst du endlich dein Studium abschließen?

B1 **3** **Transformez les phrases suivantes en déclarations d'intention avec *wollen* et *vor/haben.***

a. Ab morgen werde ich auf Arbeitssuche gehen.

b. Nächstes Jahr werden wir ein Auslandssemester in Wien machen.

c. In zwei Jahren wirst du dein Studium abschließen.

d. Später werdet ihr einen Betrieb gründen (*fonder*).

e. Er wird den passenden Beruf finden.

Wortschatz macht Sinn

Vokabeln lernen

Der Beruf

- **lernen:** apprendre
- **einen Beruf erlernen:** apprendre un métier
- **die Ausbildung(en):** la formation
- **ein Praktikum (-a) absolvieren:** faire un stage
- **der Praktikant(en, en), die Praktikantin(nen):** le/la stagiaire

Eine Lehre machen

- **praktisch:** pratique
- **der Lehrling(e) = der/die Auszubildende(n) = der Azubi(s):** l'apprenti
- **die Lehrstelle(n):** la place d'apprentissage
- **eine Lehrstelle finden (a, u):** trouver une place d'apprentissage
- **jdn aus/bilden:** former qqn
- **gut / schlecht ausgebildet sein:** être bien / mal formé
- **das Handwerk:** l'artisanat
- **die Berufsschule(n):** l'école professionnelle

Die Arbeitssuche

- **der Bewerber(-), die Bewerberin(nen):** le candidat
- **sich um (+ A) bewerben (i, a, o):** postuler à/pour
- **die Stelle(n):** l'emploi
- **das Stellenangebot(e):** l'offre d'emploi
- **passend = geeignet:** qui convient, convenable
- **jdn an/stellen:** embaucher qqn

Das Studium

- **theoretisch:** théorique
- **der Student(en, en), die Studentin(nen) = der/die Studierende(n):** l'étudiant(e)
- **an der Universität studieren:** faire des études universitaires
- **das Studium beginnen (a, o) / ab/brechen (i, a, o):** commencer / interrompre ses études
- **der Abschluss(¨e) = das Diplom(e):** le diplôme
- **der Absolvent(en, en), die Absolventin(nen):** le/la diplômé(e)

Vokabeln aktiv

1 Trouvez l'intrus dans chaque série. Justifiez votre choix.

a. der Schüler – der Studienabbrecher – der Student – der Lehrling

b. eine Lehre machen – ein Praktikum absolvieren – studieren – eine Arbeit suchen

c. die Lebenserwartung – die Arbeit – der Job – das Abitur

d. motiviert – theoretisch – gut ausgebildet – geeignet

2 Complétez les phrases avec le mot qui convient.

a. Der Chef stellt den … ein, weil er für die Stelle … ist.
b. Wenn jemand nicht studieren möchte, kann er eine … machen.
c. Jemand, der ein Studium abbricht, hat keinen …
d. Wenn jemand schlecht ausgebildet ist, ist es schwierig für ihn, eine … zu …
e. Eine Person, die eine Ausbildung oder eine Lehre macht, nennt man …
f. Ein Studium ist oft …, während eine Berufsausbildung … ist.

3 Complétez la liste suivante selon l'exemple.

	Expression verbale	Personne
a. *die Schule:*	*zur Schule gehen / eine Schule besuchen*	*der Schüler, die Schülerin*

b. das Studium
c. die Lehre
d. das Praktikum
e. die Arbeit

Prosodie und Phonetik

Nathan live! MP3 11

« b », « d » et « g » en fin de mot

a. Écoutez attentivement les paires de mots. Indiquez si vous entendez :
- [b] ou [p] ?
- [d] ou [t] ?
- [g] ou [k] ?

Expliquez la différence de prononciation selon les cas.

b. Écoutez encore une fois les mots enregistrés et répétez-les.

c. Écoutez et répétez la phrase suivante.
Der Jugendliche akzeptiert die Stelle in diesem Betrieb, aber der tägliche Weg zur Arbeit wird sehr ermüdend sein.

FINALE

Projekt — Seinen Traumberuf vorstellen

A2-B1 Sie haben an einem Berufsinformationstag an Ihrer Schule teilgenommen. Berichten Sie den anderen darüber: Für welche Bereiche interessieren Sie sich? Was wollen Sie später studieren bzw. welche Ausbildung wollen Sie machen? Welche Fächer wollen Sie wählen?

Médiation

Interlangues

Zwischen den Kulturen

Erklären Sie Schülern, die eine andere Fremdsprache als Deutsch lernen, das Duale System in Deutschland und fragen Sie sie, ob es ähnliche Systeme in anderen Ländern gibt (zum Beispiel in Italien die „Alternanza scuola-lavoro“).

Über die Grenzen hinaus

Präsentieren Sie die Ergebnisse Ihrer Partnerklasse und bitten Sie sie, Ihnen ebenfalls von ihren Berufsplänen zu berichten. Sind die Pläne Ihrer Partnerklasse deutlich anders? Wenn ja, warum vielleicht?

Schritt für Schritt

Eine kurze mündliche Präsentation machen

1 Réfléchissez : quel est le métier que vous voulez faire plus tard ? Quelles sont vos aspirations professionnelles ?
Si vous ne savez pas encore, pensez au métier de vos rêves ou bien à des métiers ou à des domaines qui vous plaisent.

Ich werde später Ingenieur(in) werden. / Ich will Polizist(in) werden. / Ich werde später meine eigene Firma gründen und als Manager(in) arbeiten.
Ich interessiere mich für Gesundheit / die Umwelt / Informatik / Technik / Kunst …

2 Expliquez pourquoi vous choisissez ce domaine professionnel, puis faites une liste de vos forces et de vos faiblesses.

Dieser Beruf ist perfekt für mich, denn… / Ich liebe diesen Beruf, weil…
Ich arbeite (nicht) gern alleine / im Team / mit dem Computer / mit Menschen / mit Tieren / im Ausland / draußen …
Ich bin selbstbewusst / kommunikativ / neugierig / fleißig / kreativ …
Ich bin schüchtern / verschlossen / stur / unsicher / faul / nervös / leicht gestresst / impulsiv …

3 Listez les différentes étapes que vous devez suivre afin d'apprendre ce métier.

Nach dem Abitur will ich eine Ausbildung / eine Lehre als … machen.
Um … zu werden, muss ich … studieren.
Dieses Studium / Diese Ausbildung wird … Jahre dauern.
Danach will ich … Jahr(e) / … Monat(e) ins Ausland gehen.
Ich werde viele Praktika machen.

4 Préparez vos notes pour votre exposé oral, puis entraînez-vous avant de prendre la parole devant vos camarades.

Testen Sie sich!

Auf dem Weg zur Certification

1 Leseverstehen

Lesen Sie den Text.

A2 Stellen Sie die Erzählerin vor.

B1 Welches Bild vom Landleben haben der Mann und die Frau? Ist dieses Bild positiv oder negativ? Begründen Sie Ihre Antwort.

→ **Fragebogen zum Ausfüllen im Heft *Auf dem Weg zur Certification* (lyceen.nathan.fr/impulse2)**

Ich war es, die ja gesagt hat. (...)
Diesem kleinen Wort verdanke ich, dass ich jetzt auf dem Land lebe. Seit knapp sechs Monaten. Sechs Monate, die mein Leben von Grund auf verändert haben. Die gute Nachricht: Ich lebe noch. Aber anders. Ganz anders als bisher. (...)
Als mich Paul, der Mann an meiner Seite, fragt, ob ich mir vorstellen kann, mit ihm aufs Land zu ziehen, bin ich zunächst skeptisch. Aber Paul kann sehr überzeugend sein. Seine Visionen vom Leben weit draußen sind malerisch[1]. „Die Natur, die fantastische Luft, die Ruhe und die viele Zeit, die wir für uns haben werden", schwärmt er mir vor[2]. „Und natürlich all die frischen Tomaten!" (...)
Auf dem Land zu leben war nie einer meiner Träume. (...)
Ganz im Gegenteil. Landleben ist für mich immer eine Art Synonym für Kleingeistigkeit, Spießertum[3] und Langeweile (...). Mir fehlt jegliches Land-know-how. Mein Leben in der Peripherie der Großstadt ist mir Landleben genug. Eigentlich will ich, wenn die Kinder aus dem Haus sind, in die Stadt ziehen. Richtig mittenrein ins Leben. Penthouse oder Altbau, Stuck, Parkett, hippe Cafés, Kneipen – einfach das pralle Leben. (...)
Vom Ja bis zum Umzug[4] dauert es nur sechs Wochen. Sechs Wochen Dauerstress. Sechs Wochen lang Diskussionen mit meinen Kindern, meiner Mutter, meinem Ex-Schwiegervater und meiner Schwester. Und natürlich mit meinem Chef, der alles andere als begeistert ist. Sechs Wochen lang Anrufe von entsetzten[5] Freundinnen.

Aus: Susanne Fröhlich, *Verzogen*

1. malerisch: *pittoresque* **2.** jdm vor/schwärmen: *parler de façon enthousiaste à qqn* **3.** Kleingeistigkeit, Spießertum: *l'esprit borné et petit-bourgeois* **4.** der Umzug: *le déménagement* **5.** entsetzt: *horrifié*

2 Mündliche Kommunikation

etwa 2 Minuten

Schauen Sie sich das Bild an.

A2 Welches sind in Ihren Augen die Vor- und Nachteile des Landlebens? Des Stadtlebens?

B1 Was kann man Ihrer Meinung nach tun, um die Stadt / das Land attraktiv zu machen?

Testen Sie sich!

3 Hörverstehen

CD CLASSE

Hören Sie sich die Reportage an.

Bäckerlehrlinge

A2 Stellen Sie die beiden Personen vor (Name, Alter, Ausbildung / Studium).

B1 Was erfahren Sie über Lukas' Arbeit und Melanies Studium?

→ **Fragebogen zum Ausfüllen im Heft *Auf dem Weg zur Certification* (lyceen.nathan.fr/impulse2)**

4 Schriftliche Kommunikation

Schauen Sie sich die Statistik an.

A2-B1 Schreiben Sie einen kurzen Artikel zu dieser Statistik. Entspricht diese Statistik Ihrem persönlichen Berufswunsch als Kind?

Erklären Sie dann, in welcher Branche Sie später arbeiten möchten und warum.

etwa 130-150 Wörter

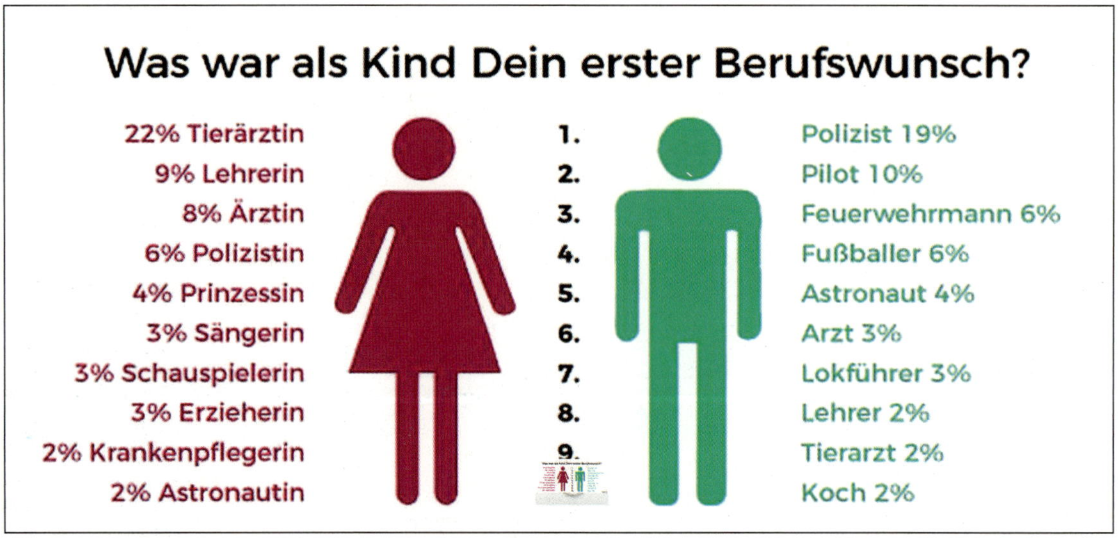

SAUVER LA PLANÈTE, PENSER LES FUTURS POSSIBLES

KAPITEL 5

Tiere in Gefahr

→ **Artenschutz: eine Priorität für die DACH-Länder?**

Braunbären im Nationalpark Bayerischer Wald

Auf geht's!

a. Schauen Sie sich das Bild an. Wo wurde es gemacht?
b. Was wissen Sie über Braunbären?

Blick auf…

Bedrohte Tierarten

1 Ohne Bienen leben?

A2-B1

a. Schauen Sie sich das Bild an. Was fällt Ihnen auf? Wie verstehen Sie das Bild?

B1

b. Warum sind die Bienen so lebenswichtig? Stellen Sie Hypothesen auf.

c. Lesen Sie den Werbetext. Wer hat dieses Plakat gemacht? Wozu?

Recherchieren

Informieren Sie sich über Greenpeace und berichten Sie darüber.

2 Rettet die Bienen!

A2-B1

a. Sehen Sie sich das Video an und machen Sie sich Notizen.

b. Welche Faktoren tragen zu dem Verschwinden der Bienen bei? Wie können wir den Bienen helfen?

B1

c. Die Biene soll das drittwichtigste Nutztier sein. Erklären Sie diese Behauptung mit Hilfe des Videos.

Nathan live! VIDÉO

Die Biene bestäubt die Pflanzen.
Bienensterben in 3 Minuten erklärt, youknow, 2016.

Tipp!

Pour **exprimer la cause**, vous pouvez utiliser :
weil (parce que)
da (puisque)
deshalb (c'est pourquoi)
aus diesem Grund (pour cette raison)
Das hat zur Folge, dass …
Die Konsequenz ist …

In Deutschland leben rund 580 Wildbienenarten. Schon 52 Prozent unserer heimischen Wildbienenarten stehen auf der Roten Liste bedrohter Tierarten.

3 Vögel unserer Gärten in Gefahr

A2-B1 **a.** Sehen Sie sich das Plakat vom BUND (Bund für Umwelt und Naturschutz Deutschland) an und machen Sie sich Notizen (Was? Wie? Warum?). Stellen Sie nun Hypothesen zum Vogelsterben auf.

B1 **b.** Lesen Sie nun den Text: Haben Sie richtig getippt? Welche Gründe werden im Text angegeben?

Recherchieren Welche Aktionen gibt es in Frankreich für die Rettung der Vögel? Berichten Sie darüber auf Deutsch in der Klasse. Sie können auch ein Bild oder ein Plakat mitbringen.

Sag mir, wo die Vögel sind!

In Deutschland und Europa ist die Zahl der Vögel in den letzten Jahrzehnten drastisch gesunken[1]. Von uns Menschen gehen große Gefahren für die Vogelwelt aus, sowohl in der Stadt als auch durch die landwirtschaftliche Nutzung[2] ihres Lebensraums.

Besonders in der Enge der Stadt fliegen sie gegen Fenster, prallen gegen Glasfassaden. Sie kollidieren mit Autos, LKWs und Zügen oder geraten auch in Rotoren von Windkraftanlagen. Sehr viele fallen aber auch den Millionen Hauskatzen zum Opfer[3]. Die größte Bedrohung für viele heimische Vogelarten ist die herkömmliche[4] Landwirtschaft. Die Felder werden intensiv genutzt, das heißt: Monokulturen und Einsatz von Pestiziden. (...) [D]as macht zuerst den Insekten zu schaffen[5], die für viele Vögel Hauptnahrungsquelle[6] sind. Das hat zur traurigen Folge, dass in Europa der Bestand[7] dieser sogenannten Agrarvögel von 1980 bis 2015 um über die Hälfte gesunken ist.

1. sinken (a, u): *(ici) baisser* **2.** die landwirtschaftliche Nutzung: *les exploitations agricoles* **3.** jdm zum Opfer fallen (ä, ie, a): *être victime de qqn* **4.** herkömmlich = traditionell **5.** zu schaffen machen: *donner du fil à retordre* **6.** die Hauptnahrungsquelle(n): *la source principale de nourriture* **7.** der Bestand(¨e): *(ici) le nombre*

Wortschatz

- **die Gefahr(en):** le danger
- **bestäuben:** polliniser
- **vor (+ D) warnen:** mettre en garde, prévenir
- **verschwinden (a, u):** disparaître
- **vom Aussterben bedroht sein:** être menacé d'extinction
- **die Biodiversität erhalten (ä, ie, a):** préserver la biodiversité
- **eine wichtige Rolle spielen:** jouer un rôle important
- **jdn vor (+ D) retten:** sauver qqn de

Blick auf... Rettungsaktionen

1 Das Tier des Jahres

Der Igel

Körperlänge: 24-28 cm
Gewicht: 0,8-1,5 kg
6000-8000 Stacheln auf dem Rücken
Lebensdauer: ungefähr 4 Jahre
Nachttier
Winterschlaf
Nahrung: Insekten
Gefahren: immer kleinerer Lebensraum, Rasenmäher[1], Pestizide, Autos

1. der Rasenmäher(-): *la tondeuse à gazon*

A2-B1 **a.** Schauen Sie sich das Bild an und lesen Sie den Steckbrief. Stellen Sie dann den Igel vor.

B1 **b.** Warum wurde der Igel zum Tier des Jahres gewählt?

Recherchieren Das Tier des Jahres: Welches ist es in jedem der DACH-Länder? Warum wurde es gewählt?

In den DACH-Ländern wählen die Tierschutzvereine jedes Jahr ein sogenanntes „Tier des Jahres" und organisieren das ganze Jahr hindurch Informationskampagnen, um die Leute auf dieses Tier aufmerksam zu machen.

Tipp!
Pour organiser vos arguments, vous pouvez utiliser :
zuerst (d'abord)
dann (ensuite)
zum Schluss (finalement)
erstens (premièrement)
zweitens (deuxièmement)
drittens (troisièmement)

2 Artenschutzkampagnen

A2 **a.** Lesen Sie den Text und machen Sie sich Notizen.

A2-B1 **b.** Zitieren Sie die verschiedenen Aktionen, die für den Tierschutz organisiert werden.

B1 **c.** Welche Form des Engagements ist Ihrer Meinung nach die beste? Warum?

„Natur des Jahres" – Marketing für Artenschutz

Die „Natur des Jahres"-Kampagnen zielen darauf, die Öffentlichkeit[1] zu sensibilisieren und das Engagement zu fördern. (...)
Ein bekanntes Beispiel ist der Eisbär „Knut" aus dem Zoo Berlin, der 2007 zum Symboltier für die Folgen[2] des Klimawandels erklärt wurde. „Knut" war unter anderem auf einer weit verbreiteten Briefmarke zu sehen.
Einige Umweltkampagnen können zum Beispiel spannende Mitmach-Aktionen oder innovative Bildungsangebote in Science-Centern, Freilichtmuseen[3] sowie Zoologischen und Botanischen Gärten sein oder Freiwilligenarbeit[4] im Naturschutz. So können Interessierte beim NABU umfangreiches Informationsmaterial zu den einzelnen Arten beziehen – von Banner- und Poster-Ausstellungen über Infobroschüren, Flyer und Postkarten. Viele Umwelt- und Naturschutzinitiativen laden zudem Bürgerinnen und Bürger[5] dazu ein, selbst bei konkreten Projekten aktiv zu werden.

BMU-Bildungsservice / http://www.umwelt-im-unterricht.de / CC BY 4.0

1. die Öffentlichkeit: *l'opinion publique* 2. die Folge(n): *la conséquence* 3. das Freilichtmuseum (en): *l'écomusée* 4. die Freiwilligenarbeit: *le travail des bénévoles* 5. der Bürger(-): *le citoyen*

3 Der Tiergarten Schönbrunn

A2 **a.** Lesen Sie den Text und stellen Sie Otto Antonius kurz vor.

A2-B1 **b.** Was unterscheidet eine Menagerie von einem zoologischen Garten?

B1 **c.** Inwiefern war Otto Antonius ein Pionier?

Von der Menagerie zum zoologischen Garten

Am 1. Dezember 1923 begann Otto Antonius (1885-1945) seine Tätigkeit im Tiergarten Schönbrunn (...). Antonius machte sich um den Fortbestand des Tiergartens Schönbrunn verdient[1], der vor dem Ersten Weltkrieg zu den schönsten und größten der Welt gezählt hatte, dessen Tierbestand aber (...) während des Krieges um beinahe 85 % zurückgegangen war. (...)
Durch Spenden[2] der „Hilfsaktion für den Ausbau des Schönbrunner Tiergartens“ gelang es Antonius, den Tierbestand wieder aufzufüllen. (...) Auch führte Antonius neue Medien wie 1934 die Dioramenschau ein[3].
Otto Antonius gilt (...) als Mitbegründer[4] der modernen Tiergartenbiologie (...). So wurde unter seiner Leitung die „Menagerie Schönbrunn“ im Jahre 1926 offiziell in „Tiergarten Schönbrunn“ umbenannt. Zoologische Gärten sollten auch Orte experimenteller Tier- und Züchtungsforschung[5] sein. Die Notwendigkeit[6] und Wichtigkeit des Artenschutzes erkannte Antonius sehr früh und versuchte seinen Zeitgenossen die weltweite Bedrohung der heimischen und exotischen Wildtierarten zu verdeutlichen[7]. Unter seiner Leitung nahm der Tiergarten Schönbrunn am ersten europäischen Artenschutzprogramm (...) teil.

1. sich um den Fortbestand verdient machen: *rendre de grands services en faveur du maintien* **2.** die Spende(n): *le don* **3.** ein/führen: *introduire* **4.** der Mitbegründer(-): *le cofondateur* **5.** die Züchtungsforschung: *la recherche pour l'élevage* **6.** die Notwendigkeit(en): *la nécessité* **7.** verdeutlichen: *expliquer*

4 Auf dem Weg zur Freiheit

Nathan live! MP3 12

A2 **a.** Hören Sie sich die Reportage an. In welcher Reihenfolge werden folgende Themen erwähnt?
bedrohte Tierarten – der Tiergarten – der Artenschutz

B1 **b.** Wählen Sie ein Thema, machen Sie sich Notizen und erklären Sie die heutige Rolle der zoologischen Gärten.

Recherchieren Gehen Sie auf die Website des Tiergartens Schönbrunn und schauen Sie sich die verschiedenen Artenschutzprojekte an. Berichten Sie über das Projekt, das Sie am meisten interessiert.

Waldrappen, Salzburg, 2016

Wortschatz

- **vor (+ D) schützen:** protéger de
- **der Artenschutz:** la protection des espèces
- **sich für (+ A) engagieren:** s'engager pour
- **der Forscher(-):** le chercheur
- **züchten:** élever des animaux
- **selten:** rare ≠ **häufig:** courant
- **notwendig:** nécessaire
- **die Öffentlichkeit sensibilisieren:** sensibiliser l'opinion publique

In einem Interview sagte die Direktorin des Tiergartens Schönbrunn:
„Wir Menschen sind die einzige Art, die fähig ist, andere Arten auszurotten[1]. Wir sind aber auch die einzige Art, die bedrohte Tiere vor dem Aussterben schützen kann.“

1. aus/rotten: *exterminer*

L'injonction

REPÈRES GRAMMATICAUX PP. 180, 183

KURZ UND GUT

Observez les phrases suivantes (forme et place du verbe), traduisez-les puis déduisez les règles de construction des différentes formes de l'**injonction**.

- *Sei bienenfreundlich! Hab keine Angst! Hilf den Bienen!*
- *Stellt Thymian, Lavendel oder andere Blumen auf euer Fensterbrett!*
- *Wildbienenfreundlichen Lebensraum schaffen!*
- *Bepflanzen Sie eine Fläche wildbienenfreundlich!*
- *Mach beim Weltbienentag mit!*
- *Du solltest keine Pestizide im Garten benutzen.*

A2 **1** **Que pouvez-vous faire pour la protection des espèces ? Conseillez vos camarades à titre individuel et collectif.**

a. Nisthilfen für Bienen (bauen)
b. die Infobroschüren des NABU (lesen)
c. umweltfreundlicher (sein)
d. für den Naturschutz (sich engagieren)
e. Bio-Gemüse und -Obst (ein/kaufen)

A2-B1 **2** **Formulez cinq conseils que l'association de protection des animaux pourrait donner au public (2e pers. du sg. et du pl., forme de politesse). Vous pouvez ensuite choisir un autre « *Tier des Jahres* » et adapter vos conseils.**

a. … über die Probleme, die seinen Lebensraum betreffen! (sich informieren)
b. … auf die jungen Kitze … (das Kitz: *le faon*)! (auf/passen)
c. … nicht mehr im Mai! (mähen: *faucher*)
d. … sie in Ruhe fressen. (lassen)
e. … ihnen im Winter Futter! (geben)

Reh mit Kitzen

B1 **3** **À partir des groupes verbaux ci-contre, formulez des conseils pour résoudre les situations suivantes. Veillez à varier les moyens utilisés.**

a. Die Öffentlichkeit kümmert sich wenig um Artenschutz.
b. Die Katzen töten viele Vögel.
c. Heutzutage leben weniger als 2000 Pandas.
d. Die Bienen verschwinden immer mehr.
e. Sie wollen eine Ausstellung über bedrohte Tierarten in der Schule organisieren.
f. Die Windräder sind für die Vögel gefährlich.
g. Die Pestizide töten die Insekten.

blütenreiche Nahrungsquellen auf dem Fensterbrett für sie vorbereiten / die Bio-Landwirtschaft unterstützen / die Katzen im Haus lassen / sichere Rotoren für die Windräder bauen / Pandas in zoologischen Gärten züchten / bei Tierschutzkampagnen mitmachen / sich bei NABU Informationsmaterial holen

Wortschatz macht Sinn

Vokabeln lernen

Die Rettungsaktion

- **retten:** sauver
- **gegen (+ A) eine Kampagne führen:** mener une campagne contre
- **die Öffentlichkeit an/sprechen (i, a, o):** interpeller l'opinion publique
- **auf (+ A) reagieren:** réagir à qqch.
- **über (+ A) informieren:** informer sur
- **jdn auf (+ A) aufmerksam machen:** attirer l'attention de qqn sur qqch.
- **zu (+ D) bei/tragen (ä, u, a):** contribuer à

Der Artenschutz

- **der Tierschutzverein(e):** l'association pour la protection des animaux
- **die Forschung(en):** la recherche
- **die Tierzucht:** l'élevage
- **züchten:** élever des animaux
- **die Biodiversität erhalten (ä, ie, a):** préserver la biodiversité
- **Lebensraum brauchen:** avoir besoin de son biotope
- **lebenswichtig:** vital
- **Nahrung finden (a, u):** trouver de la nourriture
- **überleben:** survivre
- **notwendig:** nécessaire

Die Bedrohung

- **die Gefahr(en):** le danger
- **gefährdet sein = bedroht sein:** être menacé
- **verschwinden (a, u):** disparaître
- **aus/sterben (i, a, o):** s'éteindre
- **vergiften:** empoisonner
- **(D) schaden:** nuire
- **die Landwirtschaft:** l'agriculture
- **die Urbanisierung:** l'urbanisation

Vokabeln aktiv

1 **Formez des mots composés avec *Tier* en utilisant les éléments suivants. Classez-les (noms / adjectifs) et traduisez les mots obtenus.**

Exemples : der Freund → der Tierfreund: *l'ami des animaux*
wild → das Wildtier: *l'animal sauvage*

~~der Freund~~ / ~~wild~~ / die Art / das Reich / der Park / das Haus / liebend / der Arzt / klein / die Welt / das Labor / die Zucht / feindlich / die Sprache / die Fabel / die Medizin / reich

2 **Reliez chaque amorce avec le verbe qui convient et faites une phrase à partir de ce que vous avez appris dans cette unité. Plusieurs solutions sont parfois possibles.**

A. vor den Agrargiften
B. auf das Verschwinden der Vögel
C. über die verschiedenen Aktionen
D. auf das Aussterben vieler Arten
E. bei NABU

a. reagieren
b. informieren
c. mitmachen
d. retten
e. aufmerksam machen

3 **Formez les dérivés en *-ung* des verbes ci-dessous puis complétez le texte.**

forschen – retten – erwarten – bedrohen – züchten

Die … der Pandas ist eine absolute Priorität. Auch für sie ist der Klimawandel eine ernste … . Zum Glück erlaubt die … im Tiergarten Schönbrunn die … auf natürlichem Weg. Sie weckt große … bei den Tierfreunden.

Prosodie und Phonetik

live! MP3 13

L'accentuation des verbes

Les particules verbales inséparables ne sont pas accentuées.

Exemple : *Gift* / ***ver<u>gif</u>ten***

a. Écoutez les mots suivants. Sont-ils accentués sur la 1re ou sur la 2e syllabe ? Relevez les particules verbales inséparables non accentuées.

b. Entraînez-vous maintenant à prononcer ces mots en les répétant. Enregistrez-vous et comparez avec le modèle.

Projekt

Einen Flyer für den Artenschutz verfassen

A2-B1 Der internationale Tag für die biologische Vielfalt wurde im Jahr 2000 durch die UNO eingeführt. Er findet jedes Jahr am 22. Mai statt und Sie möchten daran teilnehmen. Gestalten Sie einen Flyer und stellen Sie ihn der Klasse vor.

Médiation

Zwischen den Kulturen

Biodiversität in Europa: Berichten Sie über die Situation in einem europäischen Land Ihrer Wahl. Welche Arten sind gefährdet? Welche Rettungsaktionen werden organisiert?

Über die Grenzen hinaus

Informieren Sie Ihre Partnerklasse über die Aktionen für den Naturschutz, die in Ihrer Umgebung unternommen werden. Wie sieht es bei ihnen aus? Tauschen Sie sich aus.

Schritt für Schritt

Einen Flyer gestalten

1 **Choisissez la cause que vous souhaitez défendre et un titre.**
Tier in Gefahr!

2 **Choisissez des visuels qui interpellent.**

3 **Rédigez une phrase d'introduction sous forme de constat.**

4 **Présentez l'action que vous proposez.**
Wer? Verein? Schule? Bürgerinitiative …
Wozu? Was ist das Ziel?
Wie?
Mit wem?

5 **Donnez des conseils, demandez de l'aide.**

Tipp!

Utilisez différentes formes d'injonctions :

- ***Spenden Sie …***
- ***Sie sollten …***

KAPITEL 6

Kunst – mal anders?

→ Ist Kunst nur in Museen zu finden?

Graffiti-Künstler Eduard Kasper, Theodor-Heuss-Brücke, Mainz-Wiesbaden

Auf geht's!

a. Was ist für Sie Kunst?

b. Welche Rolle spielt Kunst in Ihrem Leben? Tauschen Sie sich aus.

Blick auf... Kunst und Körper

1 Bodypainting in Klagenfurt

live! MP3 14

A2 **a.** Hören Sie sich die Reportage an und machen Sie sich Notizen zu diesem Festival (Wo? Wann? Für wen? Mit wem? Auszeichnungen?).

B1 **b.** Was kann man auf diesem Festival sehen, machen und lernen?

Wortschatz

- **die Haut:** la peau
- **die Körperkunst:** l'art corporel
- **etw. aus/stellen:** exposer qqch.
- **wunderbar:** merveilleux
- **einmalig:** unique
- **modisch:** à la mode
- **der Mensch als Objekt:** l'être humain comme objet
- **der Künstler(-) / die Künstlerin(nen):** l'artiste
- **das Kunstwerk(e):** l'œuvre d'art

2 Tattoos als modischer Hautschmuck

A2 **a.** Lesen Sie den Text und machen Sie sich Notizen zu den Tattoos heutzutage in Deutschland.

B1 **b.** Erklären Sie die Entwicklung, die dieser Hautschmuck erlebt hat.

Wusstet ihr, dass etwa jeder Fünfte in Deutschland tätowiert ist? Der Körperschmuck[1] ist voll im Trend, vor allem bei Frauen. 2017 waren rund die Hälfte aller Frauen zwischen 25 und 34 Jahren tätowiert. Besonders beliebt waren Tätowierungen an den Armen und auf dem Rücken. (...)
Tattoos sind heute längst nicht mehr das, was sie einmal waren. Ursprünglich war das Tätowieren den Seeleuten vorbehalten[2], die sich damit vom Rest der Gesellschaft abgrenzen[3] wollten. Kriminelle und Gang-Mitglieder übernahmen diese Form der Markierung, um zu zeigen, zu wem sie gehörten[4]. (...) Erst in den 70ern begannen Künstler nach und nach, das Tattoo salonfähig zu machen[5]. Damals[6] allerdings war so ein Körperschmuck noch sehr rebellisch. Spätestens seit den 90ern ist das Tattoo ein Massenphänomen.

© www.sinnliche-seiten.de, 2018

1. schmücken: *décorer* **2.** den Seeleuten vorbehalten: *réservé aux marins* **3.** sich von (+ D) ab/grenzen: *se démarquer de* **4.** zu (+ D) gehören: *faire partie de* **5.** salonfähig machen: *rendre convenable, acceptable* **6.** damals: *à l'époque, (ici) dans les années 1970*

3 Die Kunst des Tätowierens

A2 **a.** Sehen Sie sich das Video an. Machen Sie sich Notizen zu Valentin Hirschs Tattoos (Motive? Preis? Für wen? Wo?).

B1 **b.** Erklären Sie, wie Valentin Hirsch als Tätowierer arbeitet.

Tattoos als Körperkunst, Deutsche Welle, 2013

4 Die Verwandlung des Körpers zum Kunstwerk

A2 **a.** Lesen Sie folgenden Text. Stellen Sie Tim Steiner und sein besonderes Tattoo vor.

B1 **b.** Welche Konsequenzen hat dieses Tattoo für ihn? Was halten Sie davon?

Recherchieren Suchen Sie nach Informationen über den Roman *Lorsque j'étais une œuvre d'art* von Eric-Emmanuel Schmitt. Lesen Sie Auszüge und berichten Sie Ihrer Klasse darüber auf Deutsch.

Wim Delvoye, *Tim*, Tinguely Museum, 2017

„Hallo, ich bin der Tim." So stellt sich das einzige lebende Kunstwerk der Welt vor.

Seit gestern wird der Schweizer Tim Steiner (38) im Museum Weserburg ausgestellt. Er zeigt sein Rücken-Tattoo, das ihm der belgische Künstler Wim Delvoye (49) gestochen hat[1].

Steiner ist Attraktion der Schau „Existentielle Bilderwelten" mit 50 Werken des Hamburger Kunstsammlers[2] Rik Reinking (38). Ihm gehört auch Tims Tattoo. Wenn er eines Tages stirbt, wird die Tätowierung entfernt[3] und konserviert. Sie kann dann wie ein Gemälde[4] verkauft werden.

Reinking: „Wir sind inzwischen gute Freunde geworden."

Auch Tim ist von seinem Leben als Kunstwerk begeistert[5]: „Ich wurde schon im Louvre in Paris und in Tasmanien ausgestellt."

Rund 180 000 Euro hat Reinking bezahlt. Verkauft er Tim weiter, ist der am Gewinn beteiligt[6].

1. ein Tattoo stechen (i, a, o): *faire un tatouage* **2.** der Kunstsammler(-): *le collectionneur d'art* **3.** entfernen: *retirer, ôter* **4.** das Gemälde(-): *le tableau* **5.** begeistert: *enthousiaste* **6.** am Gewinn beteiligt sein: *être intéressé aux bénéfices*

Blick auf... Kunst im Alltag

1 Dreidimensionale Straßenmalerei

3D Street Art ist eine sehr alte Technik, die es dem Künstler ermöglicht, eine fantastische Illusion von Plastizität zu erzeugen, wenn man seine Bilder aus einem bestimmten Blickwinkel betrachtet[1]. Es ist sehr unterhaltsam[2] für die Passanten. Es ist ideal, um mit dem Publikum in Kontakt zu treten, eine Marke oder ein Event zu bewerben[3] und Sichtbarkeit[4] online zu erhalten. Ein 3D-Bild kann auf dem Boden, als Wandbild oder auf einer Plakatwand mit Farbe, Kreide[5] (...) erstellt werden.

© www.bookstreetartist.com

1. aus einem bestimmten Blickwinkel betrachten: *regarder sous un certain angle* **2.** unterhaltsam: *amusant, distrayant* **3.** etw. bewerben (i, a, o): *faire la promotion de qqch.* **4.** die Sichtbarkeit: *la visibilité* **5.** die Kreide: *la craie*

A2

a. Lesen Sie den Text. Geben Sie dann eine kurze Definition der 3D Street Art.

b. Lesen Sie auch die Informationen über den Künstler Manfred Stader. Was erfahren Sie über ihn?

B1

c. Was ist an dieser Kunstform besonders interessant?

Recherchieren Suchen Sie Namen und Bilder von anderen deutschen Straßenkünstlern und stellen Sie sie den anderen vor.

Manfred Stader begann während seines Kunststudiums in den frühen 1980er Jahren mit Straßenmalerei und Straßenkunst. 1985 erhielt er den Titel „Master Madonnaro“, einen Titel, der beim größten internationalen Straßenmalwettbewerb in Grazie di Curtatone in Italien verliehen wird.

3D-Kunst-Kaffee, Manfred Stader

2 Die Verwandlung des öffentlichen Raums

A2 **a.** Lesen Sie die folgende Präsentation und machen Sie sich Notizen zu dem Trio „Mentalgassi“.

B1 **b.** Beschreiben Sie den Stil ihrer Werke.

Recherchieren Suchen Sie Informationen über das Street Art Museum in Berlin-Schöneberg, „Urban Nation“ und berichten Sie in der Klasse darüber.

Fahrkartenentwerter Katrin, Mentalgassi

Dieses junge Berliner Streetart-Trio sind die vielleicht fröhlichsten, unbekümmertsten[1] Künstler, die heute in Deutschland arbeiten. Die drei Freunde (...) lernten sich im Alter von etwa sechzehn auf der weiterführenden Schule kennen. Wie viele Stadtkinder wurden sie Graffiti-Schreiber und sprühten[2] Bilder an Wände, Gebäude, U-Bahn-Stationen und Züge, bis sie mit der Polizei in Konflikt gerieten (...).
„Wir hatten Interesse an Techniken der neuen Medien – Fotografie, Drucken, Bildbearbeitung – und wollten wissen, wie man diese Techniken auf dreidimensionale Objekte anwenden konnte“. Folgten urkomische Sticker mit Gesichtern[3], die sie auf Fahrkartenentwerter[4] der U-Bahn klebten. Dann kam „Public Intimacy“, eine Serie von sechs kurzlebigen[5] Installationen in Berlin: (...) Ein Passfotoautomat [wurde] zur Toilette umfunktioniert (...). Viele Installationen in „Public Intimacy“ hielten weniger als fünf Minuten, bis sie von den Behörden entfernt wurden[6]. „Oder vom Publikum geklaut[7]“ (...).
Mit zunehmendem Erfolg begannen die drei Freunde, ihre Arbeiten zusammen mit dem Berliner Sinn für Anarchie und Humor zu exportieren. (...) Sie haben mit Amnesty International und der Sportschuhmarke Converse gearbeitet (...).
„Ich sehe uns gern als Künstler, die in Freundschaft arbeiten“, meint der erste Mentalgassi abschließend.

1. unbekümmert: *insouciant* **2.** sprühen: *tracer, taguer* **3.** das Gesicht(er): *le visage* **4.** der Fahrkartenentwerter(-): *le composteur de billets* **5.** kurzlebig: *de courte durée, éphémère* **6.** von den Behörden entfernt: *enlevées par les autorités* **7.** klauen: *dérober, piquer*

Wortschatz

- **auf den Boden zeichnen:** dessiner sur le sol
- **mit Kreide malen:** peindre à la craie
- **etw. vor/täuschen:** donner l'illusion de qqch.
- **etw. verändern:** transformer qqch.
- **humorvoll:** plein d'humour
- **draußen:** dehors
- **vergänglich:** éphémère
- **ein kurzlebiges Kunstwerk(e):** une œuvre d'art qui ne dure pas / de courte durée

Grammatik macht Sinn

L'expression de la cause et de la conséquence

REPÈRES GRAMMATICAUX P. 189

KURZ UND GUT

Observez le tableau ci-dessous. Quelles règles pouvez-vous formuler sur la nature des mots en rouge et sur la construction des phrases ?

Indiquer la cause avec : **weil** (parce que) **denn** (car) **da** (comme, puisque)	
• *Viele Menschen lassen sich tätowieren,*	• ***weil** sie ihren Körper für immer verändern **wollen**.*
• *Viele Menschen lassen sich tätowieren,*	• ***denn** sie **wollen** ihren Körper für immer verändern.*
• ***Da** sie ihren Körper für immer verändern **wollen**,*	• ***lassen** sich viele Menschen tätowieren.*

Indiquer la conséquence avec : **deshalb** (c'est pourquoi) **also** (donc) **so … dass** (si bien que, de sorte que)	
• *Viele Menschen **wollen** ihren Körper für immer verändern,*	• ***deshalb (also) lassen** sie sich tätowieren.*
• *Viele Menschen wollen ihren Körper **so** sehr verändern,*	• ***dass** sie sich tätowieren **lassen**.*

A2-B1 **1** **Lisez le texte et repérez les connecteurs exprimant les liens logiques de cause / conséquence. Expliquez la construction de la phrase et la place des mots. En allemand, répondez à la question posée par le titre.**

Warum hatte Ötzi so viele Tätowierungen?

Mit 61 Tattoos auf dem ganzen Körper gilt Ötzi, diese 5250 Jahre alte Eismumie (*la momie glacière*) aus Südtirol, als der älteste Tätowierte der Welt. Deshalb interessieren sich viele Experten für die Rolle der Tätowierung in der Steinzeit: Warum hatte Ötzi so viele Tattoos? Da diese Tattoos sich meistens an klassischen Akupunkturpunkten befinden, denken die Archäologen, dass diese Tätowierungen eventuell eine therapeutische Funktion hatten. Ötzi hatte wahrscheinlich so starke Rheumaschmerzen (*douleurs rhumatismales*), dass er sich mit Tätowierungen helfen wollte. Diese Interpretation klingt realistisch, denn viele Völker lassen sich Tattoos gegen Rheuma an denselben Stellen wie Ötzi stechen. Ötzis Tattoos sind für uns nicht besonders originell, weil sie fast alle aus parallelen Linien bestehen. Sie wurden mit Kohlepulver (*du charbon réduit en poudre*) gezeichnet, deshalb sind sie heute noch dunkelblau. Sie hatten eine medizinische Rolle, hatten also mit Körperschmuck nichts zu tun!

Modell von Ötzi und seinen Tattoos auf der Tattoomesse TattooBash, Köln, 2015

B1 **2** **Choisissez un des témoignages ci-dessous. Rendez compte du point de vue exprimé en utilisant différents connecteurs logiques.**

a. Warum gehe ich zum Bodypainting Festival?

Ich interessiere mich für die Kunst der Körperbemalung. Ich möchte lernen, wie man Spezialeffekte erreichen kann. Ich mag die Stimmung bei den Festivals.

b. Warum ist Straßenmalerei so faszinierend?

Sie spielt mit optischen Illusionen. Sie ist für die Fotografie mit dem Handy gemacht und hat virales Potenzial in den sozialen Medien. Es ist eine Kunstform für jeden, egal welchen Alters.

c. Warum ist Kunst auf der Straße interessant?

Sie ist leicht zu verstehen. Sie verschönert unsere direkte Umgebung. Sie kann eine lustige Attraktion sein. Sie bringt Menschen zusammen.

Wortschatz macht Sinn

Vokabeln lernen

Das Tattoo als Kunst und Lebensform

- **der Körper(-):** le corps
- **die Haut:** la peau
- **der Arm(e):** le bras
- **der Rücken(-):** le dos
- **der Schmuck:** les bijoux, la parure
- **etw. schmücken:** décorer qqch.
- **das Motiv(e):** le dessin, le motif
- **das Tattoo(s) = die Tätowierung(en)**
- **sich tätowieren lassen = sich ein Tattoo stechen lassen (ä, ie, a):** se faire tatouer
- **anders aus/sehen (ie, a, e):** changer son apparence
- **der Trend(s) = die Mode(n)**
- **modisch:** à la mode

Die Kunst

- **der Künstler(-) / die Künstlerin(nen):** l'artiste
- **das Kunstwerk(e):** l'œuvre d'art
- **das Modell(e):** le modèle
- **das Museum (-en):** le musée
- **etw. aus/stellen:** exposer qqch.
- **der Betrachter(-):** la personne qui regarde
- **das Gemälde(-):** le tableau
- **die Farbe(n):** la couleur
- **die Leinwand(¨e):** la toile
- **malen:** peindre
- **zeichnen:** dessiner
- **künstlerisch:** artistique
- **bewundern:** admirer

Street Art

- **draußen:** à l'extérieur
- **der öffentliche Raum:** l'espace public
- **etw. verändern:** transformer qqch.
- **vergänglich:** éphémère
- **unterhaltsam:** amusant, distrayant
- **erstaunlich:** étonnant
- **die Illusion(en)**
- **die illusionistische Malerei:** la peinture illusionniste
- **etw. vor/täuschen:** donner l'illusion de qqch.
- **verschönern:** embellir
- **der Alltag:** le quotidien

Vokabeln aktiv

1 Formez des adjectifs et donnez leur traduction.

Exemple : der Körper → körperlich: *le corps / corporel*

a. le suffixe *-isch* :
- die Mode
- Österreich
- der Illusionist
- der Künstler

b. le suffixe *-lich* :
- erstaunen
- vergehen (i, a)

c. le suffixe *-ig* :
- ein Mal (*une fois*)
- die Zukunft
- die Würde

2 Complétez chaque phrase par le mot qui convient.

a. Wenn etwas nicht drinnen ist, befindet es sich …

b. Eine Skulptur, ein Gemälde oder ein Roman sind …

c. Der Körper besteht aus Knochen, Organen, Muskeln und Wasser, die von der … geschützt sind.

d. Der Maler möchte seine Gemälde in einer Kunsthalle …

e. Man kann ein Gemälde oder eine Zeichnung mit Pastellfarben …

3 Trouvez un synonyme pour chaque mot.

a. spektakulär
b. verwandeln
c. amüsant
d. das Tattoo
e. Illusionen schaffen

Prosodie und Phonetik

live! MP3 15

La différence de prononciation « -ich » / « -isch »

La graphie induit des prononciations différentes :
– « ich » [iç] : ce son n'existe pas en français : *ich*.
– « isch » [iʃ] : c'est le son qui correspond à « niche » en français : *modisch*.

a. Écoutez l'enregistrement et écrivez les mots que vous entendez.

b. Entraînez-vous à les prononcer.

FINALE

Projekt

An einer Diskussion über Kunst teilnehmen

A2-B1 Passen alle Kunstformen ins Museum? Und umgekehrt: Macht ein Museum ein Objekt automatisch zum Kunstwerk?
Nehmen Sie Stellung dazu, indem Sie das Body Painting, das Tattoo oder die Straßenmalerei als Argument und Beispiel anführen: Sind sie für Sie Kunstformen, die eines Tages ins Museum einziehen werden?

Médiation

Zwischen den Kulturen

Bitten Sie die anderen Sprachklassen über ähnliche Trends oder von ähnlichen Events in anderen Kulturen, die sie kennen, zu berichten.

Über die Grenzen hinaus

Berichten Sie der Partnerklasse über ein Event, das im französischen Sprachraum stattfindet: z.B. das Festival „Peinture fraîche“ in Lyon, das der Street Art gewidmet ist.

Schritt für Schritt

Eine Diskussion organisieren

1 **Le modérateur annonce la thématique, introduit chaque intervenant, répartit la parole.**

Wir haben hier …, einen zweiten Teilnehmer.
Sie haben jetzt das Wort.
Und was meinen Sie dazu? Was halten Sie davon?

2 **Les intervenants se présentent puis prennent position et donnent leurs arguments.**

Ich heiße / ich bin … Für mich ist …
Ich finde, dass … Ich glaube, dass …

Das Dhaulagiri-Massiv zwei Monate vor dem Überstrichen-Werden: Verständigung über die Vergänglichkeit von Kunst, Kunsthalle Bern, 2015

Argumente dafür
Talent haben / bekannt werden / ein Kunstwerk schützen / das Talent der Künstler zeigen / Geld verdienen / ein breites Publikum haben / nicht mehr banal sein / schön und originell sein

Argumente dagegen
kein traditionelles Kunstwerk sein / von allen und jederzeit gesehen werden / schnell verschwinden / immer neu sein / nur dem Künstler oder dem Modell gehören / von Leuten, die nicht ins Museum gehen, bewundert werden

3 **Après l’intervention de chacun des participants, les autres peuvent réagir et donner leur opinion : on est d’accord ou pas avec ce qui a été dit.**

Zustimmung
Das stimmt. C’est vrai.
Damit bin ich einverstanden. Je suis d’accord.
Du hast Recht. Tu as raison.

Mit jdm nicht einverstanden sein
Ich bin mit dir (mit Ihnen) nicht einverstanden. Je ne suis pas d’accord avec toi (avec vous).
Das ist doch Unsinn! Mais c’est invraisemblable !
Ganz im Gegenteil. Bien au contraire.

4 **À la fin, le modérateur clôt la discussion, formule une conclusion et remercie ses invités.**

Jetzt müssen wir unsere Diskussion abschließen. Ich danke Ihnen für das Gespräch.

Testen Sie sich!

Auf dem Weg zur Certification

1 Leseverstehen

Lesen Sie den Text.

A2 Wer sind Stormy und Lea? Erstellen Sie ihren Steckbrief (Lebensraum, Charakteristika, Probleme, Zukunft ...).

B1 Finden Sie im Text Informationen über die Arbeit und Ziele der Seehundstation.

Welche Aussagen sind richtig?

Die Tiere haben keinen Kontakt zu den Besuchern, weil

- **a** sie ihren Instinkt nicht verlieren dürfen.
- **b** sie große Angst haben.
- **c** sie später in der Natur überleben müssen.

→ **Fragebogen zum Ausfüllen im Heft *Auf dem Weg zur Certification* (lyceen.nathan.fr/impulse2)**

Anfang Oktober. Spaziergänger rufen die Feuerwehr. Sie haben einen jungen Seehund[1] am Ufer der Elbe, 30 Kilometer vom Meer, gefunden. Total erschöpft[2] und kraftlos liegt das junge Tier am Strand. Wie lange ist es bis ans Ufer geschwommen?

Der kleine Seehund, später Stormy genannt, wird in die Seehundstation Friedrichskoog an der Nordsee gebracht. Das junge Tier ist gesund, muss aber wieder zu Kräften kommen: Es ist viel zu klein und zu schwach. „Es muss viel fressen und lernen, sich allein zu ernähren" sagt Diplombiologin Tanja Rosenberger.

Auch Lea wurde am Strand der Insel Spiekeroog in der Nordsee aufgefunden. Sie war nur 70 cm lang und wog nur 7,6 kg. Lea war mutterlos, sie war sicher eine Frühgeburt, sie trug noch das weiße Embryonalfell.

Diese mutterlosen Babyrobben, „Heuler" genannt, bleiben zwei bis drei Monate in der Station und werden so früh wie möglich in ihren natürlichen Lebensraum zurückgebracht.

Die Seehundstation Friedrichskoog steht auch Besuchern offen. Mit Live-Cams kann man die Jungtiere beobachten. Aber die Heuler haben hier keinen direkten Kontakt zu den Besuchern. Sie sollen sich nicht an Menschen gewöhnen, weil sie sonst nicht mehr in der Natur überleben können. „Sie sollen wild bleiben. Sie sind eben kein Spielzeug", sagt Tanja Rosenberger.

Stormy nimmt schnell zu – rund zwei Kilo in der Woche. Im November hat Stormy sein Gewicht mehr als verdoppelt – von knapp 13 Kilo auf 30 Kilo und kann wieder in die Freiheit entlassen werden.

1. der Seehund(e) = die Robbe(n): *le phoque*
2. erschöpft: *épuisé*

2 Schriftliche Kommunikation

A2-B1 Sie möchten sich für den Artenschutz engagieren. Schreiben Sie einen kurzen Artikel für die Schülerzeitung, in dem Sie Ihre Mitschüler über bedrohte Tierarten informieren und verschiedene Aktionen vorschlagen.

✎ etwa 130-150 Wörter

Europäische Sumpfschildkröte wird in die Natur entlassen, 2018

3 Hörverstehen

CD CLASSE

Hören Sie sich das Interview an.

A2 Stellen Sie Maike und René vor (Beruf, Hobbys …).

B1 Was bedeuten Tattoos für Maike? Und für René?

→ **Fragebogen zum Ausfüllen im Heft *Auf dem Weg zur Certification* (lyceen.nathan.fr/impulse2)**

Drachentattoo auf dem Oberarm und Ellbogen

4 Mündliche Kommunikation

etwa 2 Minuten

Schauen Sie sich das Bild an.

A2 Beschreiben Sie diese Installation. Was fällt Ihnen auf?

B1 Was halten Sie von Straßenkunst im Allgemeinen? Begründen Sie Ihre Meinung.

Pimp my carroça, Street art, Mentalgassi

LE PASSÉ DANS LE PRÉSENT

KAPITEL 7

Eine Region im Wandel

→ Das Ruhrgebiet: vom Industriestandort zum Kulturstandort?

Deutsches Bergbau-Museum, Bochum

Auf geht's!

a. Schauen Sie sich das Foto an. Was fällt Ihnen auf?

b. Was kann man in diesem Gebäude vielleicht sehen?

Blick auf...

Eine Bergbauregion

1 Momentaufnahmen

A2 **a.** Sehen Sie sich die beiden Fotografien an. Was fällt Ihnen auf? Machen Sie sich Notizen (Ort, Farben, Kontrast …).
Im Vordergrund sieht man Kühe … Im Hintergrund …

B1 **b.** Stellen Sie Hypothesen auf: Was wollten die Fotografen mit den Bildern zeigen?

Recherchieren Diese Fotos wurden im Ruhrgebiet gemacht. Suchen Sie diese Region auf einer Landkarte und stellen Sie sie kurz vor (geografische Lage, Fluss, Einwohner). Suchen Sie die Namen der Städte, die zusammen das Ruhrgebiet bilden. Berichten Sie darüber.

Albert Renger-Patzsch, *An der Ruhrmündung*, 1930

Der deutsche Fotograf **Albert Renger-Patzsch** (1897-1966) wurde vor allem durch seine Industriefotografien des Ruhrgebiets berühmt.

Josef Stoffels, *Wohnhäuser in der Nähe der Zeche Matthias Stinnes*, 1950er Jahre

Der Essener **Josef Stoffels** (1893-1981) war zunächst kein professioneller Fotograf. Er begann in den 1910er Jahren als engagierter Amateur, alle Facetten des Ruhrgebiets zu fotografieren.

2 Das schwarze Gold

A2 **a.** Lesen Sie den Text. Berichten Sie über die Industrialisierung: Wann? Wo? Welcher Rohstoff wurde dadurch immer wichtiger?

B1 **b.** Welche Auswirkungen hatte die Industrialisierung auf das Ruhrgebiet und warum?

Letzter Kohlewagen der Zeche Rosenblumendelle, 1966

Im 19. Jahrhundert verwandelte[1] die Industrialisierung große Teile der westlichen Welt – auch im Ruhrgebiet. Die Kohle[2] war der wichtigste Energieträger dieser Zeit: Dampfschiffe[3], Eisenbahnen[4], Maschinen – nichts funktionierte ohne das schwarze Gold. Und im Ruhrgebiet gab es mehr als genug davon.

Die Förderung[5] von Kohle wuchs also rasant: 1840 waren es rund 1 Million Tonnen, Ende des 19. Jahrhunderts schon 60 Millionen Tonnen. Durch die steigende Nachfrage von Kohle erhöhte sich auch die Einwohnerzahl[6] des Ruhrgebiets. Zwischen 1850 und 1905 wuchs die Bevölkerung[7] im Ruhrgebiet von 360.000 auf etwas mehr als 3 Millionen Einwohner. Viele Arbeitersiedlungen entstanden rund um die Zechen.

So wurde das Ruhrgebiet mit seinen vielen Zechen zum Herzen des industrialisierten Deutschlands.

1. verwandeln: *métamorphoser* **2.** die Kohle: *le charbon, la houille* **3.** das Dampfschiff(e): *le bateau à vapeur* **4.** die Eisenbahn(en): *le chemin de fer* **5.** die Förderung: *(ici) l'extraction* **6.** die Einwohnerzahl(en): *le nombre d'habitants* **7.** die Bevölkerung(en): *la population*

3 Das Ende einer Ära

A2 **a.** Sehen Sie sich das Video an. Welche Konsequenzen hat die Schließung des Bergwerks Prosper Haniel für die Bergleute?

B1 **b.** Wer profitiert aber von dieser Schließung? Wie sieht jetzt die Zukunft für diese Region aus?

Wortschatz

- **Kohle fördern = Kohle ab/bauen:** extraire du charbon
- **die Zeche(n):** la mine (de charbon)
- **dicht besiedelt sein:** être densément peuplé
- **etw. still/legen:** fermer (une usine)
- **die Landwirtschaft:** l'agriculture
- **der Schornstein(e) = der Kamin(e):** la cheminée
- **die Fabrik(en):** l'usine
- **der Staub:** la poussière
- **sich in (+ A) um/wandeln:** se transformer en, se convertir en

live! VIDÉO

Die Bergbau-Ära geht zu Ende, kirchhellen.online, 2018

Die **RAG** (Ruhrkohle Aktiengesellschaft) schließt im Dezember 2018 mit Prosper Haniel das letzte Bergwerk im Ruhrgebiet.

Blick auf…

Einen neuen Kulturstandort

1 Ein Industriedenkmal

Essens Wahrzeichen: Zeche Zollverein, Deutsche Welle, 2018

A2 **a.** Sehen Sie sich das Video an und machen Sie sich Notizen über die Zeche Zollverein früher und heute. Was macht sie heute so originell und attraktiv?

B1 **b.** Warum ist sie heute eine UNESCO-Welterbestätte?

Recherchieren

Was ist eine UNESCO-Welterbestätte? Berichten Sie.

2 Essen: grüne Metropole an der Ruhr

MP3 16

A2 **a.** Hören Sie sich die Reportage an und machen Sie sich Notizen zu Essen als „grüner Metropole“.

B1 **b.** Sammeln Sie Informationen über die Transformation der Stadt.

Tipp!

Pour rendre compte d’une évolution, vous pouvez utiliser des adverbes.

- ***früher*** / ***damals*** } + verbe au passé
- ***jetzt*** / ***heutzutage*** } + verbe au présent

3 Gedicht aus dem Ruhrpott

Nathan live! MP3 17

A2
a. Lesen Sie das Gedicht und sammeln Sie alle Elemente, die das Ruhrgebiet von früher charakterisieren.
b. Welches Bild geben sie von dieser Region? Welchen Ruf hatte sie wohl?

B1
c. Was charakterisiert diese Region heute?

Grüne Lungen[1]

Hier in unsrem Ruhrgebiet,
da ist nicht alles trist und grau,
monotone Steinfassaden –
Großbetriebe – Plattenbau[2].

Hier gibt's mittlerweile Fleckchen[3],
von Verrußung[4] keine Spur:
Halden[5], Seen, Wiesen, Wälder
geben Dir Erholung[6] pur.

Hier, wo einst der Smog regierte,
Kohlenstaub auf Möbeln lag,
findet man jetzt Waldlandschaften,
die man nutzt zum Wandertag.

Hier verstaubt nicht mehr die Sonne –
tief im Westen freie Sicht[7].
Dort wo einst Kamine rauchten,
man von „grünen Lungen" spricht.

1. die Lunge(n): *le poumon* **2.** der Plattenbau(ten): *l'immeuble* **3.** das Fleckchen(-): *un petit coin agréable, un bout de terre* **4.** die Verrußung: *la formation de suie, l'encrassement* **5.** die Halde(n): *le terril (colline artificielle)* **6.** die Erholung: *le repos* **7.** die Sicht: *la vue*

Wortschatz

- **sich verändern = sich verwandeln:** se transformer
- **die Veränderung(en) = die Verwandlung(en):** la transformation, la métamorphose
- **das Bergwerk(e):** la mine
- **der Erholungsort(e):** le lieu de détente
- **die Grünanlage(n):** l'espace vert
- **die Industriekultur:** la culture industrielle
- **die Spuren der Vergangenheit:** les traces du passé
- **verschmutzt:** pollué
- **umweltfreundlich:** écologique

Grammatik macht Sinn

Le prétérit

REPÈRES GRAMMATICAUX PP. 179-181

KURZ UND GUT

Observez le tableau et les exemples ci-dessous, puis traduisez le petit texte. Déduisez-en les règles de formation et d'utilisation du prétérit (marques de personne : **Ø** / **-st** / **Ø** / **-(e)n** / **-t** / **-(e)n**).

sein	Die Kohle **war** der wichtigste Energieträger dieser Zeit.
haben	Früher **hatte** Essen den Ruf, eine graue Stadt zu sein.
funktionieren	Nichts **funktionierte** ohne das schwarze Gold.
entstehen (a, a)	Viele Arbeitersiedlungen **entstanden** rund um die Zechen.
müssen	Aber jetzt **mussten** die letzten Bergbauarbeiter für immer die Zechen verlassen.

*– Opa, wie **sah** das Ruhrgebiet vor achtzig Jahren **aus**, als du noch ein kleiner Junge **warst**?*

*– Ich **hatte** damals kein genaues Bild von der Region … Ich **war** zu klein … Später **lernte** ich in der Schule, dass das Ruhrgebiet als Produzent von Kohle und Stahl eine große Rolle in der deutschen Wirtschaft **spielte**. In der Familie **lebten** wir alle vom Bergbau.*

*– Heißt das, dass ihr alle im Bergwerk Arbeit **hattet**?*

*– Genau, bis zum Zweiten Weltkrieg **lieferte** das Ruhrgebiet das „schwarze Gold". Wir **waren** alle Kumpels!*

A2-B1 **1** **Conjuguez les verbes entre parenthèses au prétérit.**

Kunst und Kultur im Gasometer Oberhausen

Im Jahr 1927 (bauen) das MAN-Werk Gustavsburg einen kolossalen Gasspeicher, eine „Kathedrale der Industrie". Mit 117 Metern Höhe und knapp 68 Metern Durchmesser (sein) er bis 1988 Europas größter Gasometer. Auch bei schlechtem Wetter (können) man ihn von weitem sehen. Schnell (werden) er zum Symbol der ganzen Region. Aber nach seiner Stilllegung im Jahre 1988 (stellen) sich die Frage: (sollen) man ihn zerstören oder nicht? Die Landesregierung und die Oberhausener Bürger (diskutieren) lange und (beschließen) dann, den ehemaligen Gasometer in eine Kunsthalle umzufunktionieren. Eine Baufirma (um/strukturieren) das Gebäude komplett. Das Projekt (kosten) 16 Millionen D-Mark, aber seit 1994 (besuchen) mehr als vier Millionen Touristen dieses Denkmal der Industriekultur.

Gasometer Oberhausen

B1 **2** **Racontez la vie de l'arrière-grand-mère de Shareen au prétérit en utilisant les expressions ci-dessous.**

Shareen interviewt ihre Uroma Hilde über das Leben in einer Zechensiedlung.
Der Beisenkamp war früher eine Zechensiedlung …

a. am 1. März 1920 / meine Uroma Hilde mit ihren Eltern und ihren zwei Brüdern / in die Beisenkampsiedlung ein/ziehen

b. in der Schleswiger Straße 5b wohnen

c. der Vater meiner Uroma / auf der Zeche Emscher-Lippe Bergmann sein

d. die Mutter meiner Uroma / zu Hause bleiben / sich um die Kinder kümmern

e. alle Häuser gleich aus/sehen

f. die Eltern / Kartoffeln und Salat / an/bauen

g. die Kinder / meistens auf der Straße spielen

h. jeder jeden kennen

Wortschatz macht Sinn

Vokabeln lernen

Das Bergwerk

- **die Zeche(n) = das Bergwerk(e):** la mine
- **der Bergmann (Bergleute):** le mineur
- **der Staub:** la poussière
- **staubig = verstaubt:** poussiéreux
- **Kohle fördern:** extraire du charbon
- **der Bergbau:** l'exploitation minière
- **für (+ A) charakteristisch sein:** caractériser, être typique de
- **die Halde(n):** le terril

Die Verwandlung einer Region

- **die Landschaft prägen:** façonner le paysage, y laisser son empreinte
- **still/legen:** fermer (un site industriel)
- **der Erholungsort(e):** le lieu de détente
- **die Grünanlage(n):** l'espace vert
- **sich verändern:** se transformer
- **etw. bereuen:** regretter qqch.
- **das Kulturerbe:** l'héritage culturel
- **die Industriekultur:** le patrimoine industriel
- **zum Vorbild werden (i, u, o):** devenir un modèle
- **Touristen an/ziehen (o, o):** attirer des touristes
- **attraktiv sein:** être attractif

Das Ruhrgebiet

- **der Fluss(¨e):** le fleuve
- **die Landwirtschaft:** l'agriculture
- **die Kuh(¨e):** la vache
- **jdm einen Arbeitsplatz geben (i, a, e):** donner du travail à qqn
- **dicht besiedelt sein:** être densément peuplé
- **sich verwandeln:** se métamorphoser
- **verschmutzt:** pollué
- **die Umweltverschmutzung:** la pollution environnementale
- **der Ort(e):** le lieu

Die Industrie

- **die Fabrik(en):** l'usine
- **der Betrieb(e):** l'entreprise
- **der Arbeiter(-):** l'ouvrier
- **die Arbeitersiedlung(en):** la cité ouvrière
- **die Kokerei(en):** la cokerie
- **Stahl her/stellen:** produire de l'acier
- **die Industrielandschaft:** le paysage industriel
- **sich entwickeln:** se développer

Vokabeln aktiv

1 Complétez le texte à l'aide des mots suivants :

verschmutzt – Arbeitersiedlungen – anziehen – Landwirtschaft – staubig – Zeche – Bergleute – Kokerei

Das Leben im Ruhrgebiet

Nach dem Ersten Weltkrieg herrschte im Ruhrgebiet eine große Wohnungsnot (*crise du logement*). Die … wollten nah an der … oder der … wohnen, deshalb baute man … mit billigen Wohnungen, die oft den Namen „Kolonien" trugen und heute viele Touristen … . Jedes Haus hatte einen Garten, wo die Bergleute auch … betreiben konnten: Salat und Radieschen aus eigenem Anbau! Vielleicht waren Möbel und Kleider wegen des Smogs … und die Luft …, aber die Menschen waren untereinander sehr solidarisch.

2 Mot mystère
Trouvez les mots correspondant aux définitions ci-dessous.

a. eine Industrieanlage, die aus Kohle Koks macht = *die **K**okerei*
b. der Platz, die Stelle
c. Berg, der nach dem Kohlenabbau entsteht
d. mit der Industrie spielt sie eine Rolle im wirtschaftlichen Leben
e. 2017 grüne Hauptstadt Europas

Notez ensuite l'initiale de chaque mot trouvé pour former le mot mystère : de quel élément essentiel au développement de la Ruhr s'agit-il ?

Prosodie und Phonetik

Nathan live! MP3 18

La prononciation de la lettre « z »
La lettre « z »: se prononce [ts] comme dans « tsunami ».

a. Écoutez l'enregistrement. Entraînez-vous à prononcer les mots que vous entendez.
b. Écoutez maintenant le virelangue puis essayez de le répéter.

Zwei Schweizer schwitzen beim Schweißen, beim Schweißen schwitzen zwei Schweizer.
(*Deux Suisses suent en soudant, en soudant deux Suisses suent.*)

FINALE

Projekt

Einen Artikel für eine Tourismus-Webseite schreiben

A2-B1 Schreiben Sie einen Artikel über das Ruhrgebiet für die Webseite „Ruhr Tourismus“.
Der Titel lautet: „Das Ruhrgebiet – früher und heute“.

Médiation

Zwischen den Kulturen

Listen Sie alle Kohlebergwerke in Europa auf, die noch aktiv sind. Markieren Sie auf einer Europakarte, wo sie sich befinden.

Über die Grenzen hinaus

Auch in Frankreich haben sich Bergwerkregionen im Laufe der Zeit verwandelt. In Nordfrankreich wurden auch alle Zechen stillgelegt. „Au nord, c’était les corons ...“ sang P. Bachelet. Berichten Sie Ihrer Partnerklasse über diese Verwandlungen Ihres Landes.

Schritt für Schritt

Einen Webartikel verfassen

Museum, Duisburg

1 **Relisez les documents et vos notes pour choisir les aspects que vous souhaitez mettre particulièrement en valeur et faites un plan de votre article.**

Das „schwarze Gold“ und die Industrialisierung einer Region
Das Leben in einer Bergbauregion ...

2 **Privilégiez un plan chronologique en deux parties.**

früher, avant la fermeture des mines
heute et la reconversion, à plusieurs niveaux, d’une région minière

3 **Organisez vos notes en reprenant, en allemand, les expressions dont vous avez besoin : classez ces formulations selon les différentes parties de l’article.**

früher: der Bergbau; Kohle fördern ...
heute: ein Erholungsort werden; die grüne Metropole ...

4 **Rédigez un brouillon. Pour structurer votre propos :**

- une introduction (1 ou 2 phrases) ;
- le corps de l’article (1 paragraphe par idée) ;
- une conclusion (1 ou 2 phrases).

5 **Cherchez une ou deux photos de la Ruhr pour illustrer votre article.**

6 **Rédigez votre article au propre en vous relisant après chaque phrase.**

Tipp!

N’hésitez pas, une fois le brouillon achevé, à modifier l’ordre de certaines remarques : tous les « remords » et les modifications sont encore possibles ou même nécessaires.

Tipp!

Faites attention :
- à la place et à la conjugaison des verbes,
- aux majuscules des noms propres et des noms communs.

VIVRE ENTRE GÉNÉRATIONS

KAPITEL 8

Zusammen ist man weniger allein

→ Jung und Alt in Deutschland: gemeinsam stark?

Bastelopa mit Kindergartenkind

Auf geht's!

a. Schauen Sie sich das Foto an. Wie wirkt es auf Sie?

b. Welche Rolle spielen Ihre Großeltern oder ältere Personen für Sie?

Blick auf...

Die ältere Generation

1 Weihnachtsgeschichte

live! VIDÉO

A2-B1 **a.** Schauen Sie sich das Bild und den Anfang des Videos bis 0'59 an: lyceen.nathan.fr/impulse2 Machen Sie sich Notizen zu den Personen (Wer? Wo? Wann? Situation? Beruf?).

B1- **b.** Analysieren Sie die Situation und die Gefühle des alten Mannes und der verschiedenen Personen.

A2-B1 **c.** Schauen Sie sich nun das Ende des Videos an. Was passiert? Erzählen Sie.

B1 **d.** Analysieren Sie das Verhalten und die Gefühle der Personen jetzt. Wie reagieren Sie selbst auf diese Werbung?

2 Demografischer Wandel

A2-B1 **a.** Schauen Sie sich die Statistik und die Prognose an. Was stellen Sie fest?

B1 **b.** Wie lässt sich das vielleicht erklären? Welches sind Ihrer Meinung nach mögliche Konsequenzen?

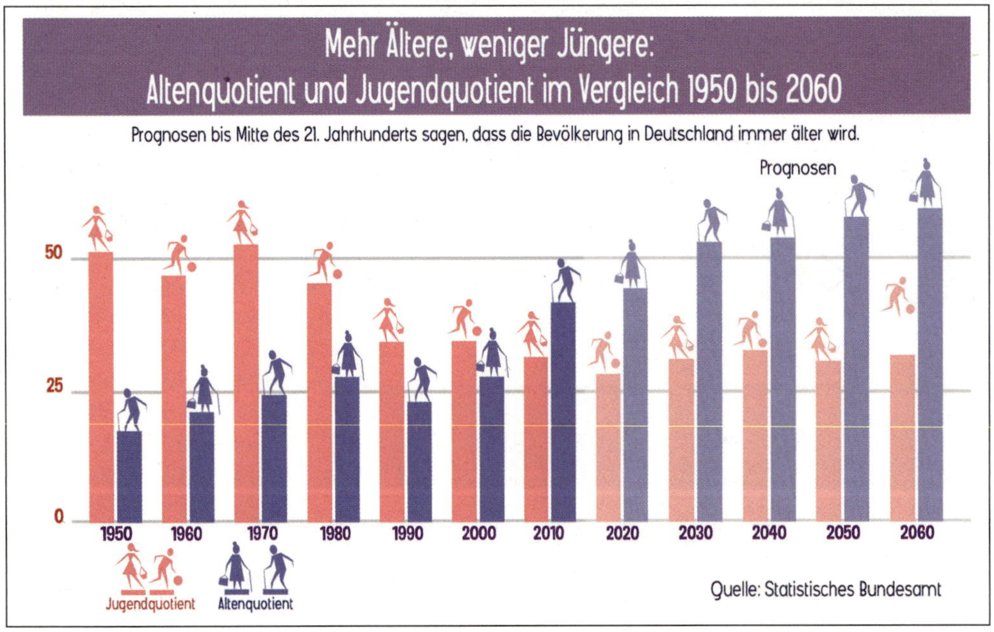

Tipp!

Pour commenter des statistiques :
- ***immer mehr:*** de plus en plus
- ***immer weniger:*** de moins en moins
- ***immer länger:*** de plus en plus longtemps
- ***steigen (ie, ie) ≠ sinken (a, u):*** augmenter ≠ baisser

3 Bundesprogramm Mehrgenerationenhaus

Nathan live! VIDÉO

A2-B1 **a.** Lesen Sie den Text, schauen Sie sich das Bild und das Video an.

A2 **b.** Machen Sie sich Notizen zum Bundesprogramm Mehrgenerationenhaus (Anzahl? Wo? Ziel? Angebot? Zielgruppe? …).

B1 **c.** Nennen Sie die Vorteile der Mehrgenerationenhäuser für die Teilnehmer / für die Politiker.

Mehr Generationen Haus
Wir leben Zukunft vor

BEISPIEL FÜR EIN MEHRGENERATIONENHAUS

Unsere Antwort auf den demografischen Wandel

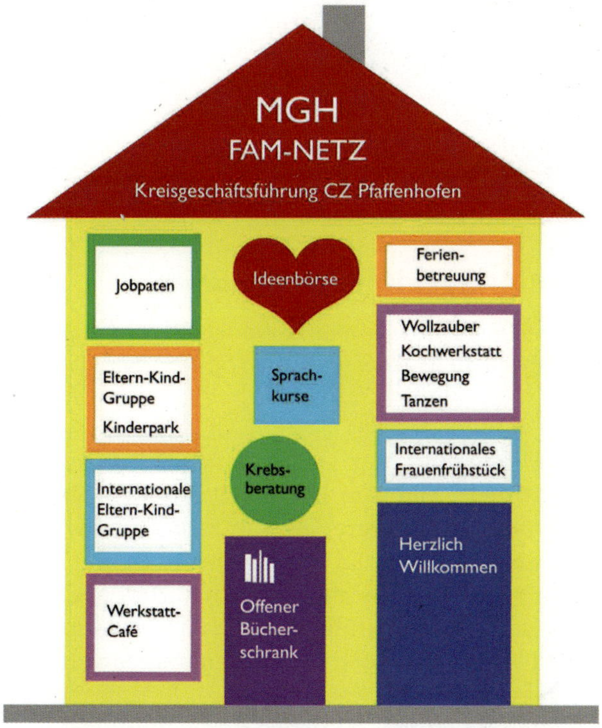

Was ist ein Mehrgenerationenhaus?

Mehrgenerationenhäuser sind Begegnungsorte[1], an denen das Miteinander der Generationen aktiv gelebt wird. Sie bieten Raum für gemeinsame Aktivitäten und schaffen ein nachbarschaftliches Miteinander in der Kommune. Mehrgenerationenhäuser stehen allen Menschen offen – unabhängig[2] von Alter oder Herkunft[3]. Jede und jeder ist willkommen. (...) Mehrgenerationenhäuser gibt es nahezu[4] überall in Deutschland.

1. der Begegnungsort(e): *le lieu de rencontre* **2.** von (+ D) unabhängig: *indépendamment de* **3.** die Herkunft: *l'origine* **4.** nahezu: *presque*

Wortschatz

- **allein leben:** vivre seul
- **sich einsam fühlen:** se sentir seul
- **jdn besuchen:** rendre visite à qqn
- **sich schuldig fühlen:** se sentir coupable
- **traurig ≠ glücklich:** triste ≠ heureux
- **sich treffen (i, a, o):** se rencontrer
- **Hilfe brauchen:** avoir besoin d'aide
- **Menschen zusammen/bringen (a, a):** réunir des gens

Blick auf...

Das Voneinander Lernen

1 Miteinander, füreinander, voneinander ...

A2
a. Schauen Sie sich das Bild an und lesen Sie den Text.
b. Machen Sie sich Notizen zu dem Projekt (Wer? Warum? Wozu? Wie? ...).

B1
c. Welchen Profit ziehen Jung und Alt daraus?

Handy- und PC-Fragestunde sowie PC-Hilfe „Jung hilft Alt"

Freiwilligenzentrum Neusäß

Schüler beantworten Fragen von Senioren rund um ihr eigenes Handy, Smartphone, Tablet, Laptop oder ihren PC, damit sie sich dann selbst helfen können.

Generationenübergreifendes Lernen

Das Projekt „Generationenübergreifendes Lernen und Bürgerschaftliches Engagement" wird gefördert[1] durch das Bayerische Staatsministerium für Arbeit und Soziales, Familie und Integration.

In der heutigen Zeit ist das Miteinander der Generationen durch gesellschaftliche Veränderungen gefährdet[2]: Familien leben weit auseinander, da Ausbildung oder Beruf sie dazu zwingt[3]. Mehrere Generationen einer Familie wohnen nur noch selten unter einem Dach[4]. Die Generationen sind in unserer Gesellschaft mehr und mehr getrennt[5] und leben für sich. (...)
Man sieht es immer wieder: Kinder und Jugendliche haben immer weniger die Möglichkeit, von Älteren zu lernen, wie auch die Älteren immer weniger Gelegenheit haben[6], Jüngeren bei ihrem Aufwachsen[7] etwas beizubringen. Jüngere Menschen brauchen aber Rollenmodelle jeden Alters, und sie müssen für ihr Leben Kompetenzen, Werte und Traditionen erwerben[8]. Auch ältere Menschen möchten ihre Erfahrungen weitergeben. Der gegenseitige Austausch von Wissen und Lebenserfahrungen dient[9] allen Generationen. Gleichzeitig können dabei gemeinsam neue Erfahrungen gemacht werden.

1. fördern: *encourager, soutenir* **2.** gefährden: *mettre en danger* **3.** zwingen (a, u): *contraindre* **4.** das Dach(¨er): *le toit* **5.** trennen: *séparer* **6.** die Gelegenheit haben, etw. zu tun: *avoir l'opportunité de faire qqch.* **7.** auf/wachsen (ä, u, a): *grandir* **8.** etw. erwerben (i, a, o): *acquérir qqch.* **9.** dienen (+ D): *être utile à*

Tipp!

Le pronom réciproque ***einander*** (« l'un l'autre »), peut se combiner avec des prépositions.

Par exemple :
*Sie leben **miteinander**.*
(Ils vivent **ensemble**.)
*Sie lernen **voneinander**.*
(Ils apprennent **l'un de l'autre**.)
*Sie sind **füreinander** da.*
(Ils sont là **l'un pour l'autre**.)

2 Eine Ersatzoma

MP3 19

A2-B1 **a.** Lesen Sie den Text und machen Sie sich Notizen:
- zu dem Erzähler (Name, Alter, Herkunft).
- zu Oma Wessel (Gesundheit, Milieu, Charakter …).

B1 **b.** Welches sind die Beziehungen zwischen dem Erzähler und den Wessels?

Oma Wessel

Ich stieg mit schweren Tüten[1] die Treppen hoch. Auf dem zweiten Stock[2] sah ich Oma Wessel. Unverkennbar in ihrem Leopardenmantel aus Nylon. Sie hielt immer zwischen den Stockwerken an und atmete tief durch[3] (…).

Die Wessels wohnten nebenan und hatten keine Kinder. Sie hatten Ediz und mich als ihre Enkel[4] adoptiert, damals, als wir noch zur Grundschule gingen. Ich ging die Treppe hinauf, und als ich nahe genug bei ihr war, strahlte sie[5]. Ihr Kopf zitterte und die goldenen Ohrringe tanzten wie wild unter ihrer braunen Perücke. Sie war eine von denen, die mich immer Hansi nannten, obwohl ich Hasan Selim Khan Kazan hieß. Meine Eltern hatten mir diesen schönen Namen in Andenken an meine Ururgroßväter gegeben. (…)

Oma Wessel stützte sich auf mich, langsam stiegen wir Stufe für Stufe hoch zum fünften Stockwerk. Hier wohnten wir Tür an Tür mit Oma Wessel. (…)

Nach der Schule gingen wir früher zu Wessels. Meine Eltern waren auf Arbeit. Oma Wessel kochte Kaffee und Kakao und bei Apfelkuchen und Schlagsahne erzählte sie uns von den Bombenangriffen von 1945.

Das einzige, was ich vom Krieg kannte, waren die Schwarzweißfilme der Wochenschau und Opa Wessels Gasmaske, Armeerucksack und Kohlenkarre[6], die im Keller standen. Gegenstände[7] aus einer anderen Zeit, aus einer anderen Welt. An den Wessels sah ich, dass der Krieg nicht nur einmal zerstört. (…) Ich hatte von alldem keine Ahnung[8].

Aus: Yadé Kara, *Selam Berlin*

1. die Tüte(n): *le sac* **2.** der Stock(¨-e) / das Stockwerk(e): *l'étage* **3.** durch/atmen: *reprendre son souffle* **4.** der Enkel(-): *le petit-fils* **5.** strahlen: *rayonner* **6.** die Kohlenkarre(n): *le chariot à charbon* **7.** der Gegenstand(¨-e): *l'objet* **8.** von (+ D) keine Ahnung haben: *ne pas avoir la moindre idée de qqch.*

Wortschatz

- **jdm helfen (i, a, o):** aider qqn
- **hilfsbereit sein:** être serviable
- **gegenseitig:** réciproquement
- **Erfahrungen weiter/geben (i, a, e):** transmettre son expérience
- **von jdm etw. lernen:** apprendre qqch. de qqn
- **jdm etw. bei/bringen (a, a):** apprendre qqch. à qqn
- **aus/tauschen:** échanger
- **teilen:** partager

Grammatik macht Sinn

L'expression du but
Les propositions infinitives

REPÈRES GRAMMATICAUX PP. 185, 189

KURZ UND GUT

Observez les constructions des phrases suivantes :

- *Hast du Lust, heute ins Mehrgenerationenhaus* ***zu gehen****? Ich* ***möchte*** *schon* ***hingehen****, aber ich* ***muss*** *meine Englisch Hausaufgaben* ***machen****.*
- ***Anstatt*** *allein zu Hause* ***zu bleiben****, besuchen Sie doch das Mehrgenerationenhaus,* ***um*** *andere Menschen* ***kennen zu lernen****!*
- ***Ohne*** *die Geduld* ***zu verlieren****, erklärt der Schüler dem Senior, wie sein Handy funktioniert,* ***damit*** *der alte Mann sich dann selbst* ***helfen kann****.*

– Quand emploie-t-on ou non ***zu*** devant l'infinitif ? Formulez la règle.
– Comment se construisent les différentes propositions infinitives ?
– Quelle sont les différences de construction entre ***um ... zu*** et ***damit*** ?
– Notez pour chacune des phrases la place de la virgule.

A2 **1** **Complétez le texte suivant avec *zu* lorsque c'est nécessaire puis traduisez-le en français.**

Heutzutage müssen oft beide Elternteile ... arbeiten. Die Familien können nicht mehr unter einem Dach ... wohnen. Alle versuchen, Familienleben und Berufsleben ... vereinbaren (*concilier*), aber es fällt ihnen manchmal schwer, alle Aufgaben ohne Stress ... erledigen. Am Wochenende haben sie deshalb keine Lust mehr, zu den Großeltern ... fahren.

B1 **2** **Transformez les phrases suivantes en faisant de la seconde proposition une infinitive. Veillez à garder le sens en supprimant, le cas échéant, les négations.**

a. Die Tochter ruft ihren Vater an. Sie sagt ihm, dass sie zu Weihnachten nicht kommen wird. (*um … zu*)
b. Alle Verwandten feiern Weihnachten mit Freunden. Sie besuchen den Opa nicht. (*anstatt … zu*)
c. Die Frau umarmt ihren Vater. Sie sagt kein Wort. (*ohne … zu*)
d. Der alte Mann bereitet ein schönes Festessen vor. Er überrascht die ganze Familie. (*um … zu*)

A2-B1 **3** **Transformez le groupe verbal entre parenthèses en proposition infinitive. Traduisez les phrases obtenues.**

a. Ruf doch das Mehrgenerationenhaus an, … (sich über das Freizeitprogramm informieren).
b. Du solltest Menschen treffen, … (allein zu Hause vor dem Fernseher sitzen).
c. Im Mehrgenerationenhaus bieten die Teilnehmer Aktivitäten an, … (ihre Kompetenzen weitergeben).
d. Warum bist du weiter gegangen, … (mir helfen)?

A2-B1 **4** **Transformez la seconde proposition en infinitive avec *um ... zu* ou en subordonnée introduite par la conjonction *damit*. Traduisez les phrases obtenues.**

a. Die alte Frau bleibt auf der Treppe stehen. Sie atmet tief durch.
b. Der Junge bleibt auf der Treppe stehen. Die alte Frau kann sich auf ihn stützen.
c. Nach der Schule geht der Junge zu Oma Wessel. Er trinkt eine Milchschokolade.
d. Nach der Schule geht der Junge zu Oma Wessel. Sie erzählt ihm, wie es früher war.
e. Der alte Mann geht ins Mehrgenerationenhaus. Er bringt Migranten die deutsche Sprache bei.
f. Zu Weihnachten wird im Mehrgenerationenhaus ein Programm angeboten. Keiner bleibt allein zu Hause.

Wortschatz macht Sinn

Vokabeln lernen

Demografischer Wandel

- **älter werden:** vieillir
- **länger leben:** vivre plus longtemps
- **die Bevölkerung:** la population
- **die Lebenserwartung:** l'espérance de vie
- **die Überalterung:** le vieillissement
- **die Geburt(en):** la naissance
- **die Zahl(en):** le nombre
- **sinken (a, u):** sombrer, baisser
- **steigen (ie, ie):** augmenter, monter

Allein leben

- **sich einsam fühlen:** se sentir seul
- **isoliert sein:** être isolé
- **unter Einsamkeit leiden (i, i):** souffrir de la solitude
- **Kontakt brauchen:** avoir besoin de contact
- **die Wohnung(en):** l'appartement
- **wohnen:** habiter
- **sein eigenes Leben führen:** mener sa vie
- **sich schuldig fühlen:** se sentir coupable
- **egoistisch:** égoïste
- **weit voneinander entfernt leben:** vivre loin l'un de l'autre

Zusammenleben

- **zusammen/leben:** vivre ensemble
- **unter einem Dach leben:** vivre sous le même toit
- **jdn besuchen:** rendre visite à qqn
- **mit jdm etw. teilen:** partager qqch. avec qqn
- **an jdn denken (a, a):** penser à qqn
- **mit (+ D) solidarisch sein:** être solidaire de

Gemeinsam stark

- **jdm helfen (i, a, o):** aider qqn
- **etw. brauchen:** avoir besoin de qqch.
- **jdm etwas bei/bringen (a, a):** apprendre qqch. à qqn
- **hilfsbereit sein:** être serviable
- **füreinander da sein:** être là l'un pour l'autre
- **Erfahrungen weiter/geben (i, a, e):** transmettre son expérience
- **aus/tauschen:** échanger
- **gegenseitig:** réciproque

Vokabeln aktiv

1 **Trouvez l'intrus dans chaque série. Justifiez votre choix en allemand.**

a. Was ist nicht positiv?
hilfsbereit | solidarisch | liebevoll | egoistisch | selbstlos | altruistisch

b. Was kann man nicht austauschen?
Gedanken | Wissen | Erfahrungen | Geschenke | Geburten

c. Was kann nicht sinken?
die Lebenserwartung | die Zahl der Geburten | die Wohnung | das Schiff

2 **Complétez le texte avec les mots suivants, puis traduisez-le.**

verbringen, allein, Bevölkerung, einsam, Geburten, Lebenserwartung, braucht, helfen, besucht

Silbernetz

In Deutschland wird die … immer älter: Die Zahl der … sinkt. Die … steigt. Die Telefonhotline „Silbernetz" richtet sich an die Menschen, die zu Weihnachten … sind, weil sie keine Verwandten haben. An diesen Festtagen … sie niemand, sie fühlen sich sehr … . Für Elke Schilling ist die Telefonhotline ein gutes Mittel, diesen Menschen zu … . Jeder … nämlich Kontakt und Ansprache. Viele rufen an, nur um einen Moment mit einem Menschen zu ...

Prosodie und Phonetik

live! MP3 20

La prononciation de la lettre « h »

Le « h » est une lettre à part entière en allemand et doit être « expiré » quand il est en début de mot.

a. Écoutez les mots suivants et prononcez-les à votre tour.

b. Écoutez maintenant une deuxième série de mots. Certains ont un « h » et d'autres pas. Écoutez la différence et notez les mots avec la bonne orthographe.

c. Écoutez et répétez les phrases suivantes :
- *Anna lebt allein in ihrem Haus.*
- *Kannst du mir helfen, diese schwere Tüte hochzutragen?*
- *Hans ist alt und hat viel Erfahrung.*

FINALE

Projekt — Ein Projekt zum Thema „Gemeinsam stark" vorstellen

A2-B1 Sie sind Mitglied eines Vereins in Ihrer Stadt, der sich zum Ziel gesetzt hat, die Kommunikation und das Zusammenleben zwischen Generationen zu fördern.
Was für ein Projekt möchten Sie realisieren? Wählen Sie einen Bereich: „Kultur- und Freizeitangebote", „Bildung, Beratung, Betreuung" oder „Integrationsarbeit"?
Stellen Sie das Projekt im Detail vor (Wo? Wann? Mit wem?).

Médiation

Zwischen den Kulturen

Kennen Sie Projekte, die in Ihrer Umgebung, in Ihrer Stadt oder in Ihrer Region existieren? Oder in anderen Ländern? Berichten Sie darüber.

Über die Grenzen hinaus

Berichten Sie der Partnerklasse über die interessantesten Projekte, die es in Ihrer Schule oder in Ihrer Umgebung gibt. Können Ihre Partner auch von solchen Projekten in ihrer Schule, in ihrer Stadt berichten?

Schritt für Schritt

Ein Projekt präsentieren

1 Choisissez le type de projet en fonction de vos intentions.

Ich interessiere mich für … Ich finde es wichtig, dass …
Ich habe also vor, …

2 Exposez les raisons de ce choix, le but de ce projet.

- *Welches Resultat?*
- *Wozu? Ziel dieses Projekts ist, dass …*
- *Für wen? Das Projekt richtet sich an … Zielgruppe dieses Projekts ist …*

Tipp!

Pensez à utiliser les structures infinitives (***um … zu***, ***ohne … zu***, ***anstatt … zu***) ainsi que la subordonnée conjonctive de but (***damit***).

Gemeinsames Gärtnern

3 Précisez le déroulement et les modalités du projet.

- ***Wo?*** *In der Schule? In der Stadt?*
- ***Wann?*** *In den Pausen? In der Mittagspause? Nach dem Unterricht? Am Wochenende? In den Ferien?*
- ***Wer?***
  - *die Organisatoren: Schüler? Eltern? Freiwillige?*
  - *die Zielgruppe: SchülerInnen? Kinder? Ältere Menschen?*
- ***Was*** *wird angeboten? Kurse, Treffen …?*

4 Pensez à conclure votre présentation.

Zum Schluss möchte ich … Ich bin der Meinung, dass … Ich hoffe, dass …

5 Entraînez-vous à présenter votre projet à l'oral de façon convaincante.

Regardez le public, ne lisez pas vos notes et adoptez un ton convaincant et dynamique.

Tipp!

Envisagez les questions que le public pourrait vous poser pour préparer vos réponses.

Testen Sie sich!

Auf dem Weg zur Certification

1 Leseverstehen

Lesen Sie den Text.

A2 Sammeln Sie Informationen über die Zeche und ihren ehemaligen Bergbauingenieur.

Was wollen die Einwohner mit einer Bürgerinitiative erreichen?

B1 Auf welche Konkurrenz trifft diese Bürgerinitiative?

→ **Fragebogen zum Ausfüllen im Heft *Auf dem Weg zur Certification* (lyceen.nathan.fr/impulse2)**

Im Stadtteil Beckhausen stellen sich die Bewohner und ehemaligen Bergleute Fragen über die Zukunft der Zeche ...

Als die Zeche Hugo im Ortsteil Beckhausen vor einigen Jahren geschlossen wurde, ging der ehemalige Bergbauingenieur in den Vorruhestand[1]. Der groß gewachsene Mann mit dem grau gewellten Haar war mit seinen 53 Jahren noch äußerst fit. (...) [Er] spielte (...) in der Altherrenmannschaft des örtlichen Vereins SC Hassel Fußball. Geistig fit hielt ihn sein Posten als 1. Vorsitzender[2] der Bürgerinitiative, die vor einiger Zeit entstanden war. Die Verbundenheit[3] zur Zeche, auf der sein Vater und sein Großvater unter Tage gearbeitet hatten, sorgte für einen Zusammenschluss[4] mit weiteren Nachbarn, um das Zechengelände Bergmannsglück mit seinen historischen Gebäuden vor dem Verfall zu bewahren[5]. Ihr Wunschtraum war, diese alten Gemäuer unter Denkmalschutz stellen zu lassen[6] und in einigen von ihnen ein Begegnungszentrum[7] für die Bewohner der Umgebung zu errichten. Als es hieß, die Firma Wessel Rohr & Co. KG (...) wolle sich auf dem Gelände ansiedeln[8], um eine neue Produktionsstätte zu bauen, kochte es in der Bürgerinitiative. (...) [M]an traf sich zu Krisensitzungen, an denen gelegentlich auch der Bürgermeister sowie der Firmenchef der Wessel Rohr KG, Peter Wessel, und sein Co. Raimund Fischer teilnahmen. Den Bürgermeister begeisterten die vielen neuen Arbeitsplätze, die in Aussicht gestellt wurden. Die Anwohner hingegen fürchteten den Abriss[9] der alten Gebäude sowie den Lärm (...). Schluss mit der idyllischen Ruhe, dachten sie. Eine Einigung schien nicht in Sicht.

Margit Kruse, *Zechenbrand*

1. in den Vorruhestand gehen: *partir en pré-retraite* **2.** der Vorsitzende(n, n): *le président* **3.** die Verbundenheit: *l'attachement, les liens* **4.** der Zusammenschluss: *l'association* **5.** vor dem Verfall bewahren: *préserver de la décrépitude* **6.** unter Denkmalschutz stellen lassen: *faire classer aux monuments historiques* **7.** die Begegnung(en): *la rencontre* **8.** sich auf dem Gelände an/siedeln: *s'installer sur le terrain* **9.** der Abriss: *la démolition*

2 Schriftliche Kommunikation

A2-B1 Verfassen Sie einen Text für die Broschüre „8 Gründe für Urlaub im Ruhrgebiet", um Touristen ins Ruhrgebiet anzuziehen.

etwa 130-150 Wörter

Testen Sie sich!

3 Hörverstehen

CD CLASSE

Hören Sie sich den Bericht an.

Katja berichtet über ihr Praktikum im Mehrgenerationenhaus.

A2 Stellen Sie Katja vor (Klasse? Wohnort? …).

Wie sah ihr Programm aus? Was hat sie gemacht? Mit wem hat sie gearbeitet?

B1 Wie fand sie diese Erfahrung? Wie fand sie das Arbeitsklima?

→ **Fragebogen zum Ausfüllen im Heft *Auf dem Weg zur Certification* (lyceen.nathan.fr/impulse2)**

Musikprojekt im Mehrgenerationenhaus

4 Mündliche Kommunikation

etwa 2 Minuten

Schauen Sie sich die beiden Bilder an.

A2 Vergleichen Sie die Bilder. Was fällt Ihnen auf?

B1 Welche Ratschläge könnten Sie der alten Frau geben?

KAPITEL 9

Bewusst konsumieren

→ Gibt es Alternativen zur Wegwerfgesellschaft?

Flohmarkt im Mauerpark, Prenzlauer Berg, Berlin

Auf geht's!

a. Schauen Sie sich das Bild an. Wo spielt sich die Szene ab?

b. Was kann man dort kaufen? Warum gehen die Leute dort hin?

Blick auf… Unsere Kleidung

1 Der weite Weg der Baumwolle

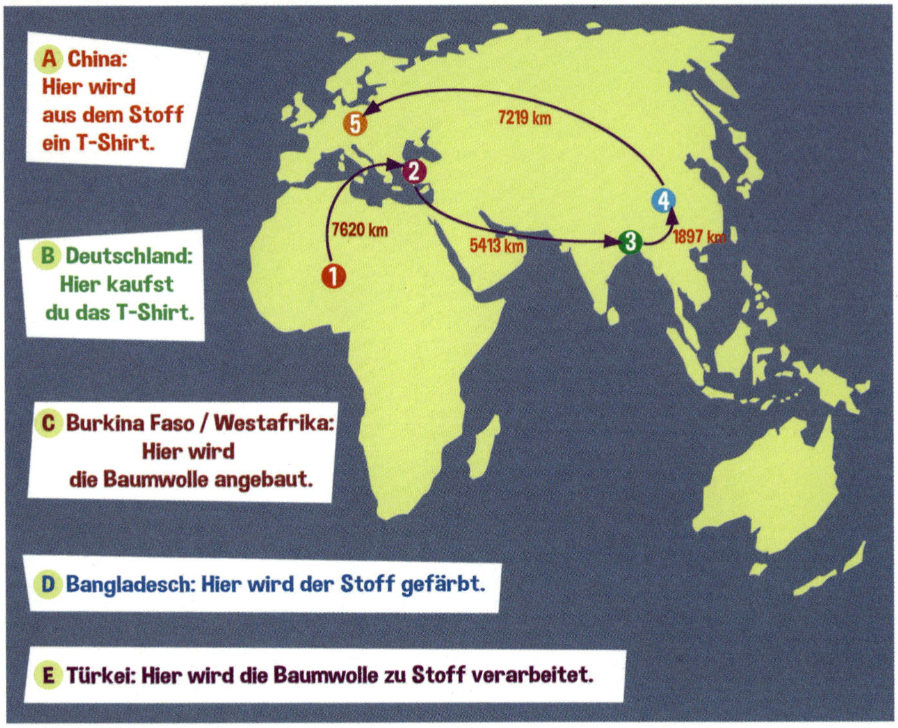

A2-B1 **a.** Sehen Sie sich die Karte an und lesen Sie die Aussagen.

b. Welche Aussage entspricht welcher Etappe? Assoziieren Sie Zahlen und Buchstaben. Rechnen Sie dann die Gesamtstrecke aus.

B1 **c.** Wie reagieren Sie auf diese Informationen? Geben Sie Ihre Meinung dazu.

2 Mode, die der Umwelt schadet

A2-B1 **a.** Lesen Sie den Text. Machen Sie sich Notizen zum Konsumverhalten der Leute in Sachen Mode. Welches sind die Konsequenzen?

B1 **b.** Wer ist Kirsten Brodde? Welche Lösungen schlägt sie vor?

Kaufen, kaufen, kaufen – zu günstigen[1] Preisen. (…) Weltweit steigt die Produktion von Kleidung. Für die Umwelt hat das schlimme Folgen. (…)

Heute repariert man eine kaputte Hose oder Jacke oft nicht mehr. Man kauft sie neu. (…) Nicht mal ein Jahr behalten wir durchschnittlich[2] ein Kleidungsstück. (…)

Grund dafür sind vor allem die günstigen Preise. Doch der Preis, den die Umwelt zahlt, ist sehr hoch: Die gesamte Textilproduktion verursacht[3] in einem Jahr über eine Milliarde Tonnen CO_2 – mehr als alle jährlichen internationalen Flüge und Schifffahrten zusammen. Dazu kommt z.B. die Verschmutzung der Umwelt durch die Verwendung giftiger Chemikalien.

Kirsten Brodde von Greenpeace (…) berät[4] Firmen, wie sie Kleidung ohne giftige Chemikalien herstellen können. 79 Unternehmen, darunter H&M, Adidas und Aldi, haben sich schon verpflichtet[5], bis 2020 Schadstoffe[6] bei der Kleiderherstellung durch ungefährliche Substanzen zu ersetzen. (…)

Und auch wir können etwas tun. Brodde sagt: „Eigentlich müsste es so sein, dass wir weniger kaufen und die Sachen, die wir haben, länger tragen. Wir müssen wieder lernen, Dinge zu reparieren.“ Ändert sich nichts, ist die Kleidungsproduktion im Jahr 2050 dreimal so groß wie jetzt.

Quelle: DW Deutsch lernen. Kostenlos Deutsch lernen mit der DW. Nutzt Texte, Audios, Videos und interaktive Übungen auf dw.com/deutschlernen. Deutsche Welle

1. günstig: *pas cher* **2.** durchschnittlich: *en moyenne* **3.** verursachen: *provoquer* **4.** beraten (ä, ie, a): *conseiller* **5.** sich verpflichten: *s'engager* **6.** der Schadstoff(e): *le polluant*

3 Fashion Revolution

A2-B1 **a.** Sehen Sie sich den ersten Teil des Videos an. Was ist das Thema dieser Reportage?

b. Machen Sie sich Notizen zu dieser Aktion (Wo? Wann? Wie? Was?).

B1 **c.** Warum kann man von einer Revolution sprechen?

d. „Who made my clothes?“: Was bedeutet dieses Motto?

A2-B1 **e.** Sehen Sie sich nun den zweiten Teil an und machen Sie sich Notizen zu den verschiedenen Aussagen.

B1 **f.** Was können die Konsumenten machen? Tauschen Sie sich dann im Plenum aus.

Nathan live! VIDÉO

Fair Fashion Flashmob, dasprogramm.de, 2018

4 Nachhaltigkeit in der Mode

Nathan live! MP3 21

A2-B1 **a.** Schauen Sie sich das Schema an und erklären Sie, was Linearwirtschaft und Kreislaufwirtschaft sind.

b. Hören Sie sich dann die Reportage an und machen Sie sich Notizen.

c. Was erfahren Sie über Ina Budde?

B1 **d.** Was schlägt das Start-up „Circular. fashion“ vor? Wozu soll der QR-Code gut sein? Was halten Sie davon?

Wortschatz

- **billig ≠ teuer:** bon marché ≠ cher
- **kaufen ≠ verkaufen**
- **der Umwelt schaden:** nuire à l'environnement
- **das Gift(e) = der Schadstoff(e):** le poison
- **weg/werfen (i, a, o):** jeter à la poubelle
- **die Modenschau:** le défilé de mode
- **in Frage stellen:** remettre en question
- **recyceln:** recycler

Blick auf... Die Konsumwende

1 Tauschen statt kaufen: ein neuer Trend?

live! MP3 22

A2-B1 **a.** Sehen Sie sich das Plakat an und stellen Sie Hypothesen auf: Worum geht es hier?

b. Hören Sie sich dann den Podcast an und machen Sie sich Notizen. Wie läuft die Kleidertauschparty ab (Organisatoren, Ort, Ablauf ...)?

B1 **c.** Nennen Sie die Vorteile dieser Aktion (für die Teilnehmer, für die Umwelt).

Recherchieren Besuchen Sie eine Tauschbörse im Internet und berichten Sie davon.

2 Besitze nicht. Teile oder verschenke!

A2-B1 **a.** Lesen Sie den Text und stellen Sie die Tauschboxen vor.

B1 **b.** Was macht sonst noch den Erfolg der Tauschboxen aus?

Recherchieren Wer ist Dan Acher? Berichten Sie über ihn auf Deutsch.

Tauschboxen geben der Nachbarschaft[1] einen neuen Sinn[2]

Die Idee kam dem Genfer Künstler Dan Acher beim Putzen: Was wäre, wenn er all die Sachen, die er nicht mehr will, die aber durchaus noch brauchbar[3] sind, nicht im Müll entsorgen[4], sondern in neue Hände geben würde? Gedacht – getan. Acher erfand die erste *Boîte d'échange entre voisins*, die „Nachbarschafts-Tauschbox".

Inzwischen stehen die Sammelboxen in der ganzen Schweiz. (...) An belebten Straßenecken (...) warten sie auf Waren oder Menschen, die Dinge suchen (...): Bücher, kleine Geräte[5], Kleidung ... Jeder kann einfach – und ohne zu bezahlen – mitnehmen, was er vom Inhalt gebrauchen kann.

Die Boxen (...) avancieren zu Treffpunkten, an denen Menschen ins Gespräch kommen. (...) „Die Menschen respektieren nicht nur die Box und ihren Inhalt, sie lernen dadurch auch ihre Nachbarschaft wieder schätzen[6]."

1. die Nachbarschaft: *le voisinage* **2.** der Sinn: *le sens* **3.** brauchbar: *utilisable* **4.** im Müll entsorgen: *jeter à la poubelle* **5.** das Gerät(e): *l'appareil* **6.** schätzen: *estimer, apprécier*

Tipp!

Pensez à utiliser les infinitives « ***um ... zu*** + inf. », « ***ohne ... zu*** + inf. », « ***anstatt ... zu*** + inf. ».
Par exemple : *Bring das Spiel zu einer Tauschbox,* ***anstatt*** *es weg****zu****werfen.* (Apporte le jeu dans une boîte d'échange au lieu de le jeter à la poubelle.)

3 Reparieren statt wegwerfen

A2 **a.** Schauen Sie sich das Plakat an. Wofür wird hier geworben?
b. Lesen Sie jetzt den Text. Was ist ein Repair Café genau? Wie funktioniert es?

B1 **c.** Nennen Sie die Vorteile dieser Repair Cafés.

Gerade in Deutschland sind die Menschen sehr umweltbewusst[1]*. Allein in Deutschland wurden in den letzten Jahren über 200 Repair Cafés gegründet.*

Es gibt Menschen, die basteln und reparieren für ihr Leben gern. Andere Menschen haben defekte Sachen zu Hause (...). Was kaputt ist, wird dann meist weggeworfen. (...) Die Lösung: Repair Cafés. Hierhin kann jeder seine defekten Gegenstände[2] mitbringen und sie von freiwilligen Unterstützern[3] reparieren lassen. Repair Cafés liegen bei uns voll im Trend. (...)
Bei den Cafés handelt es sich weniger um täglich geöffnete Läden, in denen Menschen bei einem gemütlichen Kaffee die Sachen anderer Menschen reparieren. Es sind vielmehr regelmäßig wiederkehrende Veranstaltungen[4].

© www.entega.de

1. umweltbewusst: *respectueux de l'environnement* **2.** der Gegenstand(¨-e): *l'objet* **3.** freiwillige Unterstützer: *(ici) les bénévoles* **4.** die Veranstaltung(en): *la manifestation*

Wortschatz

- **an (+ D) teil/nehmen (i, a, o):** participer à
- **Kontakte knüpfen:** nouer des contacts
- **seine Konsumgewohnheiten ändern:** changer ses habitudes de consommation
- **etw. nicht mehr brauchen:** ne plus avoir besoin de qqch.
- **die Lebensart(en):** le mode de vie
- **den Müll reduzieren:** réduire les déchets
- **nachhaltig:** de façon durable
- **der Secondhandladen(¨):** le dépôt-vente

Grammatik macht Sinn

Les verbes de modalité

REPÈRES GRAMMATICAUX P. 180

KURZ UND GUT

Observez le dialogue ci-dessous. Repérez les verbes de modalité et la construction des phrases. Traduisez ensuite le dialogue.

Darfst du bei der Kleidertauschparty mitmachen?

Ja, meine Eltern sind einverstanden. Aber ich weiß nicht, was ich machen soll.

Ich möchte dann im Welt-Café Kuchen essen.

Prima, das habe ich schon lange machen wollen!

Können wir morgen zur Kleidertauschparty gehen?

Nein, ich muss morgen zum Zahnarzt.

A2-B1 **1** **Relevez dans le texte tous les verbes de modalité utilisés, donnez leur sens précis et traduisez les phrases où ils apparaissent.**

Swop, die Flohmarkt-App

Möbel, Klamotten oder Elektrogeräte: Diese Dinge will keiner von uns zu Hause noch benutzen, und wir möchten sie gerne loswerden. Sollen wir sie wegwerfen? Dafür sind sie meist zu schade! Verschenken? Da müssen wir jemanden finden, der damit etwas anfangen kann. Genau dabei hilft SWOP. Hier darf jeder mitmachen. Hier kann man Waren gegen eine Spende an eine lokale Organisation bekommen. Jeder Spender weiß, wohin sein Geld fließt.

A2-B1 **2** **Complétez ce dialogue entre deux amis en conjuguant les verbes entre parenthèses. Vous pouvez ensuite ajouter vos propres suggestions pour créer une « boîte d'échange entre voisins ».**

Das (dürfen) doch nicht wahr sein! Hast du die Müllberge vor der Tür gesehen? Und alles ist doch noch brauchbar. Wir (müssen) unbedingt etwas tun.

Was (wollen) du denn machen? So ganz alleine? Es geht nicht anders. Wo (sollen) denn jeder mit seinen alten Sachen hin?

Quatsch! Allein (können) ich natürlich nichts machen. Aber zu Hause seid ihr ja zu viert! (Mögen) ihr mir nicht helfen?

Und was (sollen) wir tun?

Wir (können) ja eine Tauschbox aufstellen!

Super Idee! Und ich frage meinen Bruder, ob er die Box bauen (können). Bis wann (sollen) sie fertig sein? Aber zuerst (müssen) ich meine Eltern fragen, ob ich das überhaupt (dürfen) …

B1 **3** **Reformulez les phrases ci-dessous en utilisant le verbe de modalité entre parenthèses.**

a. Er hat vor, die Flohmarktapp zu benutzen. (wollen)
b. Diese Idee gefällt ihm. (mögen)
c. Das funktioniert nur, wenn man ein Smartphone hat. (können)
d. Es ist verboten, das Geld für sich zu behalten. (dürfen)
e. Umdenken ist für alle eine Notwendigkeit. (müssen)
f. Kauf doch Secondhand-Kleider! (sollen)

Wortschatz macht Sinn

Vokabeln lernen

Der Konsum

- **kaufen:** acheter
- **verkaufen:** vendre
- **die Konsumgewohnheit(en):** l'habitude de consommation
- **tauschen:** échanger
- **der Secondhandladen(¨):** le dépôt-vente
- **die Konsumgesellschaft:** la société de consommation
- **der faire Handel:** le commerce équitable
- **weg/werfen (i, a, o):** jeter, se débarrasser

Die Herstellung

- **herstellen = produzieren:** fabriquer, produire
- **der Produzent(en):** le fabricant
- **der Arbeiter(-), die Arbeiterin(nen):** l'ouvrier, l'ouvrière
- **die Arbeitsbedingungen (pl.):** les conditions de travail
- **die Transparenz:** la transparence
- **billig ≠ teuer:** bon marché ≠ cher

Die Umwelt

- **die Umweltverschmutzung:** la pollution
- **umweltschädlich:** polluant
- **umweltfreundlich:** écologique
- **der Müllberg(e):** la montagne de déchets
- **die Nachhaltigkeit:** le développement durable
- **das Gift(e) = der Schadstoff(e):** le poison, la substance toxique

Protestieren und Alternativen vorschlagen

- **auf (+ A) reagieren:** réagir à
- **auf (+ A) aufmerksam machen:** attirer l'attention sur
- **für / gegen (+ A) demonstrieren:** manifester pour / contre
- **etw. verändern:** changer qqch.
- **über (+ A) nach/denken (a, a):** réfléchir à
- **auf (+ A) verzichten:** renoncer à
- **recyceln:** recycler
- **wieder/verwenden:** réutiliser

Vokabeln aktiv

1 **Associez un élément de la colonne de gauche à un verbe de la colonne de droite afin de former des groupes verbaux cohérents. Construisez ensuite des phrases en vous appuyant sur ce que vous avez appris dans cette unité.**

A. der Umwelt	**a.** teilnehmen
B. an einer Modenschau	**b.** nachdenken
C. auf den Kauf einer neuen Hose	**c.** demonstrieren
D. gegen die Fast Fashion	**d.** schaden
E. über unsere Konsumgewohnheiten	**e.** verzichten

2 **Formez des paires avec les mots suivants puis intégrez-les dans les phrases ci-dessous.**

umweltschonend / das Konsumverhalten / protestieren / giftig / die Konsumgewohnheit / der Käufer / demonstrieren / ökologisch / der Konsument / schädlich

a. Die Produkte, die für die Herstellung von Billigmode benutzt werden, sind … und …

b. Das … und die … müssen sich ändern.

c. Die Rolle der … und … ist wichtig.

d. Die Anhänger der Fashion Revolution … und … in Berlin.

e. Sie wollen, dass die Kleider … und … hergestellt werden.

Prosodie und Phonetik

Nathan live! MP3 23

L'accentuation des mots

a. Écoutez les mots et notez-les. Indiquez dans chacun des cas la syllabe accentuée. Qu'en déduisez-vous ?

b. Recopiez les mots suivants et indiquez l'accent de mot. Écoutez ensuite l'enregistrement pour vérifier si vous l'avez correctement placé.

1. *die Umwelt*	**6.** *die Gewohnheit*
2. *der Konsument*	**7.** *kaufen*
3. *verwenden*	**8.** *die Fabrik*
4. *respektieren*	**9.** *das Plakat*
5. *die Herstellung*	**10.** *tauschen*

FINALE

Projekt

Eine Antiwegwerfaktion starten

A2-B1 Was würden Sie in der Klasse am liebsten organisieren und wie?

Listen Sie die möglichen Aktionen auf und wählen Sie eine (zum Beispiel: eine Tauschparty, eine Antiwegwerfkampagne, einen Videoclip …). Setzen Sie sich dann in Gruppen zusammen, um Ihr Projekt auszuarbeiten. Zum Schluss werden alle Vorschläge im Plenum diskutiert.

Médiation

Zwischen den Kulturen

Erklären Sie Ihr Projekt den Mitschülern, die eine andere Sprache lernen, und organisieren Sie ein mehrsprachiges Event.

Über die Grenzen hinaus

Welche Antiwegwerfaktionen werden in Ihrer Heimatstadt organisiert? Erzählen Sie Ihrer Partnerklasse davon und fragen Sie, ob solche Aktionen auch in ihrer Stadt stattfinden.

Schritt für Schritt

Eine Aktion vorschlagen

1 Discutez ensemble des différentes actions possibles avant de choisir un projet.

Wir könnten … Wir schlagen also vor …
Wer ist dafür / dagegen?

2 Organisez votre projet au brouillon (le déroulement, les règles à observer, ses avantages pour l'environnement…).

– ***Was?*** *ein Plakat erstellen / einen Basar organisieren …*
– ***Wo?*** *im Klassenzimmer / in der Kantine / in der Sporthalle*
– ***Wann?*** *im April / vor den Ferien / am Samstagvormittag / am Mittwochnachmittag … ab … Uhr / von … bis … Uhr*

3 Préparez votre prise de parole.

– Rédigez une introduction : *Mit diesem Projekt …*
– et une conclusion : *Dank dieser Aktion …*

4 Lors de votre présentation orale :

– pensez à inclure le public dans votre projet : *Jeder soll / darf / könnte …*
Es wäre schön, wenn … / Wir müssen uns für die Umwelt engagieren … / Sollten wir nicht …?
– regardez le public et ne lisez pas vos notes ;
– adoptez un ton convaincant et dynamique.

REPRÉSENTATION DE SOI ET RAPPORT À AUTRUI

KAPITEL 10

Liebe, das „höchste der Gefühle"

→ Liebe in Deutschland, immer romantisch?

Auf geht's!
a. Schauen Sie sich das Bild an. Wie ist die Stimmung?
b. Erfinden Sie zu zweit einen kurzen Dialog.

Blick auf...

Die Romantik

1 Herz, mein Herz

MP3 24

A2

a. Lesen Sie das Gedicht. Was fällt ihnen auf (Grundstimmung, Gefühl, Rhythmus ...)?

b. Welche Frage wird in der 1. Strophe gestellt? Wie lautet die Antwort in der 2. Strophe?

B1

c. An wen wendet sich das lyrische Ich? Wie kann man das interpretieren?

d. Was symbolisiert hier der Frühling? Was ändert sich im Leben des lyrischen Ichs?

e. Inwiefern kann dieses Gedicht der Romantik zugeordnet werden?

Die Romantik ist eine Epoche des europäischen, vor allem des deutschen Kulturlebens vom Ende des 18. Jahrhunderts bis weit in das 19. Jahrhundert hinein.
Im Gegensatz zur Aufklärung und Klassik, die den Glauben an die Vernunft und die Antike zelebrierten, sind die wichtigsten Motive der Romantik das Gefühl, das Irrationale, die Fantasie, das Märchenhafte und Volkstümliche.

Neue Liebe

Herz, mein Herz, warum so fröhlich,
So voll Unruh und zerstreut[1],
Als käm über Berge selig
Schon die schöne Frühlingszeit?

Weil ein liebes Mädchen wieder
Herzlich an dein Herz sich drückt[2],
Schaust du fröhlich auf und nieder,
Erd und Himmel dich erquickt[3].

Und ich hab die Fenster offen,
Neu zieh in die Welt hinein
Altes Bangen[4], altes Hoffen!
Frühling, Frühling soll es sein!

Still kann ich hier nicht mehr bleiben,
Durch die Brust[5] ein Singen irrt,
Doch zu licht ist's mir zum Schreiben,
Und ich bin so froh verwirrt.

Also schlendr' ich durch die Gassen[6],
Menschen gehen her und hin,
Weiß nicht, was ich tu und lasse,
Nur, daß ich so glücklich bin.

Josef Freiherr von Eichendorff, 1837

1. zerstreut: *distrait* **2.** sich drücken: *se presser* **3.** erquicken: *revigorer* **4.** bangen (*littéraire*) = Angst haben **5.** die Brust: *la poitrine* **6.** durch die Gassen schlendern: *flâner dans les ruelles*

Otto Franz Scholderer, *Der Geiger am Fenster*, 1861

Josef Freiherr von Eichendorff (1788-1857) gilt als der bedeutendste Lyriker und Schriftsteller der deutschen Romantik. Themen seiner Lyrik sind die magische, manchmal unheimliche Macht, die von der Natur ausgeht, das sehnsüchtige Liebesgefühl.

2 Ungeduld

live! MP3 25

A2 **a.** Hören Sie sich das Lied an. Was fällt Ihnen auf (Atmosphäre, Wiederholungen …)?

B1 **b.** Lesen Sie dann die letzte Strophe und die Übersetzung. Was glaubte der Dichter?

Recherchieren Hören Sie sich ein anderes Werk von Schubert an und präsentieren Sie es (z.B. *Die Forelle*).

Ungeduld

Ich meint, es müßt in meinen Augen stehn,
Auf meinen Wangen müßt man's brennen sehn,
Zu lesen wär's auf meinem stummen Mund,
Ein jeder Atemzug gäb's laut ihr kund,
Und sie merkt nichts von all dem bangen Treiben:
Dein ist mein Herz und soll es ewig bleiben!

Wilhelm Müller, 1820

Impatience

Je croyais qu'on pouvait le lire dans mes yeux,
Sur ma joue embrasée le voir flamber aussi,
Le deviner enfin sur mes lèvres muettes,
Et dans chaque soupir l'entendre comme un cri.
Mais elle ne voit rien de tout ce qui m'agite...
Mon cœur est à toi, éternellement.

Traduction Brigitte Hébert

A. Broch, *Franz Schubert*, 1880

Franz Schubert (1797-1828) ist ein österreichischer Komponist, der als Erfinder des romantischen Kunstliedes gilt. Er vertonte berühmte deutsche Gedichte und Balladen, zum Beispiel den *Erlkönig* und das *Heidenröslein* von Goethe. 1823 vertonte er einen Liederzyklus: *Die schöne Müllerin* mit Gedichten von Wilhelm Müller.

3 Auf dem Segler

A2 **a.** Schauen Sie sich das Gemälde an. Was fällt Ihnen auf (Situation, Farben, Tageszeit, die Personen, ihre Kleidung, ihre Haltung …)?

B1 **b.** Stellen Sie Hypothesen auf: Wer sind diese Personen? Wie fühlen sie sich?

c. Was könnte diese Segelfahrt symbolisieren?
Ziel dieser Reise ist … Am Horizont … Diese Schifffahrt ist ein Symbol für …

Wortschatz

- **seine Gefühle aus/drücken:** exprimer ses sentiments
- **von (+ D) träumen:** rêver de
- **an (+ A) denken (a, a):** penser à
- **jdn nicht vergessen können:** ne pas pouvoir oublier qqn
- **leiden (i, i):** souffrir
- **sich nach (+ D) sehnen:** aspirer à
- **glücklich ≠ unglücklich, traurig**
- **hoffen:** espérer

Caspar David Friedrich (1774-1840) ist der bedeutendste Maler der deutschen Romantik. Seine Landschaftsbilder thematisieren die Einsamkeit und die Sehnsucht des Menschen, das Geheimnisvolle der Natur, das Menschenleben als mystische Reise.

Caspar David Friedrich, *Auf dem Segler*, 1818

Blick auf... Die Liebe heute

1 Erstes Rendezvous

Augenblicke, 99FIRE-FILMS, 2017

A2-B1

a. Schauen Sie sich den Anfang des Films an und machen Sie sich Notizen zu der Situation und zu der Person (Wer? Wo? Was macht sie? Ihre Ängste? Ihre Gefühle?).

b. Wie könnte der Kurzfilm enden? Stellen Sie Hypothesen auf.

c. Schauen Sie sich das Ende des Films an. Vergleichen Sie das Ende mit Ihren Hypothesen. Wie verläuft das Treffen?

B1

d. Wie fühlt sich der Junge? Warum?

2 Liebeserklärung

MP3 26

A2

a. Hören Sie sich das Lied an. Was fällt ihnen auf (Sänger, Thema, Musik, Rhythmus ...)?

b. Was bedeutet Liebe für die beiden? Ist dieses Lied Ihrer Meinung nach „romantisch"?

Recherchieren Suchen Sie im Internet ein anderes Liebeslied (z. B. *Traum* von Cro). Bereiten Sie eine kurze Präsentation des Sängers und des Liedes mit einer Hörprobe vor.

Ich und Du

Wenn es dunkel um dich ist und du da draußen einsam bist, nimm
Meine Hand und halt dich fest, damit der Mut dich nicht verlässt
Und wenn du nicht mehr weiter weißt
Und du drehst nur im Kreis,
Stell ich mich mit dir in den Wind,
Weil wir zusammen stärker sind
Ich und du du du dudu du du du
Ich und du du du dudu du du du
Ich und du
Und bist du gerade aufgewacht, weil dir kalt war in der Nacht
Nehm ich dich in meinen Arm
Und halt dich bis zum Morgen warm
Fühlst du dich wie im Labyrinth, wo alle Türen verwunschen[1] sind
Dann sieh dich um, ich bin nicht weit
Den Ausgang finden wir zu zweit
Ich und du du du dudu du du du
Ich und du du du dudu du du du
Ich und du

Paroles et Musique de Anna Depenbusch

1. verwunschen: *ensorcelé*

Anna Depenbusch und Mark Forster

3 Begegnung auf dem Schulhof

MP3 27

A2 **a.** Lesen Sie den Text. Machen Sie sich Notizen zu den Personen und der Handlung (Ort, Situation …).

B1 **b.** Analysieren Sie die Gefühle, die Reaktionen und die Gedanken des Erzählers. Notieren Sie alle Wörter und Ausdrücke, die den Körper betreffen (Substantive, Verben, Adjektive).

c. Wie geht die Geschichte vielleicht weiter? Erfinden Sie das Ende.

Der Erzähler berichtet von seiner Schulzeit mit seinem Freund Max. An diesem Tag geht er auf den Schulhof und will sich wie immer auf ihre Bank setzen aber …

Auf unserer Bank saß jemand. Ein Mädchen. (...)
Alles an diesem Mädchen war perfekt. Alles passte zusammen. (...)
Mein Mund war staubtrocken, auf meiner Stirn stand der Schweiß, in meinem Schädel[1] sprangen die Gedanken herum wie Popcorn im heißen Topf. Aber ich stand da und konnte mich nicht rühren. (...) Das traurige Denkmal eines Idioten. (...)
Da hob sie den Kopf und sah mich an.
„Willst du dich setzen?"
Ihre Stimme war hell und leise und ein wenig brüchig. Ihre Augen waren grün.
„Kann ich ja mal machen", sagte ich (...).
Ziemlich lange geschah nichts. Das Mädchen senkte[2] wieder den Kopf und vertiefte sich in ihr Buch (...).
„Was hast du denn da?" fragte ich und deutete mit einer lässigen Handbewegung auf das Büchlein in ihrem Schoß.
„Tschechow", sagte sie.
„Was?"
„Anton Tschechow."
„Aha!"
„*Die Möwe*[3]."
„Tierbuch?"
„Theaterstück."
„Aha!", sagte ich noch einmal. (...) Wieder kam ich mir vor wie der Idiot, der ich eigentlich immer schon gewesen war. Ich kannte diesen Tschechow nicht, ich kannte überhaupt nichts, wusste nichts, konnte nichts, saß einfach nur dumm und steif da, schwitzte unter den Achseln und starrte in die tiefgrünen Aquarien dieses wunderbaren Mädchens.

Robert Seethaler, *Jetzt wird's ernst*

1. der Schädel(-): *le crâne* 2. senken: *baisser* 3. die Möwe(n): *la mouette*

Wortschatz

- **jdn kennen/lernen:** faire la connaissance de qqn
- **sich in jdn verlieben:** tomber amoureux de qqn
- **Liebe auf den ersten Blick:** le coup de foudre
- **jdm gefallen (ä, ie, a):** plaire à qqn
- **verlegen sein:** être gêné
- **sich nicht trauen, etw. zu tun:** ne pas oser faire qqch.
- **jdn beeindrucken:** impressionner qqn
- **jdn an/sprechen (i, a, o):** aborder qqn

La proposition relative

REPÈRES GRAMMATICAUX P. 185

KURZ UND GUT

Lisez le texte suivant et traduisez-le.
Repérez les propositions relatives qui permettent de compléter des noms. Relevez les pronoms relatifs, justifiez leurs formes : quel nom remplacent-ils ? Quelle fonction ont-ils ?

Jetzt wird's ernst ist ein Roman von Robert Seethaler, der 2012 veröffentlicht wurde. Diese Geschichte erzählt von einem Jungen, dessen Vater Friseur in einer Provinzstadt ist. Mit seinem Freund Max, den er seit der Kindheit kennt, sind sie unzertrennliche Freunde.
Der Junge verliebt sich in Lotte, die er eines Tages auf dem Schulhof trifft und deren grüne Augen ihn faszinieren. Max, dem Lotte den Vorzug gibt, und der Erzähler, die bisher nie gestritten hatten, werden Konkurrenten.

A2 **1** **Associez les amorces de phrase aux propositions relatives qui conviennent. Parfois, plusieurs solutions sont possibles.**

a. Bastian ist der Freund, …

b. Julia ist die Freundin, …

c. Bastian und Julia sind Freunde, …

- die du schon bei mir getroffen hast.
- denen du alles erzählen kannst.
- dessen Schwester in meine Klasse geht.
- deren Eltern Lehrer am Gymnasium sind.
- den ich jeden Tag in der Schule treffe.
- in den ich mich verliebt habe.
- mit dem ich morgen ins Kino gehe.
- der ich alles erzählen kann.
- mit denen ich bald in Urlaub fahre.
- der mir am nächsten steht.
- die alle süß finden.

A2-B1 **2** **Transformez chaque proposition entre parenthèses en proposition relative.**

a. Hey! Meine Freundin Susanne und ich sind zu einer Party eingeladen. (Sie ist etwas älter als ich.)
b. Martin wird auch dabei sein. (Wir haben ihn bei einem Tanzkurs kennengelernt.)
c. Susanne ist in den Jungen verliebt. (Er ist sehr schüchtern.)
d. Was kann ich meiner Freundin Susanne raten? (Ich möchte ihr helfen.)
e. Martins Freunde sagen ihm, wie er sich verhalten soll. (Ich habe ihnen die Situation erklärt.)
f. Susanne und Martin gehen zusammen nach Hause. (Sie wohnen in derselben Straße.)
g. Martin ruft sie am nächsten Tag an. (Ich habe ihm Susannes Telefonnummer gegeben.)

B1 **3** **Écrivez un petit texte en complétant les amorces avec des relatives. Vous pouvez utiliser les expressions en italiques pour vous aider.**

Exemple : Du bist ein Freund, den ich schon lange kenne.

mit jdm gerne reden / oft an jdn denken / immer hilfsbereit sein / jdm blind vertrauen / vor jdm keine Geheimnisse (secrets) *haben / für jdn Verständnis haben / jdn schon lange kennen*

a. Du bist ein Freund, … **b.** Du bist eine Freundin, … **c.** Ihr seid Freunde, …

Wortschatz macht Sinn

Vokabeln lernen

Die Liebe
- **jdn lieben:** aimer qqn
- **(un)glücklich sein:** être (mal)heureux
- **seine Gefühle aus/drücken:** exprimer ses sentiments
- **sich auf (+ A) freuen:** se réjouir de qqch. qui va arriver
- **sich über (+ A) freuen:** se réjouir de qqch.
- **sich umarmen:** se prendre dans les bras
- **an jdn denken (a, a):** penser à qqn

Die Sehnsucht
- **sich nach (+ D) sehnen:** aspirer à, se languir de
- **auf (+ A) warten:** attendre
- **wünschen:** souhaiter
- **der Schmerz(en):** la douleur
- **leiden (i, i):** souffrir
- **jdn vermissen:** souffrir de l'absence de
- **von (+ D) träumen:** rêver de
- **sich einsam fühlen:** se sentir seul
- **traurig:** triste
- **unglücklich:** malheureux

Verliebt sein
- **das Herz(en):** le cœur
- **jdm gefallen (ä, ie, a):** plaire à qqn
- **jdn süß finden (a, u):** trouver qqn mignon
- **sich in jdn verlieben:** tomber amoureux de qqn
- **Liebe auf den ersten Blick:** le coup de foudre
- **stumm:** muet
- **zusammen = gemeinsam:** ensemble

Das Sich Näherkommen
- **verlegen sein:** être gêné
- **schüchtern sein:** être timide
- **selbstsicher sein:** être sûr de soi
- **sich nicht trauen, etw. zu tun:** ne pas oser faire qqch.
- **sich als ein Idiot fühlen:** se sentir bête
- **sich treffen (i, a, o):** se rencontrer
- **jdn an/sprechen (i, a, o):** aborder qqn
- **jdn verführen:** séduire qqn

Vokabeln aktiv

1 **Faites deviner un mot du lexique ci-dessus en ne faisant ni gestes ni mimiques.**

2 **Retrouvez les mots cachés et associez-les à leur définition.**

UMETRÄN FHGEÜLE EZRH EBILE RTAIGUR HÜCHSCRNTE DIELEN

a. das Höchste der Gefühle
b. das Organ, das mit Liebe assoziiert wird
c. Liebe, Eifersucht, Scham usw. sind …
d. das Gegenteil von glücklich
e. sich körperlich oder seelisch nicht wohl fühlen
f. das Gegenteil von selbstsicher
g. Nicht nur im Schlaf kann man es tun.

3 **Que peuvent signifier les expressions suivantes ? Faites des hypothèses et vérifiez dans le dictionnaire.**

a. Schmetterlinge im Bauch haben
b. auf Wolke sieben sein
c. jemandem das Herz brechen

Prosodie und Phonetik

live! MP3 28

Les diphtongues « au » et « ei »

a. Écoutez la prononciation des expressions suivantes.
« au »
draußen / das Haus / die Frau / blaue Augen / Er traut sich nicht. / traurig
« ei »
eins / zwei / beide / beeindrucken / das Büchlein / gemeinsam / leiden

b. Écoutez et répétez les phrases suivantes.
- *Paul wartete draußen. Sein Mund war staubtrocken. Er war traurig. Er traute sich nicht hinauszugehen. Er hatte kein Vertrauen mehr zu ihr.*
- *Sie spricht leise. Sie haben gemeinsame Interessen. Sie haben keine Geheimnisse voreinander. Hast du etwas Zeit für mich?*

FINALE

Projekt

Eine Liebesgeschichte schreiben (Kollaboratives Schreiben)

A2-B1 Schreiben Sie – zu zweit oder interaktiv in Gruppen – eine Liebesgeschichte. Sie können einen der folgenden Anfänge wählen.
Es waren einmal zwei junge Menschen … / Ich kenne sie/ihn seit drei Jahren, aber … / Um sieben ging er/sie wie jeden Tag aus dem Haus … / An diesem Morgen war es sehr kalt …

In Ihre Geschichte können Sie ein kurzes Gedicht oder die Strophe eines Liedes einfügen. Lesen Sie Ihre Geschichten dann in Gruppen, sortieren Sie die Texte nach bestimmten Kriterien (Thematik / Genre des Textes / Grundton / Erzählperspektive …).

Médiation

Interlangues

Zwischen den Kulturen

Bereiten Sie eine kleine Präsentation von einem Liebesgedicht oder einem Liebeslied in einer anderen Sprache Ihrer Wahl vor (Wann? Von wem wurde der Text geschrieben? Worum geht es?). Erklären Sie Ihre Wahl.

Über die Grenzen hinaus

Schicken Sie Ihrer Partnerklasse Ihre Textsammlung. Bitten Sie sie, Ihnen ebenfalls kurze Liebesgeschichten zu schicken.
Sie können auch eine grenzüberschreitende Liebesgeschichte in Zusammenarbeit mit Ihrer Partnerklasse schreiben.

Schritt für Schritt

Eine Kurzgeschichte schreiben

1 Lisez la consigne.

a. Choisissez qui est le narrateur : vous (récit à la 1re personne) ou narrateur omniscient (récit à la 3e personne).
b. Définissez la forme (récit au présent, au passé…) et la tonalité (humoristique, dramatique…) de votre histoire.

2 Construisez votre récit au brouillon.

a. Définissez la situation initiale : *Wer? Wo? Wann? Situation? Gefühle (Angst, Verlegenheit, Hoffnung …)?*

b. Précisez les personnages : *Ihr Aussehen und ihr Charakter, was sie sagen, was sie machen, wovon sie träumen, was sie planen …*

c. Imaginez la rencontre : *Wo? Was die Personen machen, was sie denken, was sie sagen, ihre Gefühle …*

d. Déterminez le dénouement : *Happy End*, fin dramatique, humoristique, fin ouverte, fermée … ou à la manière d'un conte : *Und wenn sie nicht gestorben sind, leben sie noch heute …*

3 Choisissez le titre.

Eine unmögliche Liebe / Liebe auf den ersten Blick / Eine außergewöhnliche Begegnung …

4 Relisez votre texte.

Veillez à la correction grammaticale et orthographique avant de le recopier au propre.

Tipp!

Pour enrichir votre production, vous pouvez utiliser des groupes nominaux avec des adjectifs pour désigner les personnages et des propositions subordonnées relatives :

Der Junge, der … Das Mädchen, das … Die beiden, die …

Testen Sie sich!

Auf dem Weg zur Certification

1 Hörverstehen

CD CLASSE

Hören Sie sich die Reportage an.

A2 Machen Sie sich Notizen zum Kaufnixtag.

B1 Welche Aussagen sind richtig?

- **a** Zu Weihnachten geben die Deutschen immer mehr Geld aus.
- **b** Der Kaufnixtag wird von den Geschäften organisiert.
- **c** Er findet im Oktober statt.
- **d** An diesem Tag sind die Geschäfte geschlossen.
- **e** An diesem Tag sollte man nichts kaufen.
- **f** Der Tag hat eine symbolische Bedeutung.
- **g** Am Kaufnixtag darf man 100 € ausgeben.
- **h** Das Ziel ist, über seinen eigenen Konsum nachzudenken.

Funktioniert der Kaufnixtag? Begründen Sie Ihre Antwort.

→ **Fragebogen zum Ausfüllen im Heft *Auf dem Weg zur Certification* (lyceen.nathan.fr/impulse2)**

2 Mündliche Kommunikation

etwa 2 Minuten

Schauen Sie sich die Grafik an.

A2 Kommentieren Sie die Statistik des Repair Cafés Schöneberg seit seiner Eröffnung.

B1 Was halten Sie von Repair Cafés? Möchten Sie eines besuchen? Dort beim Reparieren mithelfen? Begründen Sie Ihre Antwort.

Testen Sie sich!

3 Leseverstehen

Lesen Sie den Text.

A2 Welche Aussagen sind richtig?

Der Erzähler oder die Erzählerin ist

a ein Junge.

b ein Mädchen.

c Tatjana.

d Meik.

Wann hat Tatjana Geburtstag?

a im August

b im Januar

c im März

d im Dezember

B1 Analysieren Sie Meiks Gefühle.

→ **Fragebogen zum Ausfüllen im Heft *Auf dem Weg zur Certification* (lyceen.nathan.fr/impulse2)**

Der vierzehnjährige Meik und Tatjana gehen in dieselbe Klasse.

In meiner Klasse war ein Mädchen, das hieß Tatjana. Tatjana war das schönste Mädchen auf der Welt. Alles an ihr war super. Ihr Aussehen. Ihre Stimme. Ihr Lachen. Ihre Haare. Einfach alles. Ihr könnt euch denken: Ich war wahnsinnig verknallt[1] in sie. Sie aber nicht in mich. (...)
Tatjana hatte bald Geburtstag. In den Sommerferien. Sie wurde 14 und wollte groß feiern, mit Übernachtung und allem. Und alle sollten eingeladen[2] werden.
Die ganze Klasse sprach davon, schon Wochen vorher. Ist ja klar, dass ich wahnsinnig aufgeregt[3] war. Ich dachte nur noch über ein Geschenk für Tatjana nach. Sie fand Beyoncé toll, und da kam mir die Idee: Ich wollte ein Bild von Beyoncé für sie zeichnen!
Ich konnte ja nicht viel, aber zeichnen konnte ich. Ich zeichnete mein Bild nach einem Foto von Beyoncé. Ich zeichnete wochenlang und gab mir wirklich Mühe. Und das sollte man auch sehen. Tatjana sollte sehen, wie verknallt ich in sie war.
Nach vier Wochen war ich fertig. Meine Beyoncé sah super aus, fast wie auf dem Foto. Und ich hatte ihr Tatjanas Augen verpasst[4].
Jetzt fehlte mir nur noch eine Einladung. Hoffentlich bekam ich eine! Tatjana verteilte sie am letzten Schultag. Ich wartete bis zur letzten Stunde, bis nach den Zeugnissen. Aber ich bekam keine.

Nach Wolfgang Herrndorf, *Tschick*,
© Spaß am Lesen Verlag 2013

1. verknallt (fam.) = verliebt 2. einladen (ä, u, a): *inviter* 3. aufgeregt: *excité* 4. verpasst = (hier) gegeben

4 Schriftliche Kommunikation

A2-B1 Lea und Leo sind ein Paar. Schreiben Sie ihre Liebesgeschichte.

Wählen Sie eine Erzählperspektive: Leo oder Lea?
Wählen Sie auch eine Form: kurze Erzählung, Brief- oder SMS-Wechsel, Dialog ...

Sie können sich an folgenden Fragen orientieren:

- *Wer sind sie?*
- *Wie haben sie sich kennen gelernt?*
- *Was machen sie zusammen?*
- *Wie fühlen sie sich, wenn sie zusammen sind, wenn sie getrennt sind?*
- *Was passiert eines Tages? ...*

etwa 130-150 Wörter

Ein Paar vor der Weltzeituhr auf dem Alexanderplatz, Berlin

KAPITEL 11

In Deutschland arbeiten

→ **Was macht Deutschland so attraktiv für junge Leute aus der ganzen Welt?**

Zalando Zentrale, Berlin

Auf geht's!

a. **Schauen Sie sich das Foto an. Kennen Sie diese Firma?**
b. **Was wissen Sie über dieses Unternehmen? Möchten Sie dort arbeiten? Warum? Warum nicht?**

Blick auf… Deutschland als attraktives Arbeitsland

1 Deutschland ist beliebt!

A2-B1

a. Schauen Sie sich das Cover des *Spiegels* an. Was fällt Ihnen auf?

b. Lesen Sie den Text. Berichten Sie über die beliebtesten Länder für ausländische Fachkräfte und über die Attraktivität Deutschlands.

B1

c. Erklären Sie, warum gerade Deutschland bei jungen internationalen Talenten so beliebt ist.

Darum wollen alle so gern in Deutschland arbeiten

Deutschland ist zum Arbeiten weltweit beliebter denn je[1] und landet im Ländervergleich auf Rang zwei – lediglich in die USA zieht es noch mehr Arbeitnehmer. (…)
Die Attraktivität Deutschlands zieht sich durch[2] alle Berufsgruppen. Fachkräfte aus Ländern wie Dänemark, Polen, Rumänien und Spanien würden Deutschland nun dem früheren Vorreiter[3] Großbritannien vorziehen, das vom zweiten auf den fünften Platz gefallen ist. Für Fachkräfte in Europa und Zentralasien liegt Deutschland sogar auf Rang eins.

„Deutschland wird als Arbeitsplatz für internationale Talente immer beliebter. Die wirtschaftliche Stärke und die guten Arbeitsbedingungen sind weltweit bekannt", sagt Sebastian Dettmers, Geschäftsführer bei der Jobbörse Stepstone. (…)
„Deutschland entwickelt sich zu einem echten Magneten für internationale Talente", sagt Rainer Strack, Experte für Human Resources bei BCG. „Nicht nur im Gesamtranking steht Deutschland auf dem zweiten Platz, sondern auch bei Arbeitnehmern unter 30, Master-Absolventen und Promovierten[4] sowie Digitalexperten. Um diese Talente reißt sich[5] die ganze Welt. (…)

Die zehn wichtigsten Jobfaktoren für Befragte in Deutschland

1. Wertschätzung[6] der eigenen Arbeit
2. Gutes Verhältnis[7] zu Kollegen
3. Interessante Arbeitsinhalte
4. Gute Work-Life-Balance
5. Gutes Verhältnis zu Vorgesetzten[8]
6. Gehalt[9]
7. Wunsch nach Herausforderung[10]
8. Möglichkeit, etwas zu bewirken
9. Weiterbildungs- und Trainingsangebot
10. Karriere-Möglichkeiten

1. beliebter denn je: *plus apprécié que jamais* **2.** sich durch (+ A) ziehen (o, o): *(ici) concerner* **3.** der Vorreiter(-): *le leader* **4.** promoviert: *titulaire d'un doctorat* **5.** sich um (+ A) reißen (i, i): *se battre pour avoir* **6.** die Wertschätzung(en): *l'estime* **7.** das Verhältnis(se): *la relation* **8.** der Vorgesetzte(n, n): *le supérieur, le chef* **9.** das Gehalt(¨er): *le salaire* **10.** die Herausforderung(en): *le défi*

2 Erfahrungsberichte

Gruppenarbeit: Bilden Sie drei Gruppen. Jede Gruppe sieht sich eines der drei Videos an. Stellen Sie anschließend den anderen Ihre Ergebnisse vor.

A2 **a.** Sehen Sie sich das jeweilige Video an. Sammeln Sie Informationen über die Personen (Ursprungsland, Beruf, Arbeit und Leben in Deutschland, Interessen, warum er/sie nach Deutschland gekommen ist, seine/ihre Kollegen und Freunde …).

B1 **b.** Erklären Sie, warum ihm/ihr Deutschland so gefällt und warum er/sie sich hier zu Hause fühlt.

A. Maria

I made it – Maria, Make it in Germany, 2018

B. Sergej

I made it – Sergej, Make it in Germany, 2018

C. Marie

I made it – Marie, Make it in Germany, 2018

Wortschatz

- **Karriere machen:** faire carrière
- **gute Arbeitsbedingungen haben:** avoir de bonnes conditions de travail
- **die Fachkraft(¨-e):** la main-d'œuvre qualifiée
- **ausländisch:** étranger
- **beliebt = geschätzt:** apprécié
- **jdm gefallen (ä, ie, a):** plaire à qqn
- **sich zu Hause fühlen:** se sentir chez soi
- **an/ziehen (o, o):** attirer

Blick auf… Die deutsch-französische Partnerschaft

1 ProTandem – mehr als nur ein Austausch

PRO TANDEM

Austausch für die berufliche Bildung

ProTandem ist die deutsch-französische Agentur für den Austausch in der beruflichen Bildung. Sie fördert seit 1980 jährlich bis zu 3000 Jugendliche und Erwachsene in über 50 Berufsgruppen. Die Mittel[1] werden auf deutscher Seite vom Bundesministerium für Bildung und Forschung[2] und auf französischer Seite vom Ministerium für Bildung, vom Ministerium für Arbeit und vom Ministerium für Europa und auswärtige Angelegenheiten[3] zur Verfügung gestellt[4]. Beruhend auf dem Abkommen[5] vom 5. Februar 1980 zwischen den Außenministern Deutschlands und Frankreichs fördert, berät und begleitet ProTandem Teilnehmer vor, während und nach dem Austausch. Geleitet wird die Agentur mit Sitz in Saarbrücken von zwei Delegierten, die jeweils von beiden Partnerländern ernannt werden.

© protandem.org

1. das Mittel(-): *le moyen* **2.** Bildung und Forschung: *l'éducation et la recherche* **3.** auswärtige Angelegenheiten: *affaires étrangères* **4.** zur Verfügung stellen: *mettre à disposition* **5.** das Abkommen(-): *l'accord, la convention*

A2-B1 **a.** Lesen Sie den Text und sammeln Sie Informationen über ProTandem (Was? Für wen? Seit wann? Ziel? Finanzierung? ...).

B1 **b.** Was sind Ihrer Meinung nach die Vorteile eines solchen Austausches?

Recherchieren Sammeln Sie weitere Informationen über ProTandem auf der Internetseite dieser Agentur und sehen Sie sich das Werbevideo an. Berichten Sie darüber.

2 Eine Französin berichtet

Nathan live! MP3 29

A2-B1 **a.** Hören Sie sich das Interview an. Notieren Sie Informationen über Marion Villiers (Wohnort in Frankreich, Aufenthaltsort in Deutschland, Schule, Studium, Praktikum, Berufspläne …).

B1 **b.** Erklären Sie, warum Marion ein Praktikum in Deutschland absolviert. Welche Erwartungen hatte sie an diesen Aufenthalt und was bringt ihr diese Erfahrung für die Zukunft?

Die französische Studentin Marion Villiers absolviert ein sechswöchiges Praktikum bei ProTandem. Heute ist ihr letzter Tag. Wir haben ihr einige Fragen zu ihrem Praktikum und zu ihren Erfahrungen in der deutsch-französischen Agentur gestellt.

3 Berufserfahrungen im Nachbarland sammeln

A2-B1 **a.** Lesen Sie den Text. Sammeln Sie Informationen über den deutsch-französischen Arbeitsmarkt und die Wirtschaftskooperationen.

B1 **b.** Was ist eine binationale Ausbildung? Welche Perspektiven eröffnet sie? Welche Kompetenzen haben Ihrer Meinung nach die Leute, die eine solche Ausbildung gemacht haben?

Recherchieren Informieren Sie sich über die im Text genannten Firmen. Was stellen sie her bzw. was bieten sie an? Informieren Sie sich auch über den Aachener Vertrag. Berichten Sie darüber.

connexion EMPLOI.com

Die führende deutsch-französische Jobbörse

Kandidaten suchen | Stellenanzeigen aufgeben | Konto

Home | Stellenangebote | Karriereratgeber | Coaching Académie | Jobmessen | Job-Newsletter | Lebenslauf hochladen

Vereinte Potenziale

Frankreich und Deutschland sind europäische Spitzenreiter[1] beim Austausch von Arbeitskräften. Wer gezielt eine deutsch-französische Berufslaufbahn anstrebt[2], hat gute Chancen, attraktive Stellen zu finden.

Auch wenn man denken könnte, dass binational ausgerichtete Ausbildungs- und Berufslaufbahnen angesichts[3] des EU-Binnenmarkts, der Globalisierung und der immer enger werdenden deutsch-französischen Wirtschaftskooperation längst selbstverständlich[4] sind, gelten Bewerber, die auf beiden Seiten des Rheins Berufserfahrungen gesammelt haben, weiterhin als Spezialisten und sind auf dem Stellenmarkt gefragt. Der deutsch-französische Arbeitsmarkt ist so umfangreich[5] wie kein zweiter in der EU: Deutsche Unternehmen beschäftigen in ihren französischen Zweigstellen[6] immerhin 300 000 Arbeitnehmer, und auch die französischen Firmen in Deutschland nehmen mit etwa 250 000 Beschäftigten eine wichtige Rolle auf dem deutschen Arbeitsmarkt ein.

Deutschland und Frankreich sind nach wie vor füreinander die wichtigsten Handelspartner, und das spiegelt sich auch im Austausch der Kompetenzen wieder. Besonders intensiv ist der Arbeitskräfteaustausch in Branchen wie dem Werkzeug-[7] und Maschinenbau, sowie in der Automobil-, Luftfahrt- und Servicebranche. Ein Blick auf den deutsch-französischen Stellenmarkt zeigt, dass gerade große Unternehmen wie Daimler, Bosch, DB France, Siemens auf der einen Seite und Air Liquide oder Société Générale auf der anderen Seite im jeweiligen Nachbarland äußerst aktiv sind. (...) Besonders gefragt sind Arbeitnehmer, die sowohl in Deutschland als auch in Frankreich Berufserfahrungen gesammelt oder eine binationale Ausbildung hinter sich haben.

1. der Spitzenreiter(-): *le leader* **2.** eine Berufslaufbahn an/streben: *aspirer à faire carrière dans* **3.** angesichts (+ G): *face à, au regard de* **4.** selbstverständlich sein: *être tout naturel* **5.** umfangreich: *important, vaste* **6.** die Zweigstelle(n): *la succursale* **7.** das Werkzeug(e): *l'outil*

Wortschatz

- **das Austauschprogramm(e):** le programme d'échange
- **den Austausch fördern:** promouvoir les échanges
- **im Nachbarland arbeiten:** travailler dans le pays voisin
- **(berufliche) Erfahrung sammeln:** acquérir de l'expérience (professionnelle)
- **bereichernd sein:** être enrichissant
- **der Handelspartner(-):** le partenaire commercial
- **Kompetenzen erwerben (i, a, o):** acquérir des compétences

Le subjonctif II

REPÈRES GRAMMATICAUX P. 183

KURZ UND GUT

- Lisez le texte et, en binômes, proposez une traduction.
- Les verbes en rouge sont conjugués au subjonctif II. Expliquez les règles de construction du subjonctif II (pour les verbes de modalité, les auxiliaires et les autres verbes). À quoi sert ce mode ?

__Möchtest__ du in Deutschland Berufserfahrungen sammeln? Wenn ich an deiner Stelle __wäre__, __würde__ ich mich bei ProTandem __bewerben__. Diese deutsch-französische Agentur __könnte__ dir nämlich helfen, das passende Praktikum zu finden. Du __könntest__ somit drei oder vier Wochen in Deutschland verbringen. Du __würdest__ viel dabei __lernen__ und deine Deutschkenntnisse __verbessern__. Was meinst du – __wäre__ das eine gute Idee? __Hättest__ du Interesse daran?

A2 **1** **Conjuguez les verbes entre parenthèses au subjonctif II.**

a. … du für ein Jahr nach Deutschland …? (gehen)
b. Oder … du Angst davor, alleine im Ausland zu leben? (haben)
c. Es … eine große Bereicherung. (sein)
d. Viele Menschen … somit offener und toleranter … (werden)
e. Wir … viele neue und interessante Erfahrungen … (sammeln)
f. Ihr … viel über die deutsche Kultur … (lernen können)

A2-B1 **2** **Complétez les phrases en expliquant pourquoi vous aimeriez travailler en Allemagne. Employez le subjonctif II. Pour vous aider, vous pouvez utiliser les arguments ci-dessous.**

a. Wenn ich könnte, würde ich gerne …
b. Ich würde gerne in Deutschland arbeiten, weil …
c. Es würde mir gefallen in Deutschland zu arbeiten, denn …
d. Wenn ich …
e. Ein Aufenthalt in Deutschland …
f. Ich …

Argumente
- *meine Deutschkenntnisse verbessern*
- *mehr über die deutsche Kultur erfahren*
- *deutsche Freunde finden*
- *gute Arbeitsbedingungen haben*
- *ein gutes Gehalt haben*
- *Berufserfahrung im Ausland sammeln*

B1 **3** **Transformez les phrases suivantes selon le modèle.**

__Wenn__ ich die Wahl __hätte__, __würde__ ich ein Praktikum in Deutschland machen.
→ *__Hätte__ ich die Wahl, __so würde__ ich ein Praktikum in Deutschland machen.*

a. Wenn ich die Möglichkeit hätte, würde ich an einem Austauschprogramm teilnehmen.
b. Wenn ihr eure Sprachkenntnisse verbessern möchtet, solltet ihr ins Ausland gehen.
c. Wenn du mehr Verantwortung übernehmen würdest, hättest du bei deiner Arbeit mehr Herausforderungen.
d. Wenn die Länder enger zusammenarbeiten würden, würde es auf der Welt weniger Konflikte geben.

B1 **4** **Écrivez un petit texte sur vos projets d'avenir. Racontez ce que vous aimeriez faire. Pour exprimer vos souhaits, utilisez le subjonctif II.**

Nach dem Abitur würde ich gern …

Wortschatz macht Sinn

Vokabeln lernen

Der Austausch

- **das Austauschprogramm(e):** le programme d'échange
- **an (+ D) teil/nehmen (i, a, o):** participer à
- **ins Ausland gehen (i, a):** partir à l'étranger
- **im Ausland arbeiten:** travailler à l'étranger
- **Erfahrung sammeln:** acquérir de l'expérience
- **eine Bereicherung sein:** être enrichissant
- **seine Sprachkenntnisse verbessern:** améliorer ses connaissances linguistiques
- **neue Freunde finden (a, u):** se faire de nouveaux amis

Der Arbeitsplatz

- **die Arbeitsbedingungen:** les conditions de travail
- **das Gehalt(¨-er) = der Lohn(¨-e):** le salaire
- **gut verdienen:** bien gagner sa vie
- **sich wohl fühlen:** se sentir bien, à l'aise
- **die Herausforderung(en):** le défi
- **der Kollege(n), die Kollegin(nen) = der Mitarbeiter(-), die Mitarbeiterin(nen):** le/la collègue
- **die Work-Life-Balance:** l'équilibre entre vie personnelle et vie professionnelle

Persönliche Entwicklung

- **sich weiter/entwickeln:** évoluer
- **Verantwortung über/nehmen (i, a, o):** prendre des responsabilités
- **sich neue Fähigkeiten an/eignen:** acquérir de nouvelles compétences
- **sich mit einer anderen Kultur vertraut machen:** se familiariser avec une autre culture
- **etw. besser verstehen (a, a):** mieux comprendre qqch.
- **die Angst vor dem Fremden verlieren (o, o):** ne plus avoir peur de l'inconnu

Deutschland und Frankreich

- **der deutsch-französische Arbeitsmarkt:** le marché du travail franco-allemand
- **der Handelspartner(-):** le partenaire commercial
- **die Wirtschaftskooperation(en):** la coopération économique
- **das Unternehmen(-) = die Firma (-en):** l'entreprise, la firme
- **auf dem Arbeitsmarkt gefragt sein:** être demandé sur le marché du travail
- **zusammen/arbeiten = kooperieren:** coopérer
- **eng:** étroit(ement)
- **binational:** binational

Vokabeln aktiv

1 **Associez les éléments des deux colonnes afin d'obtenir des groupes verbaux cohérents. Construisez ensuite des phrases.**

A. Berufserfahrung	**a.** gehen
B. ins Ausland	**b.** sammeln
C. Verantwortung	**c.** teilnehmen
D. an einem Austauschprogramm	**d.** übernehmen

2 **Indiquez les synonymes des mots suivants.**

a. der Lohn — **b.** die Firma — **c.** kooperieren — **d.** besser werden — **e.** der Mitarbeiter

3 **Complétez les phrases avec les réponses de l'exercice 2.**

a. Der Arzt Sergej versteht sich recht gut mit seinen deutschen …

b. Viele deutsche … wollen junge ausländische Arbeitskräfte anstellen.

c. In Deutschland kann man ein gutes … bekommen.

d. Wenn du ein paar Monate in Deutschland lebst, wirst du dich in Deutsch …

e. Deutschland und Frankreich … wirtschaftlich eng …

Prosodie und Phonetik

live! MP3 30

La prononciation de « en » / « an » / « in »

a. Écoutez, puis répétez les mots suivants.

- *Deutschl**an**d*
- *Ausl**an**d*
- ***in**ternational*
- ***in**teressant*
- ***Ent**scheidung*
- *sich **ent**wickeln*

b. Répétez les phrases suivantes en veillant à la prononciation de « en », « an » et « in ».

Interessierst du dich für eine internationale Karriere? Dann bleibe nicht in Frankreich, sondern entscheide dich dafür, nach Deutschland oder in ein anderes Land zu gehen.

FINALE

Projekt

Sich bei einem deutschen Unternehmen bewerben

A2-B1 Sie wollen im Sommer bei einem deutschen Unternehmen ein Praktikum absolvieren. Verfassen Sie ein kurzes Motivationsschreiben, um sich bei dem Unternehmen Ihrer Wahl zu bewerben.

Médiation

Interlangues

Zwischen den Kulturen

Gehen Sie auf die Internetseite Europass (europass.cedefop.europa.eu). Wählen Sie die Rubrik „Europass-Dokumente" und erstellen Sie Ihren europäischen Lebenslauf auf Deutsch, Französisch und Englisch. Nehmen Sie diese Lebensläufe mit in den Unterricht.

Über die Grenzen hinaus

Senden Sie Ihre Bewerbungsschreiben und Lebensläufe an Ihre deutsche Partnerklasse. Bitten Sie sie, auf Ihre Bewerbungsschreiben entweder mit einer positiven Antwort oder mit einer Absage zu reagieren.

Schritt für Schritt

Ein Bewerbungsschreiben verfassen

1 Faites des recherches afin de trouver une entreprise allemande qui vous intéresse.

Wo? In welcher Branche? Pluspunkte?

2 Réfléchissez aux arguments que vous souhaitez mettre en avant.

Pourquoi voulez-vous faire un stage dans cette entreprise ?

Que vous apporterait ce stage ?

Pourquoi voulez-vous travailler en Allemagne ?

Quels sont vos qualités, vos points forts ?

3 Passez ensuite à la rédaction en respectant la structure d'une lettre de motivation sans oublier les éléments formels à faire figurer en début et fin de lettre (en-tête, date et lieu, objet, formule de politesse, signature, etc.) :

– une introduction (une ou deux phrases),
– le développement (organisation de vos arguments en trois ou quatre parties),
– une conclusion (une ou deux phrases).

Julien Pelletier
17, rue Jean Jaurès
21000 Dijon
Frankreich

Mackevision Medien
Forststr. 7
70174 Stuttgart
Deutschland

Dijon, den 08.02.20...

Betreff: Bewerbung um ein Praktikum

Sehr geehrte Damen und Herren,

ich habe Ihre Annonce gelesen und möchte mich um die Praktikumsstelle bewerben.
Ich interessiere mich insbesondere für Medien und Computer.
Ich habe vor, eine Ausbildung in diesem Bereich zu machen, weil ich später als Grafiker arbeiten möchte ...

Dieses Praktikum wäre für mich die Gelegenheit, Berufserfahrung zu sammeln.
Mit diesem Praktikum könnte ich meine Kenntnisse erweitern ...

Ich würde mich freuen, in Deutschland zu arbeiten, weil ich meine Sprachkenntnisse verbessern könnte.
In einem deutschen Umfeld arbeiten zu können stellt für mich eine große Herausforderung dar.
Im Ausland zu arbeiten würde mir auch erlauben, unabhängig zu werden ...

Ich bin sehr motiviert / seriös / fleißig / dynamisch ...
Zu meinen persönlichen Stärken zählen Zuverlässigkeit / Begeisterung ...
Ich habe gute Noten in ...

Über ein Vorstellungsgespräch würde ich mich sehr freuen.

Mit freundlichen Grüßen,

Julien Pelletier

KAPITEL 12

Facetten einer Stadt

→ Wien: nur eine Stadt mit Tradition?

MuseumsQuartier, Wien

Auf geht's!

a. Sehen Sie sich das Foto an. Was fällt Ihnen auf (Personen, Gebäude, Atmosphäre …)?
b. Stellen Sie Hypothesen zu den Gebäuden auf. Was bedeutet wohl „mumok“?

Blick auf...

FINALE → p. 124

Projekt Eine Stadtführung durch Wien vorschlagen

Schritt für Schritt Eine Bildpräsentation machen

Blick auf... Musik und Tanz

1 Das Neujahrskonzert der Wiener Philharmoniker

A2-B1 **a.** Sehen Sie sich das Foto an und lesen Sie den Text. Machen Sie sich Notizen zum Neujahrskonzert (Wo? Wann? Wer? …).

b. Sehen Sie sich nun im Internet ein Video des letzten Neujahrskonzerts an und ergänzen Sie Ihre Notizen.

B1 **c.** Was macht aus diesem Konzert ein besonderes Event? Warum ist es so erfolgreich?

Recherchieren Der Radetzky-Marsch und der Donauwalzer: Hören Sie sich Auszüge an. Präsentieren Sie kurz das Musikstück Ihrer Wahl und den Komponisten.

Der Goldene Saal des Musikvereins ist ein prächtiger[1] und traditionsreicher „Tempel“ der Musik. Hier findet jedes Jahr an Neujahr das berühmteste Konzert der Welt statt. Auf dem Programm stehen Werke der Strauss-Dynastie und ihrer Zeitgenossen[2], vor allem Walzer, Märsche und Polkas. Die Wiener Philharmoniker gehören zu den internationalen Top-Orchestern. Jedes Jahr laden die Musiker des Orchesters selbst ihren Dirigenten[3] für das Neujahrskonzert ein.

Das Konzert wird in über 90 Ländern via Fernsehen live übertragen. Jährlich am 1. Jänner, Beginn: 11.15 Uhr.

1. prächtig: *somptueux* **2.** der Zeitgenosse(n): *le contemporain* **3.** der Dirigent(en, en): *le chef d'orchestre*

Der goldene Saal des Musikvereins

2 Alles Walzer!

Der Wiener Opernball findet am Ende des Faschings in der Staatsoper statt.

A2-B1 **a.** Hören Sie sich die Reportage an und sammeln Sie Informationen zum Opernball.

B1 **b.** Erklären Sie, inwiefern der Opernball von der Wiener Tradition geprägt ist.

Recherchieren Suchen Sie im Internet weitere Informationen über den Opernball. Sie können auch auf der Website der Wiener Oper ein Video anschauen und davon berichten.

3 „ImPulsTanz“: das größte Tanzfestival Europas

A2-B1 **a.** Lesen Sie den Text und sehen Sie sich das Foto an. Stellen Sie „ImPulsTanz“ vor (Wo? Was? Wie?).

B1 **b.** Was ist das Besondere an diesem Festival?

Recherchieren Suchen Sie im Internet ein Video über das Festival und präsentieren Sie es der Klasse.

IMPULSTANZ

11. JULI - 11. AUGUST

WEITERE INFOS

PERFORMANCES | **WORKSHOPS** | **RESEARCH** | **SOCIAL**

FESTIVALINFO

Tausende professionelle Tänzer_innen, Choreograf_innen, Dozent_innen[1] und Tanzinteressierte aus aller Welt begegnen sich hier, inspirieren einander, forschen zusammen, tauschen sich aus (...).

Mehr als 100.000 Menschen besuchen alljährlich das Festival, das größte seiner Art in Europa:

- als Besucher_innen der mehr als 100 Vorstellungen[2] im Burgtheater oder Volkstheater, (...) oder der mehr als 15 weiteren bespielten Bühnen und Räume der Stadt.
- als Teilnehmer_innen der rund 250 Workshops und Research Projekte für Anfänger_innen und Profis (...).

Im ImPulsTanz Performanceprogramm trifft zeitgenössischer[3] Tanz international etablierter Choreograf_innen auf (...) Produktionen einer neuen Generation (...). ImPulsTanz Extras bieten in Form von Ausstellungen, Installationen, Buchpräsentationen oder Diskussionsrunden vertiefende Einblicke[4] in die Welt des Tanzes. Das Workshopprogramm heißt jährlich mehrere tausend Teilnehmer_innen aus über 80 Ländern willkommen.

1. der Dozent(en): *(ici) le formateur* **2.** die Vorstellung(en): *la représentation* **3.** zeitgenössisch: *contemporain* **4.** vertiefende Einblicke: *(ici) un aperçu approfondi*

Wortschatz

- **tanzen:** danser
- **die Tradition erhalten (ä, ie, a):** maintenir la tradition
- **(welt)berühmt:** célèbre (dans le monde entier)
- **sich für (+ A) begeistern:** s'enthousiasmer pour
- **die Veranstaltung(en):** la manifestation
- **Erfolg haben = erfolgreich sein:** avoir du succès
- **ein Festival besuchen:** se rendre à un festival
- **an einem Workshop teil/nehmen (i, a, o):** participer à un atelier

Blick auf… Die Architektur

1 Hauptstadt des Jugendstils

A2-B1 **a.** Sehen Sie sich das Bild an und lesen Sie den Text. Sammeln Sie Informationen zum Jugendstil (Wo? Wann? Welche Gebäude?).

B1 **b.** Was charakterisiert den Jugendstil? Welche Unterschiede zu dem Goldenen Saal des Musikvereins (S. 118) fallen Ihnen auf?

Recherchieren Informieren Sie sich über das Sezessionshaus (Programm, Architekt …). Präsentieren Sie der Klasse Ihre Ergebnisse.

Sezessionshaus, Wien

Avant-Garde am Ende des 19. Jahrhunderts

Der Jugendstil ist eine Richtung der Kunst, die sich gegen Ende des 19. Jahrhunderts entwickelte. Man findet den Jugendstil in der Literatur, der Malerei, der Glaskunst, der Plastik, der Musik, aber auch in der Architektur. In Frankreich bezeichnete man den Jugendstil als „Art Nouveau“ (Neue Kunst) und in Österreich als „Sezession“. Der Jugendstil löste den Historismus ab[1] und führte die Architektur in die Moderne. (…)

Eben typisch für den Jugendstil waren (…) dekorative Ornamente wie Blumen- und Tiermotive (…). Die Künstler suchten nach neuen Formen (…).

Zum Zentrum des Jugendstils wurde die österreichische Hauptstadt Wien. Hier schlossen sich 19 Künstler zusammen[2] und gründeten eine eigene Künstlergruppe, die „Wiener Sezession“. (…) So schufen[3] sie ein eigenes Gebäude, in dem sie ihre Kunst der Öffentlichkeit zeigen wollten: das Sezessionshaus in Wien (…). Der Architekt dieses Hauses war (…) ein Schüler des bekannten Wiener Architekten Otto Wagner.

© www.zeitklicks.de

1. ab/lösen: *relayer* **2.** sich zusammen/schließen (o, o): *se regrouper* **3.** schaffen (u, a): *créer*

2 Laboratorium der Moderne

Otto Wagner – Visionär der Moderne, ORF 2, 2017

A2-B1 **a.** Schauen Sie sich das Video an und machen Sie sich Notizen zu Otto Wagner und zu seinem Werk. Schreiben Sie dann zu zweit einen kurzen Text dazu.

B1 **b.** Inwiefern war Otto Wagner ein Avantgardist?

Recherchieren Was war die Wiener Werkstätte? Berichten Sie darüber.

3 Die Spittelau

A2-B1 **a.** Sehen Sie sich das Bild an. Welche Fragen fallen Ihnen zu dem Bild ein?

b. Lesen Sie dann den Text. Haben Sie die Antworten auf Ihre Fragen gefunden?

B1 **c.** Was macht die Spittelau umweltfreundlich?

Recherchieren Wer war Hundertwasser? Suchen Sie im Internet Informationen zu diesem Künstler und seinem Werk. Bereiten Sie eine kleine Präsentation vor.

Die Spittelau: Technik, Kunst und Ökologie

Anfang der 90er Jahre beschloss der Wiener Gemeinderat aus der Müllverbrennungsanlage[1] Spittelau ein Kunstwerk zu machen. Der Künstler: Friedensreich Hundertwasser.

Die Spittelau sollte die erste ökologische Müllverbrennungsanlage sein, die auch eine künstlerische Gesinnung[2] ausdrückt. Sie sollte auch ein neues Wahrzeichen der Skyline Wiens werden.

Hundertwasser montierte große und kleine goldene Kugeln, bemalte die Außenwände auf seine Art und legte auch Dachgärten an.

Das Gebäude sieht aus wie ein Fantasieschloss[3] aus einem orientalischen Märchen und wird heute als Kunstwerk anerkannt. Tausende Touristen und Fachdelegationen kommen jedes Jahr, um es zu besichtigen.

Die Spittelau gilt als gelungenes Beispiel, wie sich bei Industriebauten Mensch, Natur und wirtschaftliche Ziele in harmonischen Einklang bringen[4] lassen. Die dort erzeugte umweltfreundliche Wärme beheizt[5] jährlich mehr als 60.000 Haushalte in Wien.

1. die Müllverbrennungsanlage(n): *la centrale d'incinération des déchets* **2.** die Gesinnung: *l'opinion, le point de vue* **3.** das Fantasieschloss(¨er): *le château imaginaire* **4.** in Einklang bringen (a, a): *concilier* **5.** beheizen: *chauffer*

Wortschatz

- **entstehen (a, a):** voir le jour
- **das Gebäude(-):** le bâtiment
- **für (+ A) charakteristisch sein:** être caractéristique/typique de
- **(sich) von (+ D) befreien:** (se) libérer de
- **sich von (+ D) unterscheiden (ie, ie):** se différencier de
- **das Stadtbild prägen:** façonner le paysage urbain
- **nützlich sein:** être utile
- **umweltfreundlich:** écologique

Grammatik macht Sinn

Le locatif et le directif

REPÈRES GRAMMATICAUX P. 178

KURZ UND GUT

Observez les phrases suivantes. Répondent-elles à la question *Wo?* ou à la question *Wohin?* Déduisez-en les règles qui régissent les prépositions de lieu.

- *Jedes Jahr kommen viele Touristen* ***nach*** *Wien.*
- *Sie gehen natürlich* ***in den*** *Prater.*
- ***Im*** *Prater steigen sie* ***ins*** *Riesenrad ein.*
- *Wenn sie dann* ***zu Hause*** *sind, erinnern sie sich lange an diesen Besuch.*

A2-B1 **1** **a. Lisez la liste de verbes et classez-les. Quels sont ceux qui induisent une réponse à la question *Wo?*, à la question *Wohin?***

sein – fliegen – stehen – warten – gehen

zu Fuß gehen – sitzen – zurück/fahren – Fotos an/sehen

b. Construisez ensuite des phrases en utilisant les compléments de lieu proposés ci-dessous.

- *Exemple : Am Montag fliegen wir nach Österreich.*

nach Österreich – in Wien – auf dem Stephansplatz – vor dem Stephansdom

in den Stephansdom – in den Stadtpark – zu Hause – im Kursalon – nach Hause

A2-B1 **2** **Le « Pavillon » d'Otto Wagner : rédigez une présentation de cette gare « Art nouveau » à partir des éléments ci-dessous.**

a. sich in d… Stadtmitte, sich a… Karlsplatz befinden

b. früher: ein Stationsgebäude der Stadtbahn sein, die Fahrgäste: in d… Gebäude warten

c. heute: nicht mehr hier in d… Bahn steigen können

d. in d… Pavillon gehen, um eine Ausstellung zu sehen

e. viele Bilder und Texte von und über Otto Wagner in d… Pavillon ansehen können

f. in d… Resselpark gehen und sich auf ein… Bank ausruhen

g. hinter d… Resselpark das Wien Museum besichtigen

Der Otto Wagner Pavillon

B1 **3** **Complétez le texte avec les prépositions de lieu suivantes.**

am – im – in (2x) – neben – vor

Was ist ein Heuriger?

… Wien ist das eine Tradition. Diese Lokale liegen … Rand der Stadt. … dem Restaurant hängt oft eine Laterne. Die Touristen verbringen gerne einen Abend … Heurigen. Im Sommer kann man sich dort … den Garten setzen und Wein oder Fruchtsaft trinken. Die Touristen sitzen manchmal … Leuten, die sie gar nicht kennen.

Wortschatz macht Sinn

Vokabeln lernen

Der Mythos Wien

- **zum Mythos bei/tragen (ä, u, a):** contribuer au mythe
- **die Tradition erhalten (ä, ie, a):** maintenir la tradition
- **mit der Tradition brechen (i, a, o):** rompre avec la tradition
- **(welt)berühmt:** (mondialement) célèbre
- **das Image:** l'image (de marque)
- **traditionsreich:** riche en traditions
- **an (+ A) erinnern:** rappeler qqch.
- **die Tanzszene, die Musikszene:** le milieu de la danse / de la musique

Der Tanz

- **tanzen:** danser
- **der Tänzer(-), die Tänzerin(nen):** le danseur, la danseuse
- **der Walzer(-):** la valse
- **das Ballett(e):** le ballet
- **der Opernball(¨-e):** le bal de l'opéra
- **die Veranstaltung(en):** la manifestation
- **ein Festival besuchen:** participer à un festival
- **an (+ D) teil/nehmen (i, a, o):** participer à
- **das Schauspiel(e):** le spectacle

Die Architektur

- **der Architekt(en, en):** l'architecte
- **das Werk:** l'œuvre
- **das Gebäude(-):** le bâtiment
- **der Stil(e):** le style
- **der Jugendstil:** l'Art nouveau
- **der Neubau(ten):** la nouvelle construction
- **das Stadtbild prägen:** façonner le paysage urbain
- **nützlich sein:** être utile
- **umweltfreundlich:** écologique

Die Musik

- **der Musiker(-), die Musikerin(nen):** le musicien, la musicienne
- **das Musikstück(e):** le morceau de musique
- **komponieren:** composer
- **das Orchester(-):** l'orchestre
- **der Dirigent(en, en):** le chef d'orchestre
- **ein Werk vor/spielen:** jouer une œuvre en public
- **die Live-Übertragung(en):** la retransmission en direct
- **die Wiener Philharmoniker:** l'orchestre philharmonique de Vienne

Vokabeln aktiv

1 Reconstituez les expressions et utilisez-les ensuite dans une phrase évoquant Vienne.

A. ein Musikstück	**a.** prägen
B. sich von der Tradition	**b.** erinnern
C. das Stadtbild	**c.** beitragen
D. zum Mythos	**d.** befreien
E. an das 19. Jahrhundert	**e.** vorspielen

2 Connaissez-vous bien Vienne ?

a. Jedes Jahr findet es am 1. Januar statt. Es ist das …

b. Die Musiker der Wiener Philharmoniker laden ihn für das Neujahrskonzert ein. Er ist …

c. Die Familie Strauss hat die meisten Stücke …

d. Der berühmteste traditionelle Tanz ist …

e. ImPulsTanz ist ein …

f. Ein neuer Stil am Ende des 19. Jahrhunderts: der …

3 Dans chaque série, quel est le mot qui forme son pluriel de façon différente des autres ?

a. der Tänzer – der Musiker – der Dirigent – der Walzer

b. das Gebäude – das Werk – das Jahrhundert – das Musikstück

c. der Tanz – der Ball – das Ballett

Prosodie und Phonetik

Nathan live! MP3 32

Les diphtongues « au » et « äu »

a. Écoutez les mots suivants et indiquez s'il s'agit de la graphie « au » ou « äu ».

b. Écoutez et répétez les phrases suivantes :
- *Die Spittelau ist nicht grau.*
- *Das Gebäude ist äußerst modern.*
- *Man muss die Bräuche kennen.*
- *Träume sind Schäume.*

FINALE

Projekt
Eine Stadtführung durch Wien vorschlagen

A2-B1 „Wien zwischen Tradition und Moderne“: Wählen Sie eine der Wiener Facetten und bereiten Sie eine Stadtführung mit Bild und Ton vor. Sie können eine Diashow mit Ton oder einen Videoclip erstellen.
So beginnt Ihre Präsentation: „Wien! Eine facettenreiche Stadt! Wer hat noch nie davon geträumt? Kommen Sie mit auf Entdeckungsreise und erfahren Sie mehr zum Thema …“

Médiation

Zwischen den Kulturen

Präsentieren Sie die Facetten einer berühmten Großstadt: Welche Gebäude prägen das Stadtbild? Weisen Sie auf Tradition oder auf Modernität hin?

Über die Grenzen hinaus

Wählen Sie ein einfaches Gebäude in Ihrer Stadt (Ihre Schule, das Rathaus, die Sporthalle …) und renovieren Sie es „à la Hundertwasser“. Präsentieren Sie Ihre Arbeit der Partnerklasse und bitten Sie sie, das Gleiche zu tun.

Schritt für Schritt
Eine Bildpräsentation machen

1 **Faites un plan de votre diaporama au brouillon en listant les lieux que vous voulez faire visiter.**

2 **Recherchez une illustration par lieu et faites un petit storyboard avec :**
- un titre accrocheur ;
- une courte légende écrite pour chaque lieu / photo retenu.

3 **Créez votre diaporama : pensez à moduler les polices et tailles de caractères pour traduire la hiérarchie des idées.**

4 **Préparez votre prise de parole :**
- rédigez une introduction et une conclusion ;
- imprimez vos diapositives et écrivez quelques notes sur les idées importantes à faire passer à l’oral.

5 **Entraînez-vous à l’oral. Faites des phrases courtes dont vous maîtrisez la structure. Vous pouvez vous enregistrer pour vérifier la fluidité de votre discours. Si vous faites votre présentation à plusieurs, veillez aux transitions.**

Auf diesem Bild sehen wir … / Das Bild zeigt … / Die Bildunterschrift weist auf … hin. / Wie gesagt geht es um … Hier sehen wir das Werk von … / Es handelt sich um … / Er/sie/es wurde berühmt für … / Interessant ist, dass … / Charakteristisch dafür ist, dass … / Aus diesem Grund … / Deshalb …

Testen Sie sich!

Auf dem Weg zur Certification

1 Leseverstehen

→ **Fragebogen zum Ausfüllen im Heft *Auf dem Weg zur Certification* (lyceen.nathan.fr/impulse2)**

Lesen Sie den Text.

A2 Was erfahren Sie über den Austausch?

B1 Stellen Sie Benedikt Decker und Thomas Payét kurz vor.

Job-Erfahrungen im Nachbarland sammeln

ProTandem, eine deutsch-französische Agentur mit Sitz in Saarbrücken, fördert und organisiert den Austausch von Jugendlichen und Erwachsenen in der beruflichen Bildung (...).
Im Bereich Elektrotechnik findet zurzeit zwischen dem französischen Lycée Roland Garros in Le Tampon auf der Insel La Réunion und dem Technisch-Gewerblichen Berufsbildungszentrum in Dillingen ein solcher Austausch statt. (...)
Insgesamt vier Wochen lang halten sich derzeit elf französische Schüler im Saarland auf, absolvieren gemeinsam mit einem deutschen Tandempartner in dessen Ausbildungsbetrieb ein Praktikum. Dabei wohnen die Jugendlichen auch in den Gastfamilien und haben so die beste Gelegenheit, den deutschen Alltag kennenzulernen und auch ihre Sprachkenntnisse zu verbessern.
Einer dieser Ausbildungsbetriebe ist die Firma Saar-Gummi in Büschfeld. Hier absolviert Benedikt Decker momentan seine Ausbildung im Bereich Elektrotechnik. Dabei wird er seit mehr als zwei Wochen von dem 17-jährigen französischen Auszubildenden Thomas Payét (...) begleitet. (...) [Payét findet] die Ausbildung im Saarland anstrengender als in der Heimat. Dort werde mehr in der Schule ausgebildet, also mehr Theorie und weniger in der Praxis, wobei diese aber in der Lehrwerkstatt der Schule und nicht in Betrieben stattfinde. (...)
Insgesamt vier Wochen ist Thomas Payét im Saarland. Ergänzt wird das Praktikum durch ein von ProTandem organisiertes Sprach- und Kulturprogramm. (...) Im März 2019 reist Benedikt Decker zum Gegenbesuch nach La Réunion.

2 Mündliche Kommunikation

etwa 2 Minuten

Schauen Sie sich das Plakat an.

A2 Warum ist Deutschland ein attraktives Land? Machen Sie eine Radiowerbung, in der Sie junge Menschen aus dem Ausland überzeugen sollen, in Deutschland ein Praktikum zu machen.

B1 Könnten Sie sich persönlich vorstellen, ein Praktikum in Deutschland zu machen? Welche Vorteile hätte das für Sie und für Ihre Zukunft?

Testen Sie sich!

3 Hörverstehen

CD CLASSE

Hören Sie sich den Bericht an.

A2 Stellen Sie Lena vor. Berichten Sie dann über ihr Leben in Wien.

B1 Welches Gebäude gefällt Lena am besten? Warum?

→ **Fragebogen zum Ausfüllen im Heft *Auf dem Weg zur Certification* (lyceen.nathan.fr/impulse2)**

4 Schriftliche Kommunikation

A2-B1 Schreiben Sie einen kurzen Text für die Touristeninformation Wien.
Was macht die Stadt attraktiv?

B1 Wann sollten die Besucher Ihrer Meinung nach am besten nach Wien fahren? Warum?

etwa 130-150 Wörter

KAPITEL 13

Die Zauberflöte

→ *Die Zauberflöte*: ein zeitloses Kunstwerk?

Die Zauberflöte, Seebühne Bregenz, 2013

Auf geht's!

a. **Kennen Sie Mozart? Womit assoziieren Sie ihn?**

b. **Waren Sie schon einmal in der Oper oder im Theater? Was ist das Besondere an einer Oper im Vergleich zu einem Theaterstück?**

Blick auf... Ein besonderes Opernerlebnis

1 Die Zauberflöte entdecken

A2 **a.** Lesen Sie den Text. Sammeln Sie alle Informationen, die diese Oper charakterisieren.

B1 **b.** Erstellen Sie ein Schema, das die Beziehungen der verschiedenen Personen zueinander veranschaulicht.

Die Zauberflöte ist Mozarts bekannteste Oper. Seit ihrer Uraufführung im September 1791 in Wien gab es zahlreiche Inszenierungen der *Zauberflöte* auf den großen und kleinen Bühnen der Welt. Ob als Marionettenspiel oder als Oper: Mozarts *Zauberflöte* ist immer ein Erfolg bei Erwachsenen und Kindern. Der Liebling der Zuschauer ist sicher die lustige Figur des Vogelfängers[1], Papageno.

Handlung

Die Königin der Nacht zeigt dem Prinzen Tamino ein Bild ihrer Tochter Pamina. Sofort verliebt er sich in sie. Aber die Königin erklärt ihm, dass Sarastro ihre Tochter entführt[2] hat und gefangen hält[3] ... Tamino verspricht[4], Pamina zu befreien. Papageno, der Vogelfänger, begleitet ihn zum Schloss des Sarastro. Die Königin schenkt Tamino eine Zauberflöte und Papageno ein magisches Glockenspiel. Nach verschiedenen Prüfungen kann Tamino Pamina endlich befreien und Papageno seine Papagena finden. Alle werden zu einem großen Fest eingeladen, alle sind versöhnt[5].

1. der Vogelfänger(-): *l'oiseleur* **2.** entführen: *enlever* **3.** gefangen halten (ä, ie, a): *retenir prisonnier* **4.** versprechen (i, a, o): *promettre* **5.** versöhnen: *réconcilier*

Carl Ofterdinger, *Papageno*, 19. Jahrhundert

2 Junges Publikum testet *Die Zauberflöte*

Nathan live! MP3 33

Die Zauberflöte, Inszenierung von Jette Steckel, Hamburg, 2016

A2 **a.** Hören Sie sich das Interview an. Wer sind Sophie und Timon? Machen Sie sich Notizen zu ihren Motivationen und Reaktionen.

B1 **b.** Was war für Sophie und Timon besonders überraschend? Was hatten sie erwartet und was haben sie entdeckt?

3 Eine Oper, die das Leben verändern kann

live! MP3 34

A2 **a.** Lesen Sie den Text von Zeile 1 bis 14. Machen Sie sich Notizen zu der Erzählerin (Alter, Wohnort, Familie, Gefühle …).

B1 **b.** Beschreiben Sie die Stimmung im damaligen Kontext.

A2 **c.** Lesen Sie nun von Zeile 14 bis zum Ende. Sammeln Sie Informationen über die Reaktion der Erzählerin auf diesen ersten Opernbesuch.

B1 **d.** Finden Sie die Stellen im Text, die zeigen, dass diese Oper das Leben der Erzählerin verändert hat.

Tamino

Mitte der 50er Jahre, ich war dreizehn Jahre alt, habe ich meine erste Oper gehört. Das war in Essen[1], nicht lange nach dem Krieg, der die Städte und die Eltern zerstört[2] hatte. Die Väter waren an Leib und Seele beschädigt[3] aus Russland, Frankreich, Italien zurückgekommen, die Mütter hatten in den Bombennächten Zärtlichkeit[4] verlernt, Schönheit galt nichts, Poesie war unbekannt, das Zauberwort hieß Wiederaufbau[5]. (…) Wie hätte ich damals in Essen wissen sollen, was eine Oper ist? Für so etwas war kein Geld da. (…) Und dann nahm mich eine Freundin mit in die Oper. Das war der Tag, an dem eine lebenslange Liebe begann (…). Es war *Die Zauberflöte*. Natürlich habe ich damals den tieferen Sinn[6] der Geschichte nicht verstanden. Ich glaube, ich habe auch die meisten Texte nicht verstanden, denn das muss man ja erst lernen – auf Worte zu hören, die gesungen werden und zu denen ein Orchester – sehr laut – spielt. (…) Ich hörte hier zum ersten Mal Musik im Dunkeln, in diesem Saal, in diesem Augenblick für mich gespielt – was für ein unbeschreiblicher Luxus! Dann öffnete sich der Vorhang, ein Mann kam und sang: „Zu Hilfe, zu Hilfe, sonst bin ich verloren!“, das war genau der Schrei[7], der schon so lange in mir steckte, und so etwas kann man nicht einfach aussprechen, man muss es wohl singen. (…)

Ich habe die ganze Zeit geweint, nicht weil es so traurig gewesen wäre, sondern weil ich so erschüttert[8] war. Kurz nach diesem Opernbesuch habe ich mich zum ersten Mal verliebt, es war, als hätte sich mein Herz geöffnet. (…)

Diese erste „Zauberflöte“ hat mein ganzes Leben verändert.

1. Essen: *ville de la Ruhr, en Rhénanie du Nord-Westphalie* **2.** zerstören: *détruire* **3.** an Leib und Seele beschädigt: *blessés dans leur chair et dans leur âme* **4.** die Zärtlichkeit verlernen: *ne plus savoir ce qu'est la tendresse* **5.** der Wiederaufbau: *la reconstruction* **6.** der tiefere Sinn: *le sens plus profond* **7.** der Schrei(e): *le cri* **8.** erschüttert: *ému*

Wortschatz

- **die Aufführung(en):** la représentation
- **der Zuschauer(-):** le spectateur
- **etw. erleben:** vivre qqch.
- **jdm gefallen (ä, ie, a):** plaire à qqn
- **etw. wunderbar finden (a, u):** trouver qqch. merveilleux
- **überraschend:** surprenant
- **sich in eine Person hinein/versetzen:** se mettre à la place d'un personnage
- **jdn beeindrucken:** impressionner qqn

Blick auf... Einen Klassiker in stetem Wandel

1 Verschiedene Inszenierungen, verschiedene Interpretationen

Gruppenarbeit: Sehen Sie sich die beiden Videos an. Wählen Sie dann eine. Bereiten Sie eine kurze Präsentation der gewählten Inszenierung für die andere Gruppe vor.

A2-B1 **a.** Notieren Sie, was diese Inszenierung charakterisiert: Wer und wie sind die Darsteller? Welche Mittel werden eingesetzt? Was ist ungewöhnlich oder neu?

B1 **b.** Beschreiben Sie Ihre Eindrücke: Wie wirkt die Inszenierung auf Sie? Woran erinnert sie Sie? *Es erinnert mich an … das Kasperletheater … In meiner Kindheit …*

live! VIDÉO

Salzburg, eine Reise in die Mozartstadt, hrfernsehen

A. Das Salzburger Marionettentheater

Das Salzburger Marionettentheater wurde 1913 von dem Bildhauer Anton Aichner gegründet. Die magische Welt dieses großen Theaters mit kleinen Darstellern verzaubert[1] Kinder und Erwachsene. *Die Zauberflöte* gehört zum festen Repertoire des Marionettentheaters.

1. verzaubern: *enchanter*

B. Theatergruppe „1927"

Diese Inszenierung von Barrie Kosky mit der britischen Theatergruppe „1927" ist eine Kombination aus Stumm- und Zeichentrickfilm[1]. Nichts ist unmöglich in dieser einzigartigen Mischung[2] aus deutschem Expressionismus und britischem Humor, aus Kabarett der Weimarer Republik und Music-Hall, aus Animation und Live-Performance.

1. der Stumm- und Zeichentrickfilm(e): *le film muet et le dessin animé* 2. die einzigartige Mischung aus (+ D): *un mélange unique de*

live! VIDÉO

Die Zauberflöte, EPK, Deutsche Oper am Rhein

2 Mozart: mit Star Wars kompatibel?

A2 **a.** Lesen Sie den Zeitungsartikel und sammeln Sie alle Informationen, die die Inszenierung von Regisseur Kobie van Rensburg charakterisieren.

B1 **b.** Finden Sie die Stellen, die zeigen, dass diese neue Inszenierung ein Erfolg ist.

Recherchieren Sehen Sie sich ein Video dieser Aufführung an. Berichten Sie darüber.

Die Bühne strahlt[1] in universumsblauem Licht. Zwischen Sternen und Asteroiden läuft der Vorspann: „… vor langer Zeit, in einer vielleicht nicht ganz so weit entfernten Galaxis …". Dann: ein Raumschiff. Auf dem Bordcomputer blinkt das Alarmzeichen „Danger". Prinzessin Pamina ist in Panik. (…) Aus einem anderen Teil der Galaxis nähert sich Prinz Tamino in einem schnittigen[2] Orbit-Flitzer – der rettende Held im Krieg zwischen den Sternen (…).

Der Abend beginnt wie im Kino. Schon in den ersten Sekunden blitzt und knallt[3] es (…). Die Ouvertüre zur „Zauberflöte" funkelt[4] und strahlt. Der perfekte Soundtrack zum Science-Fiction-Blockbuster.

Kobie van Rensburg [der Regisseur] (…) hat Mozarts berühmteste Oper mit Elementen aus Star Wars bebildert (…) und ein fantastisches Fantasieopus geschaffen. (…) Die Musik aus dem 18. Jahrhundert und die Hollywoodfilme funktionieren zusammen grandios.

1. strahlen: *rayonner, briller* **2.** schnittig: *élégant* **3.** knallen: *claquer* **4.** funkeln: *étinceler*

Wortschatz

- **der Darsteller(-):** l'interprète
- **der Sänger(-), die Sängerin(nen):** le chanteur / la chanteuse
- **der Spezialeffekt(e):** l'effet spécial
- **die Kulisse(n) = das Bühnenbild(er):** le décor
- **inszenieren:** mettre en scène
- **die multimediale Animation(en):** l'animation multimédia
- **erstaunlich:** étonnant
- **ungewöhnlich:** inhabituel

Grammatik macht Sinn

Les différents emplois de *werden*

REPÈRES GRAMMATICAUX PP. 179, 182, 184

KURZ UND GUT

Observez le tableau et les exemples. Traduisez-les et repérez les différents emplois et constructions de *werden* (futur, passif, « devenir »).

***werden* + adjectif / nom**	*Jedesmal wenn Tamino die Bühne betritt,* ***wird*** *es* ***still*** *im Saal.*
werden* au présent + infinitif sans *zu	*Pamina, wo immer du auch bist, ich* ***werde*** *dich* ***finden****.*
***werden … von …* + participe II**	*Das Salzburger Marionettentheater* ***wurde*** *1913 von dem Bildhauer Anton Aichner* ***gegründet****.*

A2 **1** **Indiquez l'emploi de *werden* dans chacune des phrases, puis traduisez-les.**

- **a.** Die *Zauberflöte* wird immer wieder neu inszeniert.
- **b.** Jedes Mal wird aus einem neuen Projekt eine einzigartige Aufführung, die das Publikum begeistert.
- **c.** Das war auch der Fall in Bregenz am Bodensee: Auf der weltweit größten Seebühne werden unglaubliche Inszenierungen präsentiert.
- **d.** 2013 wurde Mozarts populärste Oper in Bregenz von Regisseur David Pountney inszeniert.
- **e.** Der Bodensee bietet eine einmalige und grandiose Kulisse für diese Oper, und wenn es dunkel wird, fängt das Schauspiel an …
- **f.** Diese *Zauberflöte* ist sogar die bestbesuchte Oper seit der Festivalgründung 1946 geworden.
- **g.** Welche Oper wird in Zukunft vielleicht noch mehr Erfolg haben?

A2-B1 **2** **Conjuguez le verbe *werden* à la forme qui convient, au présent ou à une forme du passé.**

Als Spiel auf dem See und unter freiem Himmel … 2013 und 2014 Wolfgang Amadeus Mozarts *Zauberflöte* gezeigt. Zuletzt war *Die Zauberflöte* 1985 und 1986 auf der Seebühne inszeniert … .
Regie führte diesmal Festspielintendant David Pountney, das Bühnenbild … von Johan Engels geschaffen. Für Kostüme und Puppendesign war Marie-Jeanne Lecca verantwortlich. Sie … in Bukarest geboren und studierte dort an der Akademie der Schönen Künste.

Hast du damals diese Inszenierung sehen können?

Nein, ich wollte Karten kaufen, aber es war zu spät. Die Karten … jedes Jahr schon im Frühling übers Internet verkauft. Ich … mir bald das Programm für die nächste Saison besorgen. Die DVD konnte ich mir aber kaufen, denn die Aufführung … natürlich gefilmt und fotografiert … .

Na dann, viel Spaß, es … dir bestimmt gefallen!

A2-B1 **3** **À l'aide des amorces données, formez des phrases en utilisant le verbe *werden*.**

a. dieser Regisseur / eine andere Oper von Mozart / nächstes Jahr / in der neuen Elbphilharmonie / inszenieren

b. heute / das Orchester / von einem jungen Dirigenten / dirigieren

c. im Jahre 1791 / die Zauberflöte / sofort / ein Erfolg

Wortschatz macht Sinn

Vokabeln lernen

In die Oper gehen

- **die Oper(n):** l'opéra (le genre musical)
- **das Opernhaus(¨-er):** l'opéra (le bâtiment)
- **die Bühne(n):** la scène
- **der Vorhang(¨-e):** le rideau
- **das Orchester(-):** l'orchestre
- **das Schauspiel:** le spectacle
- **der Chor(¨-e):** le chœur
- **die Aufführung(en):** la représentation
- **statt/finden (a, u):** avoir lieu
- **eine Oper besuchen:** assister à un opéra
- **sich für Opern interessieren:** s'intéresser à l'opéra

Eine Oper inszenieren

- **die Inszenierung(en):** la mise en scène
- **die Kulisse(n) = das Bühnenbild(er):** le décor
- **der Regisseur(e), die Regisseurin(nen):** le metteur en scène, la metteuse en scène
- **die Puppe(n) = die Marionette(n):** la marionnette
- **der Erfolg(e):** le succès
- **die Spezialeffekte:** les effets spéciaux
- **zauberhaft:** féérique
- **überraschend:** surprenant
- **erstaunlich:** étonnant
- **ungewöhnlich:** inhabituel
- **laut:** fort ≠ **leise:** faible, bas (son)

Musik hören und genießen

- **die Stimmung:** l'ambiance
- **das Publikum:** le public
- **der Zuschauer(-), der Zuhörer(-):** le spectateur
- **eine Arie mögen:** aimer un air d'opéra
- **wunderbar:** merveilleux
- **jdm gefallen (ä, ie, a):** plaire à qqn
- **an (+ D) Spaß haben:** avoir du plaisir à
- **jdn bewundern:** admirer qqn
- **erschüttert sein:** être ému
- **jdn beeindrucken:** impressionner qqn
- **jdm zu/jubeln:** acclamer qqn

Vokabeln aktiv

1 Chassez l'intrus et justifiez votre choix en allemand.

a. die Melodie – die Arie – der Schrei – das Lied

b. traurig – erfolgreich – bekannt – berühmt

c. laut – leise – sanft – ruhig

d. das Konzert – die Inszenierung – die Grenze – die Aufführung

2 Reliez chaque mot d'origine étrangère à son correspondant allemand.

A. die Arie	a. der Sängerkreis
B. spektakulär	b. das Lied
C. die Atmosphäre	c. das Bühnenbild
D. der Chor	d. die Stimmung
E. die Kulisse	e. beeindruckend

3 Reliez chaque amorce à un verbe qui convient. Plusieurs solutions sont parfois possibles.

A. eine tiefe Stimme	a. besuchen
B. Mozarts Kirchenmusik	b. inszenieren
C. eine Oper	c. gehen
D. auf ein Konzert	d. zujubeln
E. von einer Arie	e. gern hören
F. eine Oper	f. haben
G. einer bekannten Sängerin	g. erschüttert sein

Prosodie und Phonetik

live! MP3 35

Le *Umlaut*

À l'origine, le *Umlaut* est un « e » qu'on posait au-dessus de la voyelle dont on voulait éclaircir le timbre. Ce « e » s'est transformé en deux traits verticaux qui furent ensuite remplacés par deux points (ae = ä, oe = ö, ue = ü).

a. Écoutez les mots suivants puis répétez-les.
– « ä » se prononce [ɛ] comme dans *Vogelfänger*
– « ö » se prononce [oɛ] comme dans *Zauberflöte*
– « ü » se prononce [y] comme dans *Bühne*

b. Vous allez entendre des couples de mots : notez à chaque fois le mot qui porte un *Umlaut*.

FINALE

Projekt

Ein DVD-Cover für die *Zauberflöte* konzipieren

A2-B1 Erstellen Sie ein DVD-Cover für die Aufnahme einer Inszenierung der *Zauberflöte*, die Ihnen besonders gut gefallen hat. Präsentieren Sie kurz Mozarts Oper, die Handlung sowie die Personen. Betonen Sie das Besondere an dieser Inszenierung.

Médiation

Zwischen den Kulturen

Haben Sie andere Aufführungen der *Zauberflöte* oder anderer Opern und Musicals (*Carmen*, *West Side Story*, *Les Misérables* …) gesehen, die so berühmt sind und auch in verschiedenen Inszenierungen aufgeführt wurden? Berichten Sie darüber.

Über die Grenzen hinaus

Arbeiten Sie mit der Partnerklasse zusammen: Schlagen Sie ihr Ihr DVD-Cover vor. Welche französischen Opern oder Musicals kennen Ihre Partner? Für welches Werk würden sie gern ihrerseits ein DVD-Cover erstellen?

Schritt für Schritt

Ein DVD-Cover erstellen

1. **Choisissez une image pour votre couverture.**

2. **Donnez les informations les plus importantes.**

3. **Présentez brièvement l'action de l'opéra pour éveiller la curiosité.**
   In dieser Oper geht es um (+ A) … Der Hauptdarsteller heißt … Die Geschichte beginnt mit …, dann entdeckt das Publikum …

4. **Mettez en valeur la particularité de cet enregistrement, par exemple via des avis de spectateurs.**
   Mir gefällt … Ich mag … Alles ist ungewöhnlich, denn … Die Zuschauer sind …
   Ich finde … faszinierend, weil …

3 Kurzes Resümee der Handlung

2 Name des Regisseurs, des Dirigenten, des Orchesters, der Sänger; Bühnenbild und Kostüm

4 Kurze Rezension; Aussagen von begeisterten Zuschauern

SPORTS ET SOCIÉTÉ

Berlin 1936

KAPITEL 14

→ **Die Olympischen Sommerspiele 1936: ein Sportfest für den Frieden oder eine Machtdemonstration Nazideutschlands?**

Eröffnung der Olympischen Spiele 1936, Berlin, Olympiastadion

Auf geht's!

a. Schauen Sie sich das Foto an. Wo und wann wurde es gemacht?

b. Was wissen Sie über dieses Ereignis?

Blick auf... Die Organisatoren

1 Deutschland lädt ein

A2-B1 **a.** Lesen Sie den Text und machen Sie sich Notizen zu der Geschichte der Olympischen Spiele. Berichten Sie kurz darüber.

b. Schauen Sie sich jetzt das Plakat an. Wie wirkt es auf Sie (Farben, Text …)? Was wissen Sie über die verschiedenen Elemente des Bildes (die fünf Ringe, das Brandenburger Tor, die Quadriga …)?

B1 **c.** Welche Elemente auf dem Plakat erinnern an die Antike und welche an die Werte Pierre de Coubertins? Welches Bild von Deutschland wird hier vermittelt?
Die Quadriga symbolisiert ... Der Lorbeerkranz erinnert an ...

Recherchieren Informieren Sie sich über den historischen Kontext in Berlin im Jahre 1936 und über die Olympischen Spiele. Berichten Sie kurz darüber.

Die **Olympischen Spiele** der Antike gab es seit dem 8. Jahrhundert vor Christus. Während der Spiele musste zwischen den griechischen Städten Frieden herrschen[1]. Die letzten Olympischen Spiele der Antike fanden 393 nach Christus statt.
Ab 1880 engagierte sich Pierre de Coubertin für die Wiederbelebung[2] der Olympischen Spiele. 1894 wurde das Internationale Olympische Komitee in Lausanne gegründet[3]. Im Jahre 1896 fanden die ersten Olympischen Spiele der Neuzeit in Athen unter dem Motto „Alle Sportarten, alle Nationen" statt. Diese Spiele sollten unpolitisch sein und Frieden und Toleranz unter den Nationen fördern[4].

1. herrschen: *régner* **2.** die Wiederbelebung: *la renaissance* **3.** gründen: *fonder* **4.** fördern: *favoriser*

Offizielles Plakat der Olympischen Spiele 1936

2 Der Schein trügt ...

A2 **a.** Lesen Sie den Text. Berichten Sie, was Sie über Deutschland als Organisator der Spiele erfahren: Wie präsentiert sich das Land?

B1 **b.** Erklären Sie, wie Hitler die ganze Welt betrügen konnte.

Recherchieren Informieren Sie sich über die Nürnberger Rassengesetze von 1935. Berichten Sie der Klasse davon.

Wie Hitler die Olympischen Spiele vergiftete[1]

1936 (…) ließ Deutschland unter Adolf Hitler in Berlin die Olympischen Spiele ausrichten – eine trügerische Inszenierung[2].

Die Inszenierung des antiken Ideals durch die Nazis war so perfekt, dass man seine Vergiftung durch eine rassistische Ideologie nicht wahrnehmen[3] musste. (…) Der spätere IOC-Präsident Avery Brundage aus den USA pries die Spiele von Berlin als „die größten seit der Ära der Griechen". Hitler hatte sich erfolgreich der Welt als „Friedenskanzler" präsentiert.

In jenen Wochen gab es in Berlin wieder internationale Zeitungen zu kaufen. (…) Die Hetzparolen[4] gegen Juden waren auf Anweisung von Goebbels' Propaganda-Ministerium aus den Straßen und den Zeitungen verschwunden[5]. (…)

Die Nationalsozialisten hatten die innen-, wie außenpolitische Chance erkannt, die ihnen ein so unumstrittenes[6] Ideal wie Olympia in die Hände spielte[7]. (…)

Deutschland wird mit 33 Goldmedaillen, 26 Silber- und 30 Bronzemedaillen erfolgreichste Nation.

1. vergiften: *empoisonner* **2.** eine trügerische Inszenierung: *une mise en scène trompeuse* **3.** wahr/nehmen (i, a, o): *percevoir* **4.** die Hetzparole(n): *le slogan diffamatoire* **5.** verschwinden (a, u): *disparaître* **6.** unumstritten: *incontesté* **7.** jdm eine Chance in die Hände spielen: *(ici) offrir une opportunité à qqn*

Fackelläufer, Postkarte aus Anlass der Olympischen Sommerspiele in Berlin, 1936

Wortschatz

- **sich präsentieren als ...:** se présenter comme...
- **stark:** fort
- **mächtig:** puissant
- **der Wettkampf(¨-e):** la compétition
- **der Athlet(en, en), die Athletin(nen):** l'athlète
- **jdm überlegen sein:** être supérieur à qqn
- **jdn betrügen (o, o):** tromper qqn
- **der Frieden ≠ der Krieg:** la paix ≠ la guerre

Tipp!

Pensez à utiliser la subordonnée comparative « **(so) *tun, als ob* …** » + **subjonctif II**.

Par exemple : *Hitler **tut so, als ob** Deutschland ein friedliches Land wäre. (Hitler **fait comme si** l'Allemagne était un pays pacifique.)*

Blick auf… Außergewöhnliche Teilnehmer

1 Die Hochspringerin Gretel Bergmann

A2 **a.** Lesen Sie den Text und schauen Sie sich den Trailer an. Stellen Sie Gretel Bergmann vor.

B1 **b.** Erklären Sie die politische und diplomatische Situation. Wer ist Marie? Welche Rolle spielt sie?

Recherchieren Die wahre Geschichte von Gretel Bergmann (ihre Karriere, ihr Leben nach den Olympischen Spielen, ihre Erinnerungen, ihre Reaktion auf den Film …).

Nach einer wahren Geschichte

Deutschland 1936: Berlin bereitet sich auf die Olympischen Spiele vor. Die Amerikaner drohen mit Boykott, wenn keine jüdischen Athleten teilnehmen. Gretel Bergmann ist Deutschlands beste Hochspringerin und Jüdin. Sie lebt in London im Exil. Die Organisatoren der Spiele holen sie aus London zurück[1]. Das Nazi-Regime will nämlich zeigen, dass auch Juden dabei sind. Aber Gretel Bergmann darf nicht siegen. Um ihren Sieg zu verhindern, sind die Nazis zu allem bereit ...

1. zurück/holen: *faire revenir*

Berlin '36, 2009

Wortschatz

- **an (+ D) teil/nehmen (i, a, o):** participer à
- **zu allem bereit sein:** être prêt à tout
- **den Sieg verhindern:** empêcher la victoire
- **gewinnen (a, o) = siegen:** gagner
- **einen Rekord brechen (i, a, o):** battre un record
- **jdn bewundern:** admirer qqn
- **sich (D) jdn zum Vorbild nehmen (i, a, o):** prendre qqn pour modèle
- **etw. zeigen:** montrer qqch.

2 Der vierfache Sieger Jesse Owens

Gruppenarbeit: Lesen Sie Text A oder Text B und berichten Sie dann der jeweils anderen Gruppe von Ihren Ergebnissen.

A2 **a.** Machen Sie sich Notizen zu der Situation (Wer? Wo? Was? ...).

B1 **b.** Welche Stimmung herrscht im Stadion? Stellen Sie sich Hitlers Reaktion vor.

Recherchieren Suchen Sie weitere Informationen über Jesse Owens' Karriere.

Text A

live! MP3 36

Ein unerwünschter Sieger

Zwei Amerikaner, zwei Niederländer, ein Schweizer und ein Kanadier stehen im Finale des Zweihundertmeterlaufs. Auch jetzt herrscht in den Sekunden vor dem Start eine Stille, in der man das sprichwörtliche Fallen einer Stecknadel hören könnte[1]. Dann knallt der Schuss[2], und sofort bricht Jubel[3] aus. Jesse Owens geht sogleich in Führung (...). Mit einem Abstand von vier Metern vor seinem Landsmann Mack Robinson durchtrennt Jesse schließlich das Band. Nun wartet das gesamte Stadion auf die Bekanntgabe der Zeiten. Nach ein paar Augenblicken verkündet der Sprecher: 20,7 Sekunden – neuer olympischer Rekord. In diesem Moment springt Tom[4] von seinem Sitzplatz auf und stößt einen erderschütternden Jubelschrei aus[5]. (...) Für wenige Sekunden treffen sich Hitlers und Toms Blicke. Hitler schaut ihn grimmig[6] an.

Aus: Oliver Hilmes, *Berlin 1936. Sechzehn Tage im August*

1. das Fallen einer Stecknadel hören: *entendre une mouche voler* **2.** der Schuss(¨e): *le coup de feu du départ* **3.** der Jubel: *des cris de joie* **4.** Tom: ein amerikanischer Schriftsteller **5.** einen Schrei aus/stoßen (ö, ie, o): *pousser un cri* **6.** grimmig: *courroucé, furieux*

Adolf Hitler in der Führerloge des Berliner Olympiastadions, 1936

A2-B1 **c.** Was bedeuten die Olympischen Spiele und Jesse Owens für die Kinder?

B1 **d.** Wie verhalten sich die Lehrer? Warum?

Recherchieren Wie verhielt sich der deutsche Athlet Luz Long gegenüber seinem Konkurrenten Jesse Owens?

Text B

live! MP3 37

Erinnerungen ...

Das war das Jahr der Olympischen Spiele. (...) Natürlich interessierte uns Kinder das sehr. Immerhin war ich schon 10 Jahre alt und Sport war eines der Hauptfächer in der Schule. Wer gut in Sport war, der galt[1] auch als guter Schüler. Obwohl uns Kindern täglich eingetrichtert[2] wurde, dass alles Nichtdeutsche nicht wertvoll[3] war, wurde ein Schwarzer unser Idol: der vierfache Olympiasieger Jesse Owens aus den USA. Wir spielten auf dem Sportplatz Jesse Owens: wer am weitesten sprang, wer am schnellsten lief, wer am weitesten warf, der war einfach Jesse Owens. Hörten es die Lehrer, verboten sie uns diese Spiele, aber sie blieben uns die Antwort schuldig[4], warum ein Neger, Angehöriger einer „niederen" Rasse solche sportlichen Erfolge erringen[5] konnte.

Max von der Grün, *Wie war das eigentlich? Kindheit und Jugend im Dritten Reich*,

1. als ... gelten (i, a, o): *passer pour* **2.** jdm etw. ein/trichtern: *bourrer le crâne à qqn avec qqch.* **3.** wertvoll: *de valeur, précieux* **4.** jdm etw. schuldig bleiben (ie, ie): *rester redevable de qqch. à qqn* **5.** erringen (a, u): *remporter*

Jesse Owens bei den Olympischen Spielen, Berlin 1936

Grammatik macht Sinn

Les degrés de l'adjectif, de l'adverbe

REPÈRES GRAMMATICAUX P. 176

KURZ UND GUT

• Observez les phrases suivantes, traduisez-les puis déduisez les règles de construction des différentes formes de comparaison (**comparatifs d'égalité**, **d'infériorité**, **de supériorité** ; **superlatifs**). Quelles sont les similitudes et les différences avec l'anglais ?

- *Jesse Owens lief* ***schneller als*** *sein Landsmann Mack Robinson.*
- *Mack Robinson lief* ***nicht so schnell wie*** *er.*
- *Jesse Owens lief* ***am schnellsten****. Er war 1936* ***der schnellste*** *Läufer.*
- *1936 war Jesse Owens* ***der siegreichste*** *Läufer der Welt. Kein anderer Läufer war* ***siegreicher als*** *er.*

• Observez maintenant les formes irrégulières. Quels sont les adjectifs de base ? Traduisez les phrases.

- *Das offizielle Motto der Olympischen Spiele lautet „citius, altius, fortius" (Latein) für „****schneller****,* ***höher****,* ***stärker****".*
- *Gretel Bergmann war 1936* ***die beste*** *Hochspringerin Deutschlands. Sie war* ***besser*** *und hat* ***mehr*** *Turniere gewonnen* ***als die meisten*** *anderen Athletinnen.*

A2 **1** **Notez sous forme de tableau les comparatifs (d'égalité, de supériorité, d'infériorité) et les superlatifs des mots suivants.**

a. langsam **c.** groß **e.** hoch **g.** viel
b. erfolgreich **d.** stark **f.** gut **h.** gern

A2-B1 **2** **Mettez les adjectifs entre parenthèses à la forme indiquée et complétez les phrases.**

Exemple : Jesse Owens war (schnell / *comparatif de supériorité*) … seine Rivalen.
→ Jesse Owens war schneller als seine Rivalen.

a. Gretel Bergmann war (talentiert / *comparatif de supériorité*) … viele andere Hochspringerinnen.

b. Wenige Athletinnen waren (gut / *comparatif d'égalité*) … sie.

c. Der Kunstturner (*le gymnaste artistique*) Konrad Frey war mit drei Gold-, einer Silber- und zwei Bronzemedaillen (erfolgreich / *superlatif*) … deutsche Athlet.

d. Er hat (viel / *comparatif de supériorité*) … Medaillen gewonnen … die anderen deutschen Sportler.

e. Beim Kunstturnen am Boden war der Schweizer Eugen Mack (gut / *comparatif d'égalité*) … Konrad Frey, denn beide erhielten in dieser Disziplin die Bronzemedaille.

f. Hitler war (froh / *comparatif d'infériorité*) … über Jesse Owens Siege … das Publikum.

B1 **3** **Réécrivez l'article en mettant les termes entre parenthèses à la forme voulue.**

Der (fair) Wettkampf der Weltgeschichte

Wer springt (weit)? Der Amerikaner Jesse Owens oder der Deutsche Luz Long?
Luz Long war damals der (erfolgreich) Weitspringer der deutschen Mannschaft. Er hatte die (gut) Chancen zu gewinnen. Er war der (gut).
Beide wurden 1913 geboren, aber Jesse Owens war ein paar Monate (jung) als Luz Long.
Hitler ärgerte sich darüber, dass Jesse Owens bei den Olympischen Spielen 1936 die (viel) Medaillen gewonnen hatte.
Luz Long und Jesse Owens boten das (schön) Bild der Spiele von Berlin, denn sie umarmten sich nach Jesse Owens Sieg.

Wortschatz macht Sinn

Vokabeln lernen

Die Olympischen Spiele

- **statt/finden (a, u):** avoir lieu
- **an (+ D) teil/nehmen (i, a, o):** participer à
- **der Teilnehmer(-), die Teilnehmerin(nen):** le/la participant(e)
- **organisieren:** organiser
- **gründen:** fonder
- **Länder ein/laden (ä, u, a):** inviter des pays
- **die Mannschaft(en):** l'équipe
- **der Sportler(-), die Sportlerin(nen):** le sportif, la sportive

Wettkampf

- **der Rekord(e):** le record
- **siegen:** vaincre
- **der Sieg(e):** la victoire
- **die Niederlage(n):** la défaite
- **die Goldmedaille(n):** la médaille d'or
- **gewinnen (a, o):** gagner
- **verlieren (o, o):** perdre
- **der Gegner(-), die Gegnerin(nen):** l'adversaire
- **der Erfolg(e):** le succès
- **erfolgreich sein:** avoir du succès

Propagandaspektakel

- **die Propaganda:** la propagande
- **manipulieren:** manipuler
- **die Inszenierung(en):** la mise en scène
- **boykottieren:** boycotter
- **lügen (o, o):** mentir
- **verstecken:** cacher
- **zeigen:** montrer
- **beweisen (ie, ie):** prouver
- **jdn beeinflussen:** influencer qqn
- **die Fassade(n):** la façade
- **falsch:** faux

Nationalstolz

- **auf (+ A) stolz sein:** être fier de
- **sich jdm überlegen fühlen:** se sentir supérieur à qqn
- **jdn als unterlegen betrachten:** considérer qqn comme inférieur
- **jdn verachten:** mépriser qqn
- **vor (+ D) Angst haben:** avoir peur de

Vokabeln aktiv

1 **Choisissez un mot dans le lexique ci-dessus. Faites-le deviner à vos camarades sans le mimer.**

2 **Associez chaque mot à sa définition.**

A. eine Mannschaft
B. eine Medaille
C. die Olympischen Spiele
D. der Rekord
E. lügen
F. boykottieren

a. sportliches Ereignis, das alle vier Jahre stattfindet
b. eine falsche Information geben
c. anerkannte Bestleistung
d. Sportler, die zusammengehören und ein Team bilden
e. nicht teilnehmen, um zu protestieren
f. Auszeichnung für eine besondere Leistung

3 **Donnez le contraire des mots suivants.**

a. gewinnen
b. die Niederlage
c. die Lüge
d. der Verlierer
e. unterlegen

Prosodie und Phonetik

Nathan live! MP3 38

« ie » ou « ei » ?

Différenciez bien graphie et prononciation :
– « ie » ziehen [iː]
– « ei » zeigen [aɪ]

a. Écoutez les expressions suivantes et indiquez s'il s'agit de la graphie « ie » ou « ei ».

b. Écoutez et répétez les phrases suivantes :
- *Sieg ist das Gegenteil von Niederlage.*
- *Krieg ist das Gegenteil von Frieden.*

FINALE

Projekt — Einen Artikel zum Thema „Die Olympischen Spiele 1936, ein Propagandaspektakel" verfassen

A2-B1

1 Berichten Sie über den historischen Kontext, über die Organisation und das politische Ziel der Spiele.

2 Illustrieren Sie Ihren Artikel mit einem Bild aus dem Kapitel oder aus Ihren Recherchen.

Médiation

Zwischen den Kulturen

Berichten Sie auf Französisch auf der Webseite oder auf dem Blog Ihrer Schule über Ihre Recherchen zu den Olympischen Sommerspielen 1936. Sie können entweder einen Artikel schreiben oder einen Video- oder Audiobeitrag machen.

Über die Grenzen hinaus

Berichten Sie Ihrer Partnerklasse über Ihre Recherchen zu den Olympischen Sommerspielen 1936. Hat Ihre Partnerklasse das Thema auch in Geschichte oder in Deutsch behandelt?

Schritt für Schritt

Einen Zeitungsartikel schreiben

1 **Relisez les documents et vos notes pour choisir les aspects que vous souhaitez mettre particulièrement en valeur et faites un plan de votre article.**

2 **Détaillez les éléments importants.**

- **Wer?** *Hitler, der deutsche Kanzler, die deutsche Nation …*
- ***Wann?*** *der historische und politische Kontext 1936 …*
- ***Wo?*** *in Berlin*
- ***Was?*** *die Organisation der Olympischen Spiele*

3 **Organisez vos notes en reprenant, en allemand, les expressions dont vous avez besoin. Classez ces formulations selon les différentes parties de l'article.**

- *Was will Hitler mit den Olympischen Spielen zeigen?*
- *Wie erreicht er sein Ziel?*
- *Inwiefern kann man sagen, dass die Spiele ein Propagandaspektakel waren?*

4 **Rédigez un brouillon. Pour structurer votre propos :**

- une introduction (1 ou 2 phrases) ;
- le corps de l'article (1 paragraphe par idée) ;
- une conclusion (1 ou 2 phrases).

5 **Cherchez une photo pour illustrer votre article.**

6 **Rédigez au propre en vous relisant après chaque phrase.**

7 **La présentation générale**

(a) Titel
(b) Datum
(c) Name des Autors
(d) Bild und Bildunterschrift

(a) **Wie Hitler die Olympischen Spiele vergiftete**

(b) 25. Juli 2019

(c) Von ......

(d) Der Olympische Fackellauf, ein wichtiges Symbol

1936 organisierte Adolf Hitler in Berlin die Olympischen Spiele.

Viele Nationen waren eingeladen. Hitler wollte zeigen, dass Deutschland …

Tipp!

Pensez à utiliser des comparatifs et superlatifs ainsi que la subordonnée comparative « ***(so) tun, als ob …*** » + **subjonctif II**.

Testen Sie sich! Auf dem Weg zur Certification

1 Hörverstehen

CD CLASSE

Hören Sie sich den Radiobeitrag an.

A2 Sammeln Sie Informationen über das Projekt von „Cantabile“ (Titel? Datum? Dauer? Initiatoren? Publikum? Preis?).

B1 Machen Sie sich Notizen zu allen, die am Projekt mitgewirkt haben.

→ **Fragebogen zum Ausfüllen im Heft *Auf dem Weg zur Certification* (lyceen.nathan.fr/impulse2)**

2 Mündliche Kommunikation

etwa 2 Minuten

A2 Sie haben die Möglichkeit, als Operntester die Generalprobe einer Oper zu besuchen. Erklären Sie, wie Sie auf diesen Vorschlag reagieren.

B1 Begründen Sie Ihre Meinung mit konkreten Argumenten.

Die Zauberflöte inszeniert von David McVicar

Testen Sie sich!

3 Leseverstehen

Lesen Sie den Text.

A2 Sammeln Sie Informationen über den Wettkampf: Wann? Sportart? Sportler? Publikum? Stimmung? Ergebnis?

B1 Wie wird der neue olympische Rekord interpretiert?

→ **Fragebogen zum Ausfüllen im Heft *Auf dem Weg zur Certification* (lyceen.nathan.fr/impulse2)**

„Holt Owens sich heute die 2. Goldene?" (…) Am dritten Tag der Wettspiele dreht sich im Olympiastadion alles um[1] einen Mann: Jesse Owens. (…) Die zweite Goldmedaille scheint ihm sicher. Doch Owens hat einen gefährlichen Konkurrenten: den Leipziger Carl Ludwig Long, genannt Luz, dreiundzwanzig Jahre alt, groß, blond und von einer beängstigenden Selbstsicherheit. (…)

Am Nachmittag kommt es zum Showdown. Gut hunderttausend Zuschauer warten auf den Beginn des Wettkampfes, darunter Hitler, Göring, Goebbels sowie der italienische Kronprinz Umberto. (…) Atemlose Spannung. Long beginnt – 7,54 Meter, dann Owens mit 7,74 Meter. Long verbessert sich auf 7,84 Meter, Owens springt drei Zentimeter weiter: 7,87 Meter – neuer Europarekord. Long geht wieder in die Startposition, läuft an und springt ebenfalls 7,87 Meter. Remis. „Jesse", erinnert er sich, „kommt sofort gelaufen und gratuliert." Während der Jubel auf den Tribünen aufbrandet, umarmen sich Jesse und Luz und gehen lachend ein paar Meter nebeneinander. (…) Owens geht nun ein letztes Mal an den Start: 8,06 Meter. Neuer Weltrekord. Luz: „Ich kann nicht anders, ich laufe zu ihm, bin der Erste, der ihn beglückwünscht, umarmt. Er antwortet mir: ‚You forced me to give my best!'" (…)

Goebbels versteht sofort, dass Owens' erneuter Sieg eine starke politische Botschaft darstellt. Für ihn ist das ein maximaler Affront gegen die behauptete Überlegenheit der „weißen Rasse". (…) Jesse und Luz scheint das aber nicht zu interessieren. Nach dem Verklingen der Nationalhymnen verlassen sie Arm in Arm den Innenraum des Stadions.

Oliver Hilmes, *Berlin 1936. Sechzehn Tage im August*

1. alles dreht sich um: *tout tourne autour*

4 Schriftliche Kommunikation

A2-B1 Verfassen Sie den Tagebucheintrag eines kritischen Zuschauers der Olympischen Spiele 1936.

Was beobachtet er?
Was bemerkt er?
Was denkt er?

etwa 130-150 Wörter

Start des Marathonlaufs, Olympische Spiele, Berlin 1936

KAPITEL 15

An der Grenze zwischen Ost und West

→ Der Eiserne Vorhang: für immer spurlos verschwunden?

Gedenkstätte Point Alpha, Rasdorf, Deutschland

Auf geht's!

Schauen Sie sich das Foto an.
Was fällt Ihnen auf?
Schlagen Sie einen Titel vor.
Tauschen Sie sich aus.

Blick auf...

FINALE → p. 152

Projekt An einer Gesprächsrunde über das Grüne Band teilnehmen

Schritt für Schritt Ein Rollenspiel organisieren

Blick auf... Den Eisernen Vorhang

1 Geteiltes Europa

Gruppenarbeit: Sehen Sie sich die Karte unten und die Zeichnung Seite 147 an. Lesen Sie dann Text A oder B.

Text A

Während des Kalten Krieges war Europa geteilt. Einerseits gab es die westlichen, liberalen Demokratien (Westeuropa), andererseits die kommunistischen Länder Europas (Osteuropa). Diese beiden Blöcke trennte der Eiserne Vorhang. Damit bezeichnete man die Grenzschutzanlagen[1] der kommunistischen Länder. (...)
Die gesamte Grenze war vollständig abgeriegelt[2]. Damit sollte vor allem verhindert[3] werden, dass Menschen aus kommunistisch regierten Staaten nach Westeuropa flohen[4].

© www.politik-lexikon.at

1. die Grenzschutzanlage(n): *le système de protection de la frontière*
2. abgeriegelt: *fermé, verrouillé* 3. verhindern: *empêcher* 4. fliehen (o, o): *s'enfuir*

A2 **a.** Was war der Eiserne Vorhang?

B1 **b.** Erklären Sie den historischen Kontext.

Recherchieren Informieren Sie sich, wer den Begriff „Eiserner Vorhang" geprägt hat und seit wann er verwendet wird. Berichten Sie dann Ihrer Klasse darüber.

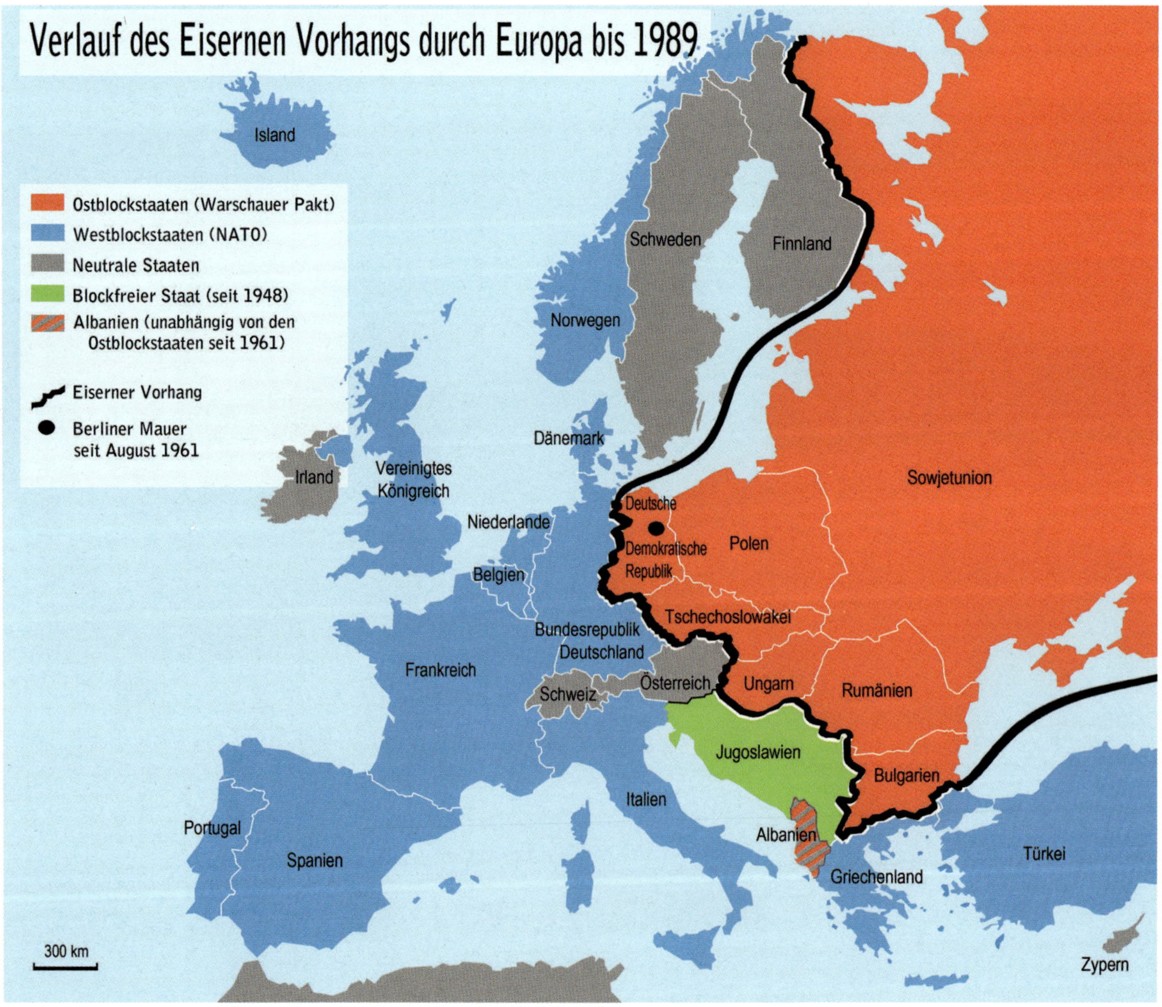

Verlauf des Eisernen Vorhangs durch Europa bis 1989

A2 **B1** **a.** Machen Sie sich Notizen über diese besondere Grenze.

b. Wie erklären Sie den Begriff „tote Grenze"?

Recherchieren Durch welche Länder verlief der Eiserne Vorhang? Suchen Sie, mit welchen Ostblockstaaten Österreich damals eine gemeinsame Grenze hatte. Berichten Sie dann darüber.

Text B

Der Eiserne Vorhang entlang der österreichischen Grenze bestand aus Stacheldrahtsperren[1], Minen und elektrisch geladenen Zäunen[2], die ein Überschreiten der Grenze unmöglich machen sollten. Tausende Soldaten waren entlang des Eisernen Vorhangs stationiert, um die Grenze von Wachtürmen[3] aus zu beobachten oder mit Hunden zu kontrollieren. Ein Sandstreifen von mehreren Metern diente zur Nachverfolgung von Spuren[4]. Eine kilometerbreite Zone entlang der Grenze wurde zum Sperrgebiet[5] erklärt. Menschen, die dort lebten, mussten ins Landesinnere ziehen. Das Grenzgebiet war zu einer „toten Grenze" geworden.

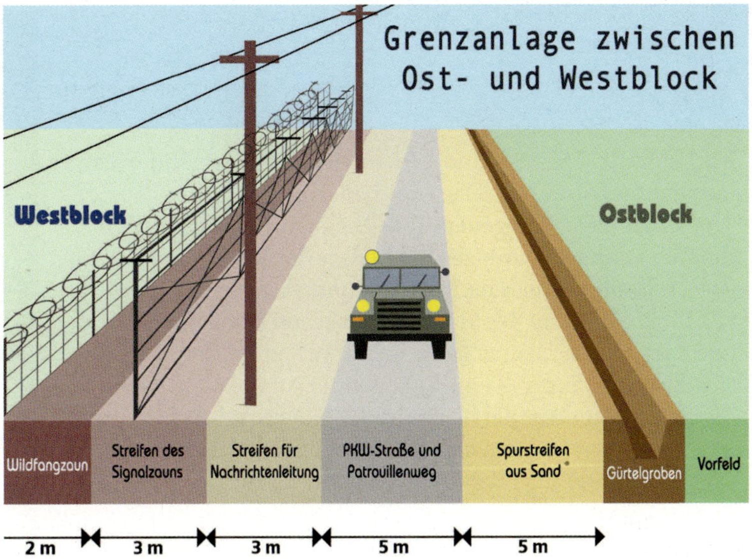

1. die Stacheldrahtsperre(n): *rangée de fils barbelés* 2. der Zaun(¨e): *la clôture* 3. der Wachturm(¨e): *le mirador*
4. die Nachverfolgung von Spuren: *le fait de suivre des traces (de pas)* 5. das Sperrgebiet(e): *la zone interdite*

2 Eine unpassierbare Grenze

A2 **a.** Lesen Sie die Einleitung und hören Sie sich dann Erna Ursel Langes Bericht an. Machen Sie sich Notizen zu Erna Ursel Lange und zu der Entwicklung der Grenze zwischen Ost und West.

B1 **b.** Erklären Sie, wie sie das Leben im Sperrgebiet beschreibt.

Erna Ursel Lange erzählt, wie sie als Kind die Entstehung der Grenze am Hainsbach entlang in ihrem ostdeutschen Dorf erlebte und wie das Leben im Sperrgebiet immer schwieriger wurde.

Grenzland – Asbach-Sickenberg, Bundeszentrale für politische Bildung / Stephan Morgenstern, 2009

Wortschatz

- **wie eingesperrt sein:** être comme enfermé
- **die Flucht:** la fuite
- **(un)möglich:** (im)possible
- **(un)menschlich:** (in)humain
- **der Kontakt zu (+ D):** le contact avec
- **trennen:** séparer
- **kontrollieren = überwachen = beobachten**
- **entlang:** le long de

Blick auf... Das Grüne Band

1 Vom Todesstreifen zur Lebenslinie

A2 **a.** Lesen Sie den Text und machen Sie sich Notizen zum Grünen Band.

B1 **b.** Erklären Sie die aktuelle Bedeutung des Grünen Bandes.

Der Eiserne Vorhang teilte Europa fast vier Jahrzehnte. (...) Stacheldraht, Mauern und Minen trennten Ost und West, Familien und Freunde. Diese unmenschliche Grenze gab der Natur Zeit sich zu regenerieren. Nicht nur in Deutschland, überall entlang der Grenzen blieben wertvolle Lebensräume[1] als Refugium für seltene Pflanzen und Tiere erhalten. Über 12.500 km entlang des einstigen Eisernen Vorhangs, davon 1.393 km durch Deutschland, schlängelt sich[2] der einzigartige Biotopverbund[3] – eine Lebenslinie – das Grüne Band! (...) Seit 1989 engagiert sich der BUND [Bund für Umwelt und Naturschutz Deutschland] gemeinsam[4] mit weiteren Organisationen und Behörden für den Erhalt[5] des Grünen Bandes.

Ausgehend vom Grünen Band Deutschland hat sich die faszinierende Idee des Grünen Bandes Europa entwickelt. (...) Zudem ist es ein Symbol für die Vereinigung[6] zwischen Ost und West – für grenzüberschreitende[7] Zusammenarbeit. Das Grüne Band verbindet Menschen über Grenzen hinweg und zeigt, dass ein vereintes Europa nicht nur ein kulturelles Erbe[8], sondern auch ein gemeinsames Naturerbe hat.

© www.erlebnisgruenesband.de

1. wertvolle Lebensräume: *des espaces vitaux précieux* **2.** sich schlängeln: *s'étirer* **3.** der einzigartige Biotopverbund: *le corridor écologique unique en son genre* **4.** gemeinsam: *ensemble* **5.** der Erhalt: *la conservation, le maintien* **6.** die Vereinigung: *l'unification* **7.** grenzüberschreitend: *transfrontalier* **8.** das Erbe: *l'héritage, le patrimoine*

Ehemalige innerdeutsche Grenze zwischen Bayern und Thüringen bei Wurzbach

2 Ein umstrittenes Projekt

live! MP3 39

In Duderstadt protestieren Landwirte gegen das Naturschutz-Großprojekt „Grünes Band".

A2 **a.** Hören Sie sich die Reportage an und machen Sie sich Notizen zu dem Protest der Landwirte gegen das „Grüne Band".

B1 **b.** Welche Frage stellt sich nun?

Wortschatz

- **der Acker(-) = das Feld(er):** le champ
- **der Landwirt(e):** l'agriculteur
- **etw. verbinden (a, u):** relier, réunir
- **die Erinnerung(en) an (+ A):** le souvenir de
- **etw. erhalten (ä, ie, a):** conserver qqch.
- **verschwinden (a, u):** disparaître
- **etw. schützen:** protéger qqch.
- **einzigartig:** unique

3 Die Zukunft des Grünen Bandes

A2 **a.** Lesen Sie den Text und machen Sie sich Notizen zur „Paneuropäischen Grüne-Band-Konferenz".

B1 **b.** Erklären Sie die Bedeutung des neuen Gesetzes.

Recherchieren Informieren Sie sich über das Land Thüringen (geografische Lage, Geschichte, Wirtschaft …). Berichten Sie dann Ihrer Klasse darüber.

Vom 15. bis 19. Oktober kommen auf der Welterbestätte Wartburg[1] Vertreterinnen und Vertreter von 24 europäischen Ländern zur „Paneuropäischen Grüne-Band-Konferenz" zusammen. Thüringen setzt damit ein Signal von europäischer Tragweite[2], um die einmalige Verbindung von Natur und Geschichte des Grünen Bandes auch für künftige[3] Generationen zu bewahren[4]. Im Landtag steht das Gesetz zum Schutz des Grünen Bandes Thüringen als Nationales Naturmonument kurz vor seiner Verabschiedung[5]. Damit würde das längste zusammenhängende Schutzgebiet am Grünen Band Europa entstehen. (...) „Das Grüne Band steht heute für die Idee eines geeinten und freien Europas. Wir haben jetzt eine einmalige historische Chance, das Grüne Band als bundesweit erstes (...) Nationales Naturmonument auszuweisen[6] (...). Fast 30 Jahre nach dem Fall des Eisernen Vorhangs brauchen wir dieses Mahnmal[7]. Hier entwickelt sich ein Todesstreifen zur Lebenslinie. Das Gedenken der Opfer[8] und die Perspektive nach vorn gehören dabei zusammen, (...) sagt Thüringens Umweltministerin Anja Siegesmund.

Grünes Band: Grenzen trennen! Natur verbindet!

1. die Welterbestätte Wartburg: *la Wartburg, classée au patrimoine mondial de l'UNESCO* **2.** die Tragweite: *la portée* **3.** künftig: *à venir, futur* **4.** bewahren: *conserver* **5.** die Verabschiedung eines Gesetzes: *l'adoption d'une loi* **6.** als … aus/weisen (ie, ie): *présenter comme* **7.** das Mahnmal(e): *le mémorial* **8.** das Gedenken der Opfer: *le souvenir des victimes*

L'expression du temps

REPÈRES GRAMMATICAUX P. 189

KURZ UND GUT

Observez le tableau et les exemples ci-dessous. Déduisez ensuite les règles d'utilisation de ***wenn*** et ***als***. Traduisez ces phrases en français.

- ***Als*** *die Mauer 1989* ***fiel*** *und der Kommunismus* ***zusammenbrach, verschwand*** *der Eiserne Vorhang.*
- ***Wenn*** *Grenzsoldaten auf dem Todesstreifen* ***patrouillierten, hatten*** *sie immer Hunde bei sich.*

Observez maintenant la frise chronologique et traduisez les expressions. En binômes, essayez de la restituer sans la regarder.

passé	présent	futur
• *damals*	• *jetzt*	• *bald*
• *früher*	• *heute*	• *gleich*
• *vor drei Tagen*	• *nun*	• *morgen*
• *vorgestern*	• *heutzutage*	• *übermorgen*
• *gestern*	• *heute Abend*	• *in drei Tagen*
• *im Jahre 1989*		• *in der Zukunft*

A2 **1** **Complétez les phrases suivantes avec *als* ou *wenn*.**

a. … der Zweite Weltkrieg zu Ende war, wurde Europa in zwei politische Blöcke geteilt.
b. … Churchill den Begriff des „Eisernen Vorhangs" prägte, war die Grenze zwischen den beiden Lagern schon unpassierbar.
c. … ein DDR-Bürger oder ein Pole oder Ungar Ferien hatte, durfte er nicht nach Italien fahren.
d. Bleiben oder weggehen? Viele DDR-Bürger stellten sich immer wieder diese Frage, … sie jeden Tag ihre Nachbarn oder Freunde in den Westen gehen sahen.
e. … die DDR am 9. November 1989 ihre Grenzen öffnete, war dies der Anfang vom Ende des Eisernen Vorhangs.

A2-B1 **2** **Reliez les deux phrases en faisant du premier énoncé une subordonnée avec *wenn* ou *als*.**

a. Der Eiserne Vorhang verschwand. Die Experten entdeckten ein einzigartiges Biotop.
b. Sie gingen regelmäßig an der ehemaligen Grenze zwischen Ost und West spazieren. Sie beobachteten jedes Mal seltene Tiere und Pflanzen.
c. Damals kontrollierten die Grenzsoldaten das Sperrgebiet. Sie hatten keine Ahnung von der einmaligen Chance dieser Renaturierung.
d. In Thüringen wurde das Grüne Band zum „Nationalen Naturmonument". Eine neue Phase begann.

B1 **3** **Complétez le texte avec les compléments de temps suivants :**
dann – damals – heute – in der Nacht – schließlich – vor mehr als 40 Jahren

Der Film *Ballon* von Michael Bully Herbig erzählt die wahre Geschichte zweier Familien, die im Jahr 1979, …, mit einem selbst gebauten Heißluftballon aus der DDR in den Westen geflohen sind. … wollten diese beiden Familien definitiv in den Westen gehen, auch wenn ihre Flucht sehr riskant war. Für das Publikum des Films ist es vielleicht … schwer zu glauben, dass die DDR-Bürger sich so vielen Gefahren aussetzen mussten, um … in die Freiheit zu gelangen. *Ballon* ist ein echter Thriller: Man sieht, wie sehr diese Familien Angst haben, als sie … in die Gondel des Ballons steigen. Alles läuft wie geplant. Aber …

Wortschatz macht Sinn

Vokabeln lernen

Naturschutzgebiete

- **das Gebiet(e):** la zone, le domaine
- **das Biotop(e) = der Lebensraum(¨e):** le biotope, l'espace vital
- **die Artenvielfalt:** la biodiversité
- **umweltfreundlich:** écologique
- **wachsen (ä, u, a) (Pflanzen):** pousser (plantes)
- **sich entwickeln:** se développer, évoluer
- **die Entwicklung(en):** l'évolution
- **der Umweltschutz:** la protection de l'environnement
- **etw. vor (+ D) schützen:** protéger qqch. de
- **einzigartig:** unique
- **selten:** rare

Der Eiserne Vorhang

- **im Norden / im Süden / im Osten / im Westen**
- **die Grenze(n):** la frontière
- **etw. teilen:** diviser qqch.
- **die Teilung(en):** la division
- **von (+ D) trennen:** séparer de
- **die Trennung(en):** la séparation
- **wie eingesperrt sein:** être comme enfermé
- **fliehen (o, o):** s'enfuir, fuir
- **die Flucht:** la fuite

Die Landwirtschaft

- **der Landwirt(e) = der Bauer(n, n):** l'agriculteur
- **die Landschaft(en):** le paysage
- **die Wirtschaft:** l'économie
- **der Acker(-) = das Feld(er):** le champ
- **etw. an/bauen:** cultiver qqch.
- **jdn enteignen:** exproprier qqn
- **jdm gehören:** appartenir à qqn

Spuren der Vergangenheit

- **liegen (a, e) = sich befinden (a, u):** se trouver
- **Spuren hinterlassen (ä, ie, a):** laisser des traces
- **der Todesstreifen:** la zone de no man's land
- **sich an (+ A) erinnern:** se souvenir de
- **die Erinnerung an (+ A):** le souvenir de
- **das Denkmal(¨er):** le monument
- **etw. bewahren = etw. erhalten (ä, ie, a):** conserver qqch.
- **(+ G) gedenken (a, a):** commémorer

Vokabeln aktiv

1 **Le suffixe *-ung* entraîne le féminin de noms formés à partir de verbes. Formez des noms à partir des verbes puis traduisez-les.**

Exemple : enteignen → die Enteignung
exproprier → l'expropriation

a. sich erinnern
b. teilen
c. entwickeln
d. trennen

Ces noms en *-ung* sont très fréquents : en connaissez-vous d'autres ?

2 **Complétez les phrases avec le mot qui convient.**

a. Heute gibt es in der EU keine Kontrollen an den …

b. Entlang des Eisernen Vorhangs waren früher nur Soldaten zu sehen. Heutzutage arbeiten dort Landwirte mit Traktoren auf ihren …

c. Das Grüne Band ist eine Initiative der Grünen, die nach 1990 die Artenvielfalt auf dem ehemaligen Todesstreifen … wollten.

d. In diesem Naturschutzgebiet darf man die … an die Menschen nicht verlieren, die an der Grenze starben.

Prosodie und Phonetik

Nathan live! MP3 40

La prononciation des lettres « v » et « w »

« v » se prononce comme le « f » en français dans « forêt » : *der Eiserne Vorhang.*
« w » se prononce comme le « v » en français dans « voiture » : *der Westen.*

a. Entraînez-vous à prononcer les mots suivants. Écoutez ensuite l'enregistrement et vérifiez que vous les avez prononcés correctement.

- *verbinden*
- *während*
- *war*
- *vollständig*
- *Wachturm*
- *von*
- *Nachverfolgung*
- *wertvoll*
- *Biotopverbund*
- *weiter*
- *Vereinigung*
- *bewahren*
- *Artenvielfalt*
- *Wirtschaft*

b. Lisez la phrase suivante, repérez les « v » et « w », écoutez-la, puis entraînez-vous à la prononcer.

Auf der Welterbestätte Wartburg kommen Vertreterinnen und Vertreter von 24 europäischen Ländern zur „Paneuropäischen Grüne-Band-Konferenz" zusammen.

FINALE

Projekt – An einer Gesprächsrunde über das Grüne Band teilnehmen

A2-B1 Sie sind Journalist, Historiker, Aktivist des Grünen Bandes oder Landwirt in Thüringen. Sie nehmen an einer Gesprächsrunde zum Thema „Das Grüne Band als Naturmonument" teil. Geben Sie Ihre Meinung und führen Sie auch konkrete Argumente an: Wie müssen wir heute mit den Überresten der Vergangenheit umgehen? Müssen wir sie schützen oder verschwinden lassen?

Médiation

Zwischen den Kulturen

Informieren Sie sich über andere Naturschutzgebiete in der Welt, die wegen besonderer historischer Verhältnisse entstanden sind (z. B. an der DMZ an der Grenze zwischen Nord- und Südkorea).

Über die Grenzen hinaus

Auch deutsch-französische Schlachtfelder des Ersten Weltkrieges sind heute Naturschutzgebiete. Schicken Sie Ihrer Partnerklasse eine Präsentation von einem Schlachtfeld und wie es sich zu einem Naturreservat entwickelt hat.

Schritt für Schritt

Ein Rollenspiel organisieren

1 Choisissez un rôle parmi les quatre suivants :

- le journaliste qui va animer la discussion,
- l'historien,
- le membre d'une association pour l'environnement,
- l'agriculteur de la région de Thuringe que le projet va exproprier.

2 Vous êtes le journaliste : vous présentez les participants ainsi que le thème de la table ronde.

Unser erster Gast heute ist … Ein zweiter Teilnehmer kommt aus … Das Thema unserer Diskussion lautet …

3 Vous êtes un participant : vous exprimez votre opinion en l'illustrant avec des arguments et des exemples précis.

Argumente des Historikers
die Vergangenheit nicht vergessen dürfen / Spuren des Eisernen Vorhangs erhalten / für die nächsten Generationen wichtig sein / eine Chance für den Tourismus in der Region

Argumente des Naturschützers
Zukunft wichtiger als Vergangenheit / die Artenvielfalt schützen / die Natur wichtiger als die Geschichte / ein seltenes Biotop

Argumente des Bauern
die Landwirtschaft als wichtiger Wirtschaftsfaktor / die Felder wieder reich und fruchtbar machen / Tod und Tragödie vergessen

4 Vous pouvez également intervenir après avoir écouté vos interlocuteurs et donner votre avis en rebondissant sur leurs arguments.

5 Après que tous ont pris la parole, le journaliste conclut et remercie ses invités.

Jetzt müssen wir unsere Diskussion abschließen … Ich danke Ihnen für das Gespräch …

KAPITEL 16

Generationen zwischen zwei Kulturen

→ Was bedeutet Integration für die verschiedenen Generationen von Einwanderern?

Türkische Einwandererfamilie in Essen-Frohnhausen, 1978

Auf geht's!

a. Schauen Sie sich das Foto an. Was fällt Ihnen auf?

b. Wer sind diese Personen vielleicht? Tauschen Sie sich aus.

Blick auf…

Das Zugehörigkeitsgefühl

1 Die dritte Generation

Tipp!

Revoyez les compléments de lieu :

aus *der Türkei kommen*
nach *Deutschland ziehen*
in *Deutschland geboren sein*
in *die Türkei zurückkehren*
in *der Türkei leben*

A2-B1 **a.** Lesen Sie den Text und rekonstruieren Sie die Familiengeschichte.

B1 **b.** Analysieren Sie die Bedeutung der Schule für die Eltern, für die Erzählerin.

c. Was stellt Deutschland für die Eltern dar? Für Fatma Aydemir? Wie lässt sich das erklären?

d. Fatma „wurde zum persönlichen Integrationsprojekt ihrer Eltern". Wie lässt sich dieser Satz erklären?

Recherchieren Die Gastarbeiter in Deutschland: Wer waren sie? Wann sind sie gekommen? Warum? Berichten Sie darüber.

Fatma Aydemir und Marlene Halser (Ressortleiterin *taz2*) bei einer Besprechung für den Aufbau der türkischen *taz*-Sonderausgabe, Berlin 2016

Sei unauffällig[1], schreib gute Noten und pass dich an: Das waren die Wünsche meiner Eltern (...).

Sie wollten mir Dinge ermöglichen[2], die sie selbst nicht hatten: Bildung, deutsche Freunde, die Aussicht auf eine erfolgreiche Karriere.
Ich bin die Erste in meiner Familie, die in Deutschland geboren ist. Somit gehöre ich zu[3] der sogenannten „dritten Generation". Meine Großväter waren Anfang der 1970er-Jahre als Gastarbeiter nach Deutschland gekommen, ihre Frauen und Kinder zogen erst zehn Jahre später nach. Meine Eltern waren Teenager, als sie kamen, und haben hier, wenn überhaupt, nur wenige Monate die Schule besucht. Mein Vater begann schon sehr früh, im Schichtbetrieb einer Fabrik zu arbeiten[4]. Irgendwann lernte er meine Mutter kennen, sie heirateten, dann kam ich auf die Welt – und wurde zum persönlichen Integrationsprojekt der beiden.
„Du musst doppelt so viel lernen wie die anderen Kinder!" Dieser Satz wird vielen aus meiner Generation bekannt vorkommen. Er steht für die hohen Erwartungen, die unsere Eltern an uns hatten. Und er steht dafür, dass unsere Eltern sehr wohl wussten, dass es nicht leicht für uns werden würde. (...)
Zur Enttäuschung meiner Eltern war ich aber von Natur aus kein besonders fleißiges Kind. (...)
„Faul", „frech" (...) waren die Phrasen, die meine Eltern am häufigsten von Lehrern über mich zu hören bekamen. Gedemütigt[5] kamen sie nach Hause. (...) Ich bekam Hausarrest (...).
Heute kann ich sie besser verstehen. (...) Sie sahen es als Privileg, langfristig hierbleiben zu dürfen, nicht als ihr Recht[6]. Und wahrscheinlich ist das der große Unterschied zu uns, der dritten Generation: Wir sind in Deutschland geboren und wollen als gleichberechtigte Mitbürger und Mitbürgerinnen behandelt[7] werden. Und wenn uns was nicht passt, dann schreien wir auf.

1. unauffällig sein: *ne pas se faire remarquer* **2.** ermöglichen: *rendre possible* **3.** zu (+ D) gehören: *faire partie de* **4.** im Schichtbetrieb einer Fabrik arbeiten: *faire les trois-huit dans une usine* **5.** demütigen: *humilier* **6.** das Recht(e): *le droit* **7.** jdn als … behandeln: *traiter qqn comme…*

Fatma Aydemir, 1986 in Karlsruhe geboren, ist eine deutsch-türkische Journalistin und Schriftstellerin. Seit 2012 lebt sie in Berlin und arbeitet als Redakteurin bei der Tageszeitung *taz*.

2 Was sind wir denn jetzt?

A2 **a.** Schauen Sie sich das Video an. Machen Sie sich Notizen zu dieser Szene (Wo? Wer? Situation? Thema des Gesprächs?).

B1 **b.** Analysieren Sie die Bedeutung von Heimat für die verschiedenen Familienmitglieder. Was ist Cenks Problem?

Recherchieren Schauen Sie sich den Trailer des Films oder den ganzen Film an. Wie geht die Geschichte weiter? Wie endet der Film?

live! VIDÉO

Almanya – Willkommen in Deutschland, Yasemin Samdereli, 2011

Tipp!

Notez les différents sens de *als* :

***Als** sie kamen, …* (lorsqu'ils arrivèrent)

*schneller **als** die Eltern* (plus vite que les parents)

*Er kam **als** Gastarbeiter.* (Il est venu en tant que / comme travailleur immigré.)

3 Rückkehr in die Türkei

live! VIDÉO

*Warum Deutschtürk*innen in die Türkei auswandern,* STRG_F, 2018

A2 **a.** Schauen Sie sich das Video an und machen Sie sich Notizen zu Melih Sentürk / zu Eda und ihrem Kollegen / zu der Journalistin.

B1 **b.** Analysieren Sie die Reaktionen und die verschiedenen Meinungen zwischen Vater und Tochter.

c. Was ist der Standpunkt der Journalistin: Kann sie Eda verstehen? Ist sie derselben Meinung wie Edas Vater?

Esra, Journalistin und Reporterin, interviewt Melih Sentürk, seine Tochter Eda und deren Kollegen.

Wortschatz

- **sich fremd fühlen:** se sentir étranger
- **sich als Deutscher / Türke fühlen:** se sentir allemand / turc
- **sich an (+ A) an/passen:** s'adapter à
- **der Unterschied(e):** la différence
- **sich nach (+ D) sehnen:** aspirer à
- **beschließen (o, o), etw. zu tun:** décider de faire qqch.
- **enttäuschen:** décevoir
- **von (+ D) träumen:** rêver de

Blick auf...

Die Sprache als Integrationsmittel

1 Kinder als Dolmetscher

A2-B1 **a.** Lesen Sie den Text und machen Sie sich Notizen zu dem Erzähler (Familie, Herkunft, Sprache ...).

b. Wie lernte er die deutsche Sprache?

B1 **c.** Analysieren Sie die Rolle, die er für seine Eltern spielt.

Türkischstämmiger Junge hilft seinen Eltern im Geschäft.

2013 kam Filip mit seiner Familie aus Serbien nach Deutschland.

Das Einzige[1], was ich am Anfang auf Deutsch sagen konnte, war: „Ich nicht deutsch" und „Guten Tag". Nach zweieinhalb Monaten konnte ich endlich in die Schule gehen. Nach dem Unterricht musste ich mit anderen Kindern aus dem Ausland Deutsch lernen. Über einen Kopfhörer habe ich mir Wörter angehört. „Klassenzimmer, Brot, Stadt." Alles klang zuerst komisch. Ich glaube, ich habe die Sprache gelernt, weil ich schnell neue Freunde gefunden habe und mit ihnen redete und Fernsehen geschaut habe, *Tom und Jerry* zum Beispiel, das kannte ich schon aus Serbien. Jetzt spreche ich gern die neue Sprache, auch mit meinem älteren Bruder Stefan, der ist 13.

Meine Eltern können nicht so gut Deutsch wie wir. Mein Bruder und ich übersetzen, was in Briefen von der Behörde[2] oder vom Arzt steht. Da geht es um wichtige Termine, und das ist oft schwierig zu verstehen. Manchmal fragen meine Eltern mich auch: Was hat der Busfahrer gesagt? Oder: Was hat uns die Lehrerin erzählt?
Ich bin daran gewöhnt[3], für meine Eltern zu übersetzen, das ist doch ganz normal. Und wenn die Lehrerin so wie beim Elternabend nette Sachen über mich sagt, übersetze ich richtig gern. Ich bin auch stolz[4], dass ich meinen Eltern helfen kann. Nur manchmal habe ich keine Lust.

1. das Einzige: *la seule chose* **2.** die Behörde(n): *l'administration* **3.** an (+ A) gewöhnt sein: *être habitué à* **4.** auf (+ A) stolz sein: *être fier de*

2 Überforderung

A2 **a.** Lesen Sie den Text. Welche Rolle spielen die Kinder? Warum?

B1 **b.** Welches sind nach Julya Rabinowich die Konsequenzen für die Eltern? Für die Kinder?

c. Vergleichen Sie Julyas Standpunkt mit Filips Erfahrungsbericht Seite 156.

Julya Rabinowich wurde 1970 in St. Petersburg geboren und lebt seit 1977 in Wien.

Sprache ist ein Bindemittel[1] zwischen Menschen. (...)
Bei Menschen, die unfreiwillig ihre Sprachheimat verlassen und ins linguistische Neuland treten, beginnt ein Wettlauf[2] unter den Familienmitgliedern. Wer ist zuerst bereit und fähig[3], sich zu öffnen, (...) ins Unbekannte einzutauchen[4]? Wer knüpft Kontakt zu diesem Neuland (...)? Zumeist sind es diejenigen, die am wenigsten Vergangenheit zu verlieren hatten (...): Kinder und Jugendliche. Sie sind formbar, lernbegierig, mitten in der Entwicklung.
Was aber geschieht, wenn die Kinder plötzlich den Erwachsenen voraus sind[5]? Dann kehrt sich das Familiensystem um, die angestammte Ordnung gerät ins Wanken[6]. (...) Wenn das Kind gezwungen ist, seine Angehörigen in Krankenhäuser zu begleiten, um dort heikle oder sogar verheerende Diagnosen zu übersetzen, wird es in eine Situation gebracht, die es enorm unter Druck setzt. (...)
Sechs-, Zwölf-, Vierzehnjährige übersetzen bei Behörden, in öffentlichen Verkehrsmitteln, in Kaufhäusern, in Schulen. (...)
Wenn der Familienpatriarch also (...) plötzlich von der minderjährigen Tochter abhängig wird, wird nicht nur seine Welt erschüttert. (...) [D]enn höchst ungern sieht sich ein Familienoberhaupt entthront[7] und auf die Hilfe seiner Kinder angewiesen[8].

1. das Bindemittel: *le lien* **2.** der Wettlauf: *la course, le marathon* **3.** fähig: *capable* **4.** ins Unbekannte ein/tauchen: *plonger dans l'inconnu* **5.** jdm voraus sein: *être en avance sur qqn* **6.** ins Wanken geraten (ä, ie, a): *vaciller* **7.** entthront: *détrôné* **8.** auf (+ A) angewiesen sein: *être dépendant de qqch.*

3 Meine innere Sprache

A2 **a.** Schauen Sie sich das Video an. Stellen Sie Benaissa Lamroubal vor (Herkunft, Familie, Ankunft in Deutschland, Beruf ...). Welche Rolle spielte er als Kind für seine Eltern?

B1 **b.** Was ist die deutsche Sprache für ihn? Für seinen Vater?

c. Was unterscheidet Benaissa von seinem Vater?

d. Welches sind die kulturellen Unterschiede, die hier genannt werden?

Benaissa Lamroubal, Germania, 2017

Wortschatz

- **in einem Land auf/wachsen (ä, u, a):** grandir dans un pays
- **kein Wort Deutsch verstehen (a, a):** ne pas comprendre un mot d'allemand
- **eine Sprache beherrschen:** maîtriser une langue
- **fließend sprechen (i, a, o):** parler couramment
- **ins Deutsche übersetzen:** traduire en allemand
- **dolmetschen:** servir d'interprète, traduire (oralement)
- **von jdm abhängig sein:** être dépendant de qqn
- **hilflos sein:** être désemparé

Les subordonnées conjonctives

REPÈRES GRAMMATICAUX PP. 185, 189

KURZ UND GUT

Lisez le texte, puis traduisez-le. Repérez les différentes conjonctions introduisant des propositions subordonnées. Comment les phrases sont-elles construites ?

Als meine Eltern nach Deutschland kamen, waren sie 20 Jahre alt. Wenn sie an ihre Heimat zurückdachten, hatten sie Heimweh. Während meine Eltern nie richtig Deutsch konnten, obwohl sie einen Deutschkurs besuchten, lernte ich sehr schnell und spielerisch die Sprache im Kindergarten. Nachdem ich Abitur gemacht hatte, begann ich ein BWL-Studium (*sciences économiques*) an der Universität. Noch bevor ich mit dem Studium fertig war, konnte ich eine Stelle bei Bosch finden, weil ich mehrere Sprachen beherrschte und mit verschiedenen Kulturen vertraut war. Seit(dem) meine Eltern den deutschen Pass haben, fühlen sie sich als Deutsche. Sobald sie aber die Möglichkeit haben, ihre Verwandten in der Heimat zu besuchen, fahren sie hin. Wenn ich Zeit und Geld hätte, würde ich auch mal gerne hinfahren. Aber leben will ich hier, in Deutschland.

A2-B1 **1** **Associez les éléments des deux colonnes pour former des phrases cohérentes. Traduisez les phrases obtenues.**

A. Es ist immer eine Chance,
B. Ich fühlte mich nicht benachteiligt,
C. Ich machte sehr schnell Fortschritte im Deutschen,
D. Ich musste manchmal für meine Mutter übersetzen,
E. Ich ging in die Schule,
F. Die Eltern fahren in die Heimat zurück,
G. Sie träumen davon, in der Türkei zu leben,

a. obwohl wir zu Hause kein Deutsch sprachen.
b. nachdem ich meine kleine Schwester in den Kindergarten gebracht hatte.
c. wenn die Kinder mehrsprachig aufwachsen.
d. sobald sie genug Geld haben.
e. weil ich mit meinen Eltern kein Deutsch sprach.
f. seitdem sie dort ein Haus gekauft haben.
g. da sie wenig Deutsch konnte.

B1 **2** **Complétez les phrases en utilisant la conjonction qui convient. Traduisez ensuite les phrases.**

nachdem – wenn – obwohl – als – da – obwohl
während – seit(dem) – wenn – bevor

a. … mein Vater nach Deutschland kam, brachte er nur ein kleines Wörterbuch mit.
b. … er ein Wort nicht kannte, versuchte er, sich mit Gestik und Mimik zu verständigen.
c. … mein Vater sehr schnell eine Arbeitsstelle finden konnte, fühlte er sich hier fremd.
d. … sie lange in einem Heim gewohnt hatten, zogen sie in eine eigene Wohnung.
e. … mein Vater nach der Arbeit einen Deutschkurs besuchte, blieb meine Mutter zu Hause.
f. … meine Eltern sehr offen sind, konnten sie in Dortmund keine deutschen Freunde finden.
g. Schon … ich eingeschult wurde, hatte ich Deutsch spielerisch im Kindergarten gelernt.
h. … meine Eltern genug Geld hätten, würden sie gerne in den Ferien in ihre Heimat fahren.
i. … ich von klein auf die deutsche Schule besuchte, betrachte ich Deutschland als meine Heimat.
j. … mein Vater im Ruhestand ist, denkt er daran, in sein Heimatland zurückzukehren.

Wortschatz macht Sinn

Vokabeln lernen

Die Heimat

- **sich nach (+ D) sehnen:** aspirer à
- **Heimweh haben:** avoir le mal du pays
- **sich zu Hause fühlen:** se sentir (comme) à la maison
- **in die Heimat zurück/kehren:** retourner dans son pays natal
- **verschieden = anders:** différent, autre
- **der Unterschied(e):** la différence

Die Einwanderung

- **aus/wandern = emigrieren:** émigrer
- **ein/wandern = immigrieren:** immigrer
- **der Flüchtling(e):** le réfugié
- **der Gastarbeiter(-):** le travailleur immigré
- **sein Land verlassen (ä, ie, a):** quitter son pays
- **aus seinem Land fliehen (o, o):** fuir son pays
- **sich fremd fühlen:** se sentir étranger
- **der Pass(¨e):** le passeport
- **von jdm ab/hängig sein:** être dépendant de qqn
- **hilflos sein:** être désemparé

Die Sprache

- **eine Sprache beherrschen:** maîtriser une langue
- **kein Deutsch können:** ne pas parler allemand
- **sich mit jdm verständigen:** se faire comprendre par qqn
- **ins Deutsche übersetzen:** traduire en allemand
- **dolmetschen:** servir d'interprète, traduire (oralement)

Die Integration

- **sich an (+ A) an/passen:** s'adapter à
- **sich an (+ A) gewöhnen:** s'habituer à
- **sich als Deutscher / Ausländer fühlen:** se sentir allemand / étranger
- **neue Kontakte knüpfen:** nouer de nouveaux contacts
- **die Integration fördern:** favoriser l'intégration
- **lernbegierig sein:** être désireux d'apprendre
- **mit Schwierigkeiten konfrontiert werden:** être confronté à des difficultés

Vokabeln aktiv

1 Retrouvez le sens des adjectifs suivants, puis insérez celui qui convient dans chacune des phrases.

Le suffixe « *-los* » est un suffixe privatif :
Exemple : hilflos = ohne Hilfe: sans aide, désemparé

heimatlos | sorglos | sprachlos | arbeitslos | gefühllos

a. Ich wusste nicht, was ich antworten sollte, ich war …
b. Sie floh vor dem Krieg nach Deutschland, fühlt sich aber nirgendwo zu Hause. Sie fühlt sich …
c. Er hat seinen Arbeitsplatz bei Siemens verloren. Er ist jetzt …
d. Haben Sie denn kein Mitleid mit ihm? Sind Sie denn …?
e. Jetzt haben sie keine Probleme mehr: Sie können jetzt … und entspannt leben.

2 Formez des phrases cohérentes à partir des éléments des deux colonnes.

A. Der Großvater floh
B. Bald gewöhnte er sich
C. Er sehnte sich aber
D. Sein Enkelkind hingegen betrachtet Deutschland

a. an die deutsche Mentalität.
b. als seine Heimat.
c. aus seinem Heimatland.
d. nach seiner Heimat.

Prosodie und Phonetik

live! MP3 41

« er » en fin de mot

Dans les mots se terminant par « er », le « r » est vocalisé.

a. Écoutez et répétez la liste de mots suivantes.

- *aber*
- *der Lehrer*
- *der Gastarbeiter*
- *Kinder*
- *der Vater*
- *der Großvater*
- *die Mutter*
- *Hunger*

b. Lisez, puis prononcez les phrases suivantes. Écoutez l'enregistrement pour vérifier la prononciation.

Der Großvater kam als Gastarbeiter nach Deutschland. Die meisten Einwanderer kamen aus der Türkei.

FINALE

Projekt

Eine kurze Filmszene schreiben

A2-B1 Bei einem Essen treffen sich Familienmitglieder mehrerer Generationen. Jeder hat seine eigene Beziehung zum Heimatland, zur Sprache und dies führt zu Diskussionen. Wählen Sie eine Anekdote, die zum Anlass des Gesprächs wird (Ferienziel, Schulnoten, Studium, Arbeitssuche, Kleidung ...). Schreiben Sie in Gruppen die Dialoge. Sie können eventuell einen Kurzfilm drehen.

Médiation

Interlangues

Zwischen den Kulturen

Kennen Sie andere Filme, in denen auch das Thema „Familien mit Migrationshintergrund" behandelt wird? Präsentieren Sie kurz den Inhalt des Films und den Regisseur.

Über die Grenzen hinaus

Schicken Sie Ihre Drehbücher Ihrer Partnerklasse und bitten Sie sie, eine kurze Rezension dazu zu schreiben.

Schritt für Schritt

Ein Storyboard erstellen

1 Définissez le cadre et les circonstances.

- ***Wo?*** *In der Küche / im Wohnzimmer / draußen im Garten …*
- ***Wann?*** *Im Winter / im Sommer / im Herbst / im Frühling …*
- ***Zu welchem Anlass?*** *Geburtstagsfeier / Weihnachten …*
- ***Wie ist die Stimmung?***
- ***Was?*** *Das Thema, das zu Diskussionen führt.*

2 Précisez le nombre et les caractéristiques des personnages.

- *Wie viele Personen?*
- *Wer sind sie? Ihr Alter, ihre Beziehungen zueinander (Eltern, Onkel, Neffe, Enkelkinder, Schwester, Bruder …).*
- *Wo wurden sie geboren? Wo sind sie aufgewachsen? Welches ist ihre Muttersprache?*
- *Wie ist ihr Charakter? Autoritär, schüchtern …*
- *Wie fühlen sie sich? Glücklich, traurig, melancholisch, zufrieden …*

3 Imaginez quelques plans de séquence.

- *Was machen die Personen? Wer sitzt am Tisch?*
- *Wer setzt sich an den Tisch? Wer steht auf? Wer kommt rein? …*
- *Was sagen die Personen? Wovon sprechen sie? Wie fühlen sie sich dabei?*
- *Wie reagieren die anderen? Sie stimmen zu, sie werden aggressiv …*

4 Déterminez la chute de la scène.

Wie endet die Szene? Mit einer Pointe? Eher komisch? Eher dramatisch?
Mit einer Versöhnung? Mit Zukunftsplänen? Mit einer Trennung?

Tipp!

Pour construire votre story-board, vous pouvez vous aider de ce site : www.storyboardthat.com/fr

Testen Sie sich!

Auf dem Weg zur Certification

1 Hörverstehen

CD CLASSE

Hören Sie sich die Aufnahme an.

A2 Stellen Sie Florian und seine besondere Fahrradtour vor.

B1 Erklären Sie die positiven Aspekte dieser Tour.

→ **Fragebogen zum Ausfüllen im Heft *Auf dem Weg zur Certification* (lyceen.nathan.fr/impulse2)**

An der Landesgrenze zwischen Bayern und Thüringen

2 Mündliche Kommunikation

etwa 2 Minuten

Schauen Sie sich das Bild an.

A2-B1 Lassen Sie jetzt Bandi sprechen und Kindern das Grüne Band präsentieren.

B1 Erklären Sie den Kindern, warum das Grüne Band zum Streitthema wurde.

Das Grüne Band bekommt ein Maskottchen, Bandi, das in Zukunft Flyer, Broschüren und Beschilderungen schmücken soll.

3 Leseverstehen

Lesen Sie den Text.

A2 Was ist das Hauptthema dieses Textes?

B1 Erklären Sie die positiven und negativen Aspekte dieser besonderen Aufgabe. Wie stehen Sie dazu?

→ **Fragebogen zum Ausfüllen im Heft *Auf dem Weg zur Certification* (lyceen.nathan.fr/impulse2)**

Kinder, die verstehen helfen

Sie erklären ihrem Vater den Brief vom Jobcenter und sagen ihrer Oma, welche Tabletten sie braucht – wenn Migranten mit mangelnden Deutschkenntnissen auf Hilfe angewiesen sind, springen oft Kinder aus der Familie als Übersetzer ein. (...)

Welche Auswirkungen es auf die familiären Beziehungen hat, wenn Kinder für die eigenen Eltern dolmetschen, ist unter Experten umstritten: Einerseits zeigt eine Studie mit dolmetschenden Jugendlichen in den USA, dass die Dolmetschtätigkeit Kommunikationsmöglichkeiten zwischen den Kindern und Eltern schafft, die das Vertrauen und den Respekt untereinander stärken und sich so positiv auf die Beziehung auswirken. Andererseits befürchten viele, dass es zu Konflikten führt, wenn Kinder und Jugendliche zum Sprachrohr ihrer Eltern werden und sich die Machtverhältnisse innerhalb der Familie umkehren. „Wie steht der Vater oder die Mutter dann da? Wenn das eigene kleine Kind für einen übersetzen soll? Was denkt das Kind darüber?“, gibt etwa Younes Kheir zu bedenken, der als Kind selbst Dolmetschtätigkeiten für seine Familie leistete und heute als interkultureller Moderator an einer Grundschule tätig ist. (...)

Übersetzen macht Spaß

Tatsächlich, das zeigte eine Befragung von 22 Kinderdolmetschern in Berlin-Neukölln, gibt es Kinder, die in schwierigen Situationen übersetzen und dies als Belastung empfinden oder sich von der Dolmetschtätigkeit überfordert fühlen. Die große Mehrheit der befragten Zehn- bis Zwanzigjährigen hingegen nimmt die Tätigkeit bei Weitem nicht so negativ wahr. Die meisten freuen sich, wenn sie helfen können und dafür Anerkennung bekommen. Und einigen macht das Übersetzen sogar Spaß. Deshalb sind fast alle gerne bereit, als ehrenamtliche Dolmetscher auszuhelfen.

Janna Degener © Goethe-Institut e.V., Online-Redaktion, September 2009

4 Schriftliche Kommunikation

Lesen Sie folgende Aussage.

A2-B1 Geben Sie den Inhalt mit eigenen Worten wieder.

Was halten Sie von dieser Aussage?

Wie wichtig ist Ihrer Meinung nach die Sprache für die Integration?

✎ etwa 130-150 Wörter

Lanya

Meine Eltern flohen mit 23 aus dem Irak nach Deutschland. Sie sprachen nur schlecht Deutsch, als ich geboren wurde, wollten aber nicht Arabisch mit mir reden. Sie dachten, es wäre besser für meine Integration. Jetzt bin ich zwanzig und möchte Arabisch lernen … Schade, dass ich es nicht von klein auf gelernt habe …

Lektüre Das ausgestellte Kind

Peter Härtling
(* 1933 Chemnitz – † 2017 Rüsselsheim)

Sein Leben lang engagierte sich Peter Härtling in der SPD und für den Naturschutz. Er schrieb zahlreiche Reden und Essays gegen Gewalt und Krieg sowie Gedichte und Jugendbücher, zum Beispiel *Ben liebt Anna* (1981), *Djadi*, *Flüchtlingsjunge* (2016).

Er gehört zu den wichtigsten und populärsten deutschsprachigen Autoren der Gegenwart.

1 Woferl

Der Woferl, wie er in der Familie gerufen wird, ist mit seinen Eltern und mit seiner Schwester Nannerl auf dem Weg nach Wien. Er ist gerade sechs Jahre und acht Monate alt und kann schon seinen Namen schreiben. Fünf schwierige Wörter nacheinander: Johann Chrisostomos Wolfgang Theophilus Mozart. Meistens schreibt er nur Wolfgang Mozart. Er kann Klavier spielen, etwas Geige und Orgel, allerdings ohne Pedale, er kann schon ein wenig komponieren (…). Und er kann fluchen[1], träumen und furzen[2]. (…)

Womit er das Nannerl zum Lachen bringt.

1. fluchen: *proférer des jurons* **2.** furzen: *péter*

A2
a. Lesen Sie den Text. Was erfahren Sie über das Kind (Name, Spitzname, Alter, Geschwister …)?

B1
b. Was erfahren Sie über seine musikalischen Kompetenzen?

c. Inwiefern ist Mozart ein „normales“ Kind und gleichzeitig ein Wunderkind?

Recherchieren Wann und wo wurde Mozart geboren? Wann spielt also diese Szene?

2 Mit Familie Mozart unterwegs

Der Vater hat vor[1], ihn in Wien der großen Kaiserin Maria Theresia vorzustellen. Weil du für die ganze Welt ein Wunder bist, Bub.

Er selbst findet es anstrengend[2], ein Wunder zu sein. Wieso soll es ein Wunder sein, dass er gern Klavier spielt und Musik hört. Obwohl er einen wie sich noch nicht kennengelernt hat.

Also fahren sie nach Wien, Mutter und Schwester sind dabei, denn sie möchten am Kaiserhof keineswegs fehlen. (…) Sie sind mit der Post bis Passau gefahren, wo drei Flüsse zusammenfließen (…). Von Passau reisen sie mit dem Donauschiff bis Linz, wo es ihm schlecht wird. Nicht, weil das Schiff schaukelt, sondern weil er sich auf Deck[3] vor Vergnügen um die eigene Achse gedreht[4] hat, immer wieder, bis das Nannerl ihn auffängt. Am Schluss muss er in eine Ecke kotzen[5]. (…)

1. vor/haben, etw. zu tun: *avoir l'intention de faire qqch.* **2.** anstrengend: *fatiguant*
3. das Deck(s): *le pont (du bateau)* **4.** sich drehen: *tourner* **5.** kotzen: *vomir*

A2
a. Berichten Sie über die Pläne des Vaters.

b. Notieren Sie dann:
– die Familienmitglieder, die mitfahren,
– die Etappen der Reise.

c. Was macht Mozart auf dem Schiff?

B1
d. Mozart, ein Wunderkind: Was bedeutet das für den Vater? Für das Kind?

Recherchieren Informieren Sie sich über Maria Theresia. Wer war sie? Über welches Land herrschte sie?

Louis Carrogis, *Mozart am Klavier mit Vater und Schwester*

3 Ein fantasievolles Kind

Hier in Linz trat zum ersten Mal Quintus auf, der ihn danach auf allen seinen Reisen begleiten[1] sollte. Wolfgang saß am Fenster, blätterte[2] in einem Bündel Noten, das ihm der Vater zum Studium gegeben hatte. Er hätte die Stücke am Klavier unten im Saal ausprobieren können. Dazu hatte er keine Lust. Das Nannerl war mit der Mutter in die Stadt gegangen.

Er war allein.

Er sang die Noten nach.

Er stellte sich vor, wie das Klavier klingen könnte.

Er stellte sich außerdem vor, was er komponieren könnte.

Nicht immer wieder diese Quinten. Mach es dir doch nicht so einfach! Er hörte den Vater aus dem Nachbarzimmer rufen, als hätte der in seinen Gedanken gelesen. Es gibt auch Quarten auf der Welt, Sexten, Oktaven.

Jaja.

Er schneidet eine Grimasse (…).

1. begleiten: *accompagner* **2.** blättern: *feuilleter*

A2 **a.** Machen Sie sich Notizen zu Mozart in dieser Szene (wo er ist, was er macht, was er hätte machen sollen, seine Reaktion auf die Worte des Vaters).

B1 **b.** Mozart ist ein fantasievolles Kind: Woran sieht man das?

c. Analysieren Sie die Rolle des Vaters. Was verlangt er von seinem Kind?

Recherchieren Was ist eine Quinte? Eine Quarte, Sexte, Oktave?

4 Quintus

Nix. Lass es! sagt eine Stimme in ihm, aus ihm, und mit einem Mal sieht er ihn. Er sieht ein krummes, grässliches Wesen[1], das bewegt sich mühsam auf den Noten einer Quinte, stolpert[2], stürzt zwischen die Linien, kreischt[3]. Quintus, hört sich Wolfgang verwundert sagen. Quintus, Quantus, Quartus. Während er mit dem Namen spielt, klopft er einen Dreivierteltakt auf den Tisch und macht damit den Vater aufmerksam[4]. Was hast du mit der Quinte, Woferl?

Nix, nix, gibt er zur Antwort, legt schützend seine Hand über den Quintus, damit der Vater den winzigen Geist[5] nicht sieht. (…)

1. ein krummes, grässliches Wesen: *un être tordu, hideux* **2.** stolpern: *trébucher* **3.** kreischen: *piailler* **4.** jdn aufmerksam machen: *attirer l'attention de qqn* **5.** der winzige Geist: *l'esprit minuscule*

A2-B1 **a.** Welche Aussagen sind richtig?

1. Quintus ist eine Fantasiegestalt.
2. Quintus ist der Spitzname des Vaters.
3. Das Kind spielt mit diesem fingierten Wesen.
4. Für das Kind existiert Quintus wirklich.
5. Der Vater entdeckt Quintus' Existenz.

B1 **b.** Mozart, ein musikalisches Kind: Was hat Quintus mit Musik zu tun?

5 Kinderspiele

Wien beginnt mit W. Warten auch. In Wien lernte Wolfgang warten. Er vertrieb sich die Zeit mit Noten schreiben, Klavier üben, Geige spielen, ärgerte[1] das Nannerl (…). Fast jeden Tag bekamen sie Besuch, von Offizieren, Grafen, Gräfinnen[2] (…).

Wolfgang spielte. Das Publikum lauschte[3], bewunderte den Knaben. Der aber beobachtete den Erfolg, den er mit seinem Quintus bei der Schwester hatte. Das Nannerl wand sich[4] in dem allzu hohen Sessel, rieb den Rücken an der Lehne, versetzte mit seiner Unruhe die ganze Reihe mit Grafen und Hoheiten und Obristenfrauen in zuckende Bewegung[5].

Also du mit deiner türkischen Musik, stellte der Vater hernach fest, kannst die Leute geradezu in Schwung versetzen. Sie sind, hast du's bemerkt, beinahe mitgehüpft[6]. (…)

1. ärgern: *taquiner* **2.** der Graf(en), die Gräfin(nen): *le comte, la comtesse* **3.** lauschen = aufmerksam zu/hören **4.** sich winden (a, u): *se tortiller* **5.** die ganze Reihe mit Grafen und Hoheiten und Obristenfrauen in zuckende Bewegung versetzen: *faire bouger toute la rangée de comtes, d'altesses et de femmes de colonels* **6.** mit/hüpfen: *sautiller de concert*

Partitur des achtjährigen Mozart

A2 **a.** Machen Sie sich Notizen zu Mozarts Leben in Wien.

B1 **b.** Die „ganze Reihe mit Grafen und Hoheiten und Obristfrauen" bewegt sich zuckend … Welche Erklärung dafür gibt Mozart? Und sein Vater? Was wird hier deutlich?

Recherchieren „Du mit deiner türkischen Musik": Welche späteren Werke werden hier angekündigt? Präsentieren Sie sie der Klasse.

6 Die Einladung der Kaiserin

Ihre Majestät, die Kaiserin Maria Theresia, hatte ihren Obersthofmeister (…) geschickt, um ihnen die erwartete Einladung zu überbringen[1].

Zufrieden stellte Vater Leopold fest: Ihre Majestät ist an dir und an deiner Kunst interessiert, Woferl. Und du, du musst zeigen, was du gelernt hast, was du kannst.

Worauf sich der Bub vor dem Vater verbeugte wie nach einem erfolgreichen Auftritt: Gewiss, Herr Papa, daran soll es nicht fehlen. (…)

Ich geh, sagte Wolfgang (…). Er sprang die Stiegen[2] hinunter, die letzten zwei auf einmal, und ließ die Haustür hinter sich zufallen. (…)

Ein paar Gassenbuben[3] umkreisten ihn und streckten ihm die Zunge heraus[4]. Du feines Bürschel, woher kommst du?

Er gab ihnen keine Antwort. Wenn die wüssten, dass er von der Kaiserin eingeladen ist, würden sie vor Staunen auf den Hintern fallen[5].

Komm! rief die Mutter: Woferl, komm!

Er erwiderte[6] singend. I komm scho. I komm scho. Dann lief er zum Klavier und spielte die Tonfolge, die er gesungen hatte. Vielleicht kann er so ein Stück beginnen. (…)

1. eine Einladung überbringen (a, a): *transmettre une invitation* **2.** die Stiege(n) = die Treppe(n): *l'escalier* **3.** der Gassenbube(n): *le gamin des rues* **4.** die Zunge heraus/strecken: *tirer la langue* **5.** auf den Hintern fallen (ä, ie, a): *tomber sur le derrière* **6.** erwidern = antworten

A2 **a.** Machen Sie sich Notizen zu der Situation.

B1 **b.** Analysieren Sie die Reaktion des Vaters, des Kindes und die Beziehung der beiden.

c. Was unterscheidet Mozart von den Gassenjungen?

d. Welche Charakterzüge Mozarts zeigen sich in diesem Abschnitt?

7 Ihre Majestät …

Auf dem weiten Platz vor dem Schloss Schönbrunn standen Spaziergänger[1] oder Neugierige in Gruppen zusammen (…).

Danach führten sie zwei Diener in Uniform die wunderschöne Treppe hinauf (…).

Majestät saß auf einem Diwan in aller Breite, Mächtigkeit und Herrlichkeit. Ihr Gewand[2] glänzte und schimmerte. Die Männer verbeugten sich, die Damen machten einen Knicks[3] (…). Die Kaiserin lachte. Das Lachen kam tief aus ihr heraus wie eine Musik. Mit ein paar Schritten war Wolfgang bei der Kaiserin und sprang ihr auf den Schoß[4], umarmte sie und busselte sie[5].

Aber nein! hörte er die Mutter.

Maria Theresia ließ ihn erst einmal nicht los[6], küsste ihn auf die Stirn und befahl[7] ihm: Dafür, dass er sie ungefragt gebusselt habe, müsse er für sie auf dem Klavier spielen.

Vater Leopold hastete zum Klavier, legte die Noten auf.

Wolfgang spielte ein Menuett, dann eine Erfindung von sich selbst, zum Schluss ein schweres Stück von Bach. (…)

1. der Spaziergänger(-): *le promeneur* **2.** das Gewand(¨er): *l'habit* **3.** einen Knicks machen: *faire une révérence* **4.** auf den Schoß springen (a, u): *sauter sur les genoux* **5.** busseln: *faire des bisous* **6.** los/lassen (ä, ie, a): *laisser partir* **7.** befehlen (ie, a, o): *ordonner*

William Augel, *Le Petit Mozart*

A2 **a.** Erzählen Sie die Szene mit Ihren eigenen Worten.

B1 **b.** Welches Bild wird hier von Mozart gegeben? Von der Kaiserin? Von dem Vater?

Interlangues Lesen Sie den Comic oben. Wie wird Mozart hier dargestellt? Entspricht das dem Bild, das P. Härtling von ihm gibt?

8 Die Pläne des Vaters

Zwei Tage darauf fuhren sie heim, und Vater Leopold plante bereits[1] die nächste Reise; nach Augsburg wolle er und zu einigen Bischöfen und Fürsten[2], vor allem aber zu den Mannheimer Musikern, die kennenzulernen und zu hören sei wichtig für den Wolfgang. Und – ja, übers Meer auf die Insel, nach England. Zur Königin. Nach der Kaiserin warte die Königin. Sie solle ein Ohr für die Violine haben. Er versuchte seine Familie auf den Geschmack zu bringen[3], von neuem die Strapazen einer langen Reise auf sich zu nehmen[4].

Heim! Dass die Pferde vor der Kutsche[5] fliegen könnten wie die von Phöbus, dem Sonnengott, wünschte sich Wolfgang. Mit einem erfundenen Kartenspiel vertrieb er sich, zusammen mit der Schwester, die lange Reisezeit. (…)

1. bereits = schon **2.** Bischöfe und Fürsten: *des évêques et des princes* **3.** jdn auf den Geschmack bringen (a, a): *donner envie à qqn* **4.** die Strapazen auf sich nehmen (i, a, o): *accepter les fatigues du voyage* **5.** die Kutsche(n): *la calèche*

A2 **a.** Erzählen Sie von den Plänen des Vaters.

B1 **b.** Was bedeuten diese neue Reise und Zwischenetappen für den Vater? Für die Kinder?

Recherchieren Schauen Sie sich eine Karte Europas zu Mozarts Zeiten an. Vergleichen Sie sie mit einer aktuellen Europakarte. Was fällt Ihnen auf? Berichten Sie darüber.

Mozart und Thomas Linley bei der Familie Gavard des Pivets in Florenz 1770

9 Heimweh

Am 9. Januar 1763 nimmt die ganze Familie die bestellten Plätze in der Postkutsche nach München ein. Wie stets[1] sagt die Mutter ihren Spruch, der Wolfgang Angst macht: Wer weiß, wann wir heimkommen und was uns in der Welt erwartet.

Und wie stets gibt der Vater seine Antwort: Was schon? Ruhm[2] und ein bissel Geld. (…)

Wolfgang hätte dem Vater erklären können, wie sehr ihn die Aufbrüche[3], Auftritte und Abreisen verwirrten[4], die vielen Leute, die ihn streichelten[5], (…) die feinen Herren und Damen, die ihn an sich rissen[6] und ihn ihren Herzschlag hören ließen. Dort oder dort oder dort. Nur wenn sie die Grenze in ein anderes Land überschritten, wenn er schleunigst[7] eine andere Sprache lernte, wusste er, wo er sich aufhielt. Dort oder dort. Wo er avec père oder mère et sœur empfangen wurde, dort, wo father, mother, the wonderful Wolfgang and his sister willkommen geheißen wurden, dort wusste er, dass Koblenz hinter ihm lag.

1. stets = immer **2.** der Ruhm: *la gloire* **3.** der Aufbruch: *le départ* **4.** verwirren: *perturber* **5.** streicheln: *caresser* **6.** jdn an sich reißen (i, i): *attirer qqn à soi* **7.** schleunigst: *très vite*

A2 **a.** Berichten Sie über die Reise (Wer? Wohin? Wie?) und über die Erwartungen und Gefühle der Eltern.

B1 **b.** Die vielen Reisen verwirren das Kind: Woran sieht man das im zweiten Abschnitt?

Recherchieren Mozarts Reisen als Kind nach Frankreich, nach England: Wer regierte in diesen Ländern?

10 Nannerl

Manchmal, nach Konzerten und nachdem das Publikum sich gedrängt[1] hatte, ihn zu herzen und zu bewundern, musste ihn das Nannerl trösten[2]. Er schlüpfte zu ihr ins Bett, schluchzte[3] ins Kissen und wartete darauf, dass sie auf ihn einredete: Du bist schon einer, Woferl, summte[4] sie die Melodie, die er mochte, du bist schon einer, du spielst das Klavier, dass die Zuhörer vor Staunen das Maul aufreißen[5], komponierst Stücke wie ein Scarlatti.

1. sich drängen: *se presser* **2.** trösten: *consoler* **3.** schluchzen: *sangloter* **4.** summen: *chantonner* **5.** das Maul auf/reißen (i, i): *rester bouche bée*

Aus: Peter Härtling, *Das ausgestellte Kind. Mit Familie Mozart unterwegs*
© 2007, Verlag Kiepenheuer & Witsch, Köln

A2 **a.** Was macht Mozart manchmal nach Konzerten? Warum?

B1 **b.** Analysieren Sie die Beziehung zwischen Mozart und seiner Schwester. Wie kann man das erklären?

Recherchieren Wer war Scarlatti? Berichten Sie über ihn.

Projekt

A2-B1

Wählen Sie eine Perspektive und bereiten Sie eine kleine Präsentation vor.

- **Historische Perspektive:** die politische und historische Situation zur Zeit des jungen Mozart
- **Geografische Perspektive:** die Reiseroute des jungen Mozart
- **Musikalische Perspektive:** Ihr Lieblingswerk von Mozart
- **Psychologische Perspektive:** Wunderkinder ... oder gedrillte Kinder? Denken Sie an den Film *Whiplash* von Damien Chazelle, an berühmte Sportler …

Méthodologie

1 Stratégies pour écouter et comprendre un document audio

Lorsque vous écoutez un document audio, vous devez être particulièrement attentif et concentré puisque vous n'avez aucun appui visuel et pas de possibilité de revenir en arrière.

Dans le cas d'un document vidéo, les images constituent souvent une aide à la compréhension sur laquelle vous pouvez vous appuyer, sans négliger néanmoins les informations orales.

live! MP3 33

Étape 1 – Avant l'écoute

Faites des hypothèses à partir des éléments dont vous disposez (titre, sous-titre, image…).
Quelles informations y a-t-il sur :
– la ou les personne(s) ? (*Wer?*)
– le lieu ? (*Wo?*)
– le temps (date du document, période évoquée) ? (*Wann?*)
– la nature du document, la thématique ? (*Was?*)

Tipp!
Repérez les noms propres, les chiffres, les mots transparents.

Junges Publikum testet *Die Zauberflöte*
Junges Publikum → Kinder? Jugendliche?
testet → Testen = tester. Als Zuschauer? Als Schauspieler?
Die Zauberflöte → Mozart, Oper, Musik und Theater …

Étape 2 – Pendant l'écoute

A2-B1

a. Repérez la trame du document (situation, personne(s), lieu, moment…) en vous appuyant sur les mots transparents, les expressions connues, l'environnement sonore, les voix, l'intonation, le ton…

b. Complétez vos notes, vérifiez ou infirmez, corrigez. Aidez-vous des connecteurs logiques et chronologiques vous permettant de rendre compte au mieux du contenu.

Tipp!
Prenez vos notes en laissant de la place pour pouvoir les compléter lors des écoutes suivantes. Si vous adoptez un code couleurs, vous pouvez entourer chaque élément repéré de la couleur correspondante.

Neuproduktion *Die Zauberflöte*	nach der Probe	Mozart	die Königin der Nacht
neues Format für junges Publikum	Oper	Metallica	Spezialeffekte
die Operntester	beeindruckt	Papagena	Staatsoper Hamburg
Sophie und Timon	elektrisierend	begeistert	Abend
die Generalprobe besucht und getestet	unerwartet	der Sänger	
Musiktheaterpädagogin	das Orchester	Papageno	

B1

c. Précisez vos notes : quel est le contexte ? Le point de vue des personnes ? Que pouvez-vous en déduire ?

Étape 3 – Après l'écoute

A2-B1

Organisez vos notes pour pouvoir faire un compte rendu cohérent. Il est d'usage d'indiquer d'abord ce dont il s'agit, puis les différentes thématiques évoquées (« au début, ensuite, à la fin »), les causes et les effets (« car, parce que, comme »).

Wer	Wo	Wann	Was
die Operntester	Oper	nach der Probe	Neuproduktion *Die Zauberflöte*
Sophie und Timon	Staatsoper Hamburg	Abend	neues Format für junges Publikum
Musiktheaterpädagogin			die Generalprobe besucht und getestet
Mozart			beeindruckt
Papagena / Papageno			elektrisierend
die Königin der Nacht			unerwartet …

2 Stratégies pour lire et comprendre un texte

Étape 1 – Identifier la nature du texte

Observez la forme et la présentation du texte (éléments graphiques, paratexte) afin d'émettre des hypothèses. Prêtez attention à la nature du texte (roman, article de presse…), à son titre ou celui de la source dont il est extrait, à la date de parution (à ne pas confondre avec la période du récit), aux illustrations éventuelles…

A2-B1

Étape 2 – Faire les premiers repérages

Lisez le texte à plusieurs reprises et appuyez-vous sur les expressions connues, les mots transparents et le contexte pour émettre des hypothèses, les infirmer ou les confirmer.
Repérez les locuteurs, les personnages – les expressions qui les désignent –, les lieux, moments et étapes de l'action ou du discours, qui correspondent souvent à des paragraphes différents.

Tipp!
En fonction du texte (narratif, informatif, argumentatif…) et de vos préférences, vous pouvez mettre en valeur les éléments importants en utilisant des couleurs, des surlignements, une carte mentale…

B1

Étape 3 – Approfondir et aller vers l'implicite

Au fil de nouvelles lectures, repérez et mettez en lien de nouveaux indices pour accéder à une compréhension plus approfondie du texte. Appuyez-vous notamment sur les connecteurs, les liens chronologiques ou logiques (cause, conséquence, but…) qui révèlent les réseaux de sens.
À ce niveau, il s'agit d'identifier les différents points de vue (auteur, narrateur et personnages). Il convient également de décrypter le contexte, de repérer les décalages éventuels entre les actes, les paroles, les pensées, de mettre à jour l'implicite, l'humour, l'ironie…

Tipp!
Mobilisez vos connaissances dans d'autres domaines (historiques, scientifiques, techniques…) et appuyez-vous sur votre esprit logique et vos intuitions pour approfondir votre compréhension du texte.

Lisez plusieurs fois le texte ci-dessous.

A2-B1

Quelles informations y a-t-il sur :

a. la ou les personne(s) ? (*Wer?*)

b. le lieu ? (*Wo?*)

c. le temps (date du document, période évoquée) ? (*Wann?*)

d. la nature du document, la thématique ? (*Was?*)

B1

e. Was erfahren Sie über das Leben im damaligen Kontext? Finden Sie im Text Informationen dazu.

f. Wie reagiert die Erzählerin auf diesen ersten Opernbesuch? Finden Sie im Text die Stellen und Wörter, die diese Reaktion charakterisieren.

g. Wie verstehen Sie, dass es sich um eine autobiographische Erzählung handelt?

Mitte der 50er Jahre, ich war dreizehn Jahre alt, habe ich meine erste Oper gehört. Das war in Essen, nicht lange nach dem Krieg, der die Städte und die Eltern zerstört hatte. Die Väter waren an Leib und Seele beschädigt aus Russland, Frankreich, Italien zurückgekommen, die Mütter hatten in den Bombennächten Zärtlichkeit verlernt, Schönheit galt nichts, Poesie war unbekannt, das Zauberwort hieß Wiederaufbau. (…) Wie hätte ich damals in Essen wissen sollen, was eine Oper ist? Für so etwas war kein Geld da. (…) Und dann nahm mich eine Freundin mit in die Oper. Das war der Tag, an dem eine lebenslange Liebe begann (…). Es war *Die Zauberflöte*. Natürlich habe ich damals den tieferen Sinn der Geschichte nicht verstanden. Ich glaube, ich habe auch die meisten Texte nicht verstanden, denn das muss man ja erst lernen – auf Worte zu hören, die gesungen werden und zu denen ein Orchester – sehr laut – spielt. (…) Ich hörte hier zum ersten Mal Musik im Dunkeln, in diesem Saal, in diesem Augenblick für mich gespielt – was für ein unbeschreiblicher Luxus! Dann öffnete sich der Vorhang, ein Mann kam und sang: „Zu Hilfe, zu Hilfe, sonst bin ich verloren!", das war genau der Schrei, der schon so lange in mir steckte, und so etwas kann man nicht einfach aussprechen, man muss es wohl singen. (…) Ich habe die ganze Zeit geweint, nicht weil es so traurig gewesen wäre, sondern weil ich so erschüttert war. Kurz nach diesem Opernbesuch habe ich mich zum ersten Mal verliebt, es war, als hätte sich mein Herz geöffnet. (…) Diese erste „Zauberflöte" hat mein ganzes Leben verändert.

3 Stratégies pour lire et interpréter une image

A2-B1

Étape 1

Observez attentivement toutes les informations (nature du document, date de parution, auteur…).

Was ist das für ein Bild?

Es handelt sich um ein Foto / eine Werbung / ein Plakat / ein Gemälde / eine Karikatur …
Dieses Bild stammt aus dem Jahr …, aus einer Zeitung …
Dieses Bild wurde von … gemacht / gezeichnet / gemalt / veröffentlicht …
Anlass dieses Bildes ist …

Étape 2

Indiquez les éléments significatifs que vous remarquez (couleurs, composition, éléments constitutifs de l'image).

Was mir auffällt …

Das Bild zeigt … / stellt … dar.
Auf dem Bild kann ich … sehen.
Die Farbe(n) rot / gelb/ blau / schwarz / weiß …
Das Licht / der Schatten …

Meine Eindrücke

Ich finde das Bild schön / interessant …
Das Bild gibt / vermittelt den Eindruck, dass …

Offizielles Plakat der Olympischen Spiele 1936

B1

Étape 3

Analysez et interprétez les différents éléments :

a. Quel est le contexte de cette image (période historique, contexte géographique, géopolitique…) ?

b. Pourquoi cette composition (esthétique, critique, politique…) ?

Das Bild interpretieren

etw. veranschaulichen / illustrieren
das Symbol(e) / ein Symbol für den Frieden / für die Macht / etw. symbolisieren
etw. verkörpern
für (+ A) stehen (a, a)
näher betrachten / untersuchen
Das Bild zeigt, dass …

bedeuten / die Bedeutung hervor/heben (o, o) / betonen
etw. denunzieren
etw. kritisieren / Kritik an (+ D) üben
vor (+ D) warnen
auf (+ A) an/spielen / die Anspielung auf (+ A)
etw. zum Ausdruck bringen (a, a)

4 Stratégies pour s'exprimer à l'oral en continu

Étape 1 – Avant la prise de parole

a. Analysez la question posée et mobilisez vos connaissances et expériences, les exemples susceptibles d'illustrer le sujet, si possible directement en allemand.

b. Préparez votre prise de parole à partir de notes et de mots-clés en allemand, mis en forme de la façon qui vous convient le mieux en fonction du sujet : plan plus ou moins détaillé, arborescence ou carte mentale, schéma...

c. Structurez votre prise de parole. Préparez une phrase d'introduction et une phrase de conclusion. Réfléchissez aux points suivants :
- dans quel ordre allez-vous présenter vos arguments, vos exemples ?
- quels connecteurs (logiques ou chronologiques) allez-vous utiliser ?

N'oubliez pas de donner votre avis personnel (argumenté, si possible).

Tipp!
Pour vous entraîner à parler à partir de vos notes, vous pouvez vous enregistrer. Réécoutez-vous ou faites évaluer votre oral pour le corriger et l'améliorer si nécessaire.

Étape 2 – Pendant la prise de parole

Appuyez-vous sur vos notes, mais essayez de ne pas les lire !
Regardez votre interlocuteur et soyez convaincant.

Tipp!
N'ayez pas peur de vous reprendre et de vous corriger si vous avez fait une erreur.

Fragestellung	Wie kann man bewusst konsumieren?
Einleitung	Wir leben in einer Wegwerfgesellschaft. Unser Konsumverhalten ist heute ein Problem, nicht nur für uns, sondern auch für die Umwelt.
Welches Problem?	kaufen zu günstigen Preisen, Umweltverschmutzung durch die Verwendung giftiger Chemikalien, schlechte Arbeitsbedingungen
Beispiele	Textilindustrie, Fast Fashion, Rana Plaza Unfall, Müllberge
Welches sind die Alternativen?	Um bewusster und besser zu konsumieren, gibt es viele Alternativen: – Nachhaltigkeit fördern und unterstützen; – tauschen statt kaufen, teilen oder verschenken (Tauschboxen, Kleidertauschparty, in Secondhandläden einkaufen ...); – reparieren statt wegwerfen (Repair Café).
Zum Schluss	Umdenken um bewusster und besser zu konsumieren ist eine Priorität. Dafür gibt es heute Lösungen und Alternativen, die man einfach in seinem eigenen Leben umsetzen kann.

Méthodologie

5 Stratégies pour s'exprimer à l'écrit

Étape 1

Commencez par lire et analyser le sujet proposé : s'agit-il de raconter, de rendre compte d'une situation, d'une expérience, d'inventer ou plutôt d'argumenter, de prendre position, d'exprimer un point de vue ?

Tipp!
Veillez à respecter la forme d'écrit exigée par le sujet (lettre, article de journal, courriel, blog…).

Étape 2

Prenez le temps d'explorer le sujet, de trouver des idées, des arguments, des exemples…
Remémorez-vous les différents documents que vous avez étudiés susceptibles de servir votre propos.
Appuyez-vous le cas échéant sur vos expériences.
Mobilisez les outils linguistiques (vocabulaire, structures grammaticales…) que vous pourriez utiliser dans ce contexte.

Tipp!
Utilisez un brouillon, non pour rédiger entièrement, mais pour structurer votre écrit. En fonction du sujet et de vos préférences, vous pouvez visualiser vos idées sous forme de carte mentale, de tableau, de schéma…

Étape 3

Organisez et structurez vos notes de façon logique ou chronologique. Notez, pour chacune des parties, l'idée principale et ses développements possibles (arguments, exemples, approfondissement).
Notez également les expressions que vous pourriez utiliser sous forme de mots-clés.

Pour lister les arguments	Pour introduire un exemple
zuerst, dann, außerdem, hinzu kommt, dass …, schließlich, zum Schluss	*zum Beispiel, beispielsweise, als Beweis dafür*

Tipp!
Listez les connecteurs logiques ou chronologiques que vous pouvez utiliser.

Étape 4

Rédigez directement en vous appuyant sur votre brouillon (notes, carte mentale, tableau, déroulé, schéma…).

Tipp!
N'oubliez pas de faire une ou deux phrases pour introduire le sujet et pour conclure.

Étape 5

Révisez et corrigez votre texte en veillant à la correction grammaticale, syntaxique – place des verbes et des éléments dans la phrase (cf. *Repères grammaticaux* pp. 184-185) – et morphologique – conjugaisons, déclinaisons…

A2-B1 Einen Artikel zum Thema „Die Olympischen Spiele 1936, ein Propagandaspektakel" verfassen

Sujet narratif : Rédiger un article de presse argumenté

6 Stratégies pour s'exprimer en interaction orale ou écrite

→ voir aussi page 18

Bien lire le sujet. S'agit-il...

d'une interaction à l'oral ?

Une interview, un dialogue ?

Mettez-vous d'accord (en binômes, en groupes) sur un plan : sur quoi porteront les questions ? Dans quel ordre seront-elles posées ?

Un débat ?

Quel point de vue allez-vous défendre ? Avec quels arguments ?

Préparez-vous

- Vous pouvez rédiger quelques phrases importantes : début et fin de l'interview, formulation de quelques arguments pour un débat.
- Comme vous ne pouvez pas exactement prévoir en détail le déroulement de l'échange, notez simplement les mots et expressions qui pourront vous être utiles. Classez ces notes.
- Entraînez-vous à construire des phrases complètes en évitant de regarder vos notes trop souvent. Vous pouvez vous enregistrer.

Respectez les règles de ce type d'échange

- Regardez votre interlocuteur, soyez attentif à ses propos. Dans une interview, veillez à ce que les questions et les réponses s'enchaînent logiquement. Au cours d'un débat, vous pouvez prendre quelques notes, pour être en mesure de répondre avec précision aux arguments avancés.
- Vous pouvez avoir besoin d'une expression que vous ne connaissez pas ou que vous avez oubliée. Essayez de formuler différemment la même idée.

d'une interaction à l'écrit ?

Une discussion sur un forum, un échange de tweets ?

(→ Quel point de vue allez-vous défendre ? Avec quels arguments ?)

Une réponse à un courriel ou à un SMS ?

Préparez-vous

Relisez le(s) document(s) sur le(s)quel(s) se base votre courriel/SMS et relevez les éléments dont vous aurez besoin (contexte, raisons, émotions du personnage, informations sur le destinataire pour choisir le bon registre de langue, etc.).

Respectez les règles de ce type d'échange

- Commencez par une formule adaptée au destinataire (inconnu ou proche ?).
- Adoptez le registre de langue adéquat.
- Terminez par une formule de politesse adaptée.

Repères grammaticaux

Ces **repères grammaticaux** ne prétendent aucunement à l'exhaustivité d'une grammaire. Ils sont conçus pour vous guider dans l'usage de la langue, dans la compréhension de son fonctionnement. Des codes couleur vous permettent de vous repérer aisément.
Les **déclinaisons** (marques du groupe nominal / des articles, noms, adjectifs) sont en **vert.**
Les **marques** du groupe verbal sont en **rouge.**
Les **connecteurs** (conjonctions de coordination, subordination…) sont en **bleu**.

I Le groupe nominal

Un groupe nominal comporte des **marques** qui sont autant d'indices pour déterminer le **genre** (masculin, neutre, féminin), le **nombre** (singulier, pluriel) et le **cas** (nominatif, accusatif, datif, génitif).

1 Les déterminants

Ils précèdent et précisent le nom.

Les articles

article	masculin	neutre	féminin	pluriel
défini	der	das	die	die
indéfini	ein / kein	ein / kein	eine / keine	Ø / keine

Les possessifs

Mein, dein, sein, ihr, unser, euer, ihr, Ihr (forme de politesse) se déclinent sur le modèle de l'article indéfini *kein*.
À la 3e personne du singulier, il faut – comme en anglais – réfléchir à l'identité du possesseur.
→ *his friend* → *sein Freund*
→ *her friend* → *ihr Freund*
Pour les noms propres, on utilise le génitif saxon.
→ *Toms Freund. Erikas Freund. Peter Härtlings Roman.*

Les démonstratifs

Dieser, dieses, diese, diese (ce… ci) et *jener, jenes, jene, jene* (ce… là) se déclinent sur le modèle de l'article défini.

Les autres déterminants

Jeder, jedes, jede (chaque) et *mancher* (plus d'un) se déclinent également sur le modèle de l'article défini.
Wenige (peu de), *einige* (quelques), *mehrere* (plusieurs) et *alle* (tous) déterminent un nom au pluriel.

2 Le nom

Le genre

Pas plus qu'en français, on ne peut deviner le genre des mots en allemand *(der Stuhl*: la chaise, *das Buch*: le livre, *die Katze*: le chat*)*, sauf pour les mots qui renvoient à l'opposition homme / femme (*der Mann, der Vater, der Lehrer / die Frau, die Mutter, die Lehrerin*).

Quelques règles :

- les jours, les mois, les saisons, les voitures sont masculins : *der Montag, der Januar, der Winter, der Porsche.*
- les noms qui se terminent en *-chen* et en *-lein* sont des diminutifs neutres (*das Mädchen, das Fräulein*). Les noms de villes et de la plupart des pays sans article sont neutres également.
- les noms qui se terminent en *-heit, -keit, -ung* sont féminins, ainsi que les nombres (*die Eins, die Zwei …*).

Le nombre

Il existe différentes marques de pluriel. On peut retenir quelques règles :

Pour les noms masculins et neutres

La plupart des substantifs se terminant par *-el, -er, -en* ne changent pas au pluriel :
→ *der Lehrer(-), der Spiegel(-), das Zimmer(-), das Mädchen(-)*
D'autres formes et terminaisons sont possibles, par exemple :

	masculin	neutre
¨	der Vater → die Väter	
– e	der Monat → die Monate	das Jahr → die Jahre
¨e	der Stuhl → die Stühle	das Kloster → die Klöster
– er	der Geist → die Geister	das Kleid → die Kleider
¨er	der Wald → die Wälder	das Dach → die Dächer

Les noms d'origine étrangère ont des pluriels particuliers :
→ *die Firma → die Firmen, das Medium → die Medien, das Hobby → die Hobbys*

Pour les noms féminins

Le pluriel des noms féminins se forme généralement en ajoutant ***-n*** ou ***-en*** au singulier :
→ *die Blume(n)* → la fleur, *die Tür(en)* → la porte, *die Schwester(n)* → la sœur
Les substantifs qui se terminent par *-in* forment le pluriel ***-innen*** :
→ *die Lehrerin → die Lehrer**innen**, die Schülerin → die Schüler**innen***

Il existe quelques autres formations du pluriel possibles :
→ ¨ *die Tochter → die T**ö**chter, die Mutter → die M**ü**tter*
→ ¨e *die Hand → die H**ä**nd**e**, die Kraft → die Kr**ä**ft**e***

Le cas

Selon la fonction du mot dans la phrase, le groupe nominal porte des marques différentes.

	masculin	neutre	féminin	pluriel
nominatif	der Mann / einØ Mann	das Kind / einØ Kind	die Frau / eine Frau	die Brüder / meine Brüder
accusatif	den Mann / einen Mann	das Kind / einØ Kind	die Frau / eine Frau	die Brüder / meine Brüder
datif	dem Mann / einem Mann	dem Kind / einem Kind	der Frau / einer Frau	den Brüdern / meinen Brüdern
génitif	des Mann(e)s / eines Mann(e)s	des Kindes / eines Kindes	der Frau / einer Frau	der Brüder / meiner Brüder

Nominatif

- sujet (qui ?) : *Der Schriftsteller Peter Härtling hat Romane aber auch Gedichte geschrieben.*
- attribut du sujet : *Peter Härtling ist einØ berühmter deutscher Schriftsteller.*

Accusatif

- Complément d'objet direct (que, quoi ?) : *Er schrieb den Roman* Das ausgestellte Kind.
- Après les prépositions : *durch, für, gegen, ohne, um, wider*
- Après les prépositions mixtes (compléments de lieu), pour répondre à la question *wohin?* (directionnel).
VOIR P. 178

Datif

- Complément d'objet indirect / second (à qui, à quoi ?) : *Meine Eltern haben meiner Schwester diesen Roman geschenkt.*
- Après les prépositions : *aus, bei, mit, nach, seit, von, zu*
- Après les prépositions mixtes (compléments de lieu), pour répondre à la question *wo?* (locatif). VOIR P. 178

Génitif

- Complément du nom : appartenance (de qui, de quoi ?) : *Die Bücher dieses Schriftstellers wurden in viele Sprachen übersetzt.*
- Après les prépositions : *wegen, trotz, während, statt* VOIR P. 178
- Génitif des noms propres : *Härtlings Bücher wurden in viele Sprachen übersetzt.*

Une marque de cas significative doit être portée par le déterminant, l'adjectif et / ou le nom.
→ *Heute noch lesen viele Kinder die schönen Geschichten dieses berühmten Schriftstellers.*

3 L'adjectif

La déclinaison de l'adjectif

L'adjectif peut faire partie du groupe verbal en tant qu'attribut ; il est alors invariable.

→ *Dieser Roman ist interessant**Ø** und spannend**Ø**.*

Il peut faire partie du groupe nominal en tant qu'épithète :

- si le déterminant porte la marque forte permettant de repérer le genre et le cas, l'adjectif prend une marque faible.
- si le déterminant ne prend pas de marque forte, c'est l'adjectif qui la porte.

	masculin	neutre	féminin	pluriel
nominatif	d**er** bekannt**e** Dichter ein bekannt**er** Dichter	das interessant**e** Buch ein interessant**es** Buch	d**ie** fremd**e** Sprache ein**e** fremd**e** Sprache	d**ie** schönst**en** Wörter **Ø** schönst**e** Wörter
accusatif	d**en** bekannt**en** Dichter ein**en** bekannt**en** Dichter	das interessant**e** Buch ein interessant**es** Buch	d**ie** fremd**e** Sprache ein**e** fremd**e** Sprache	d**ie** schönst**en** Wörter **Ø** schönst**e** Wörter
datif	d**em** bekannt**en** Dichter ein**em** bekannt**en** Dichter	d**em** interessant**en** Buch ein**em** interessant**en** Buch	d**er** fremd**en** Sprache ein**er** fremd**en** Sprache	d**en** schönst**en** Wörter**n** **Ø** schönst**en** Wörter**n**
génitif	d**es** bekannt**en** Dichter**s** ein**es** bekannt**en** Dichter**s**	d**es** interessant**en** Buch**es** ein**es** interessant**en** Buch**es**	d**er** fremd**en** Sprache ein**er** fremd**en** Sprache	d**er** schönst**en** Wörter **Ø** schönst**er** Wörter

Les degrés de l'adjectif

L'adjectif peut être mis au comparatif de supériorité (plus), d'égalité (aussi) ou d'infériorité (moins). Il peut aussi être mis au superlatif (le plus).

degré 0	comparatif	superlatif
schnell	schnell**er**	der schnell**ste / am** schnell**sten**

Le comparatif de supériorité se forme en ajoutant ***-er*** à l'adjectif.

→ *Er läuft schnell**er** als ich!*

La plupart des adjectifs courts (une syllabe) prennent un *Umlaut* sur la voyelle.

→ *groß → gr**ö**ß**er** → der gr**ö**ß**te**, klug → kl**ü**g**er** → der kl**ü**g**ste***

→ *kalt / warm, kurz / lang, schwach / stark, alt / jung*

Le superlatif se forme en ajoutant ***-ste*** à l'adjectif.

→ *Jesse Owens war 1936 der schnell**ste** Läufer.*

La forme adverbiale est invariable.

am + adjectif au superlatif

→ *Bei den Olympischen Spielen 1936 lief Jesse Owens am schnell**sten**.*

Les adjectifs et adverbes irréguliers

degré 0	comparatif	superlatif
gern	lieber	der liebste, am liebsten
viel	mehr	die meisten, am meisten
gut	besser	der beste, am besten
hoch	h**ö**h**er**	der h**ö**ch**ste**, am h**ö**ch**sten**
nah	n**ä**h**er**	der n**ä**ch**ste**, am n**ä**ch**sten**

L'adjectif épithète au comparatif ou au superlatif prend les marques de cas usuelles.

→ *Heute hat er ein**e** besser**e** Leistung als gestern vollbracht.*

→ *Nur die best**en** Sportler aus allen Ländern dürfen an den Olympischen Spielen teilnehmen.*

Le complément du comparatif de supériorité est introduit par *als* + complément au cas exigé par la phrase sous-entendue :

→ *Er springt sehr viel **höher als ich / als sein Bruder / als wir alle!***

Le comparatif d'égalité *so* + adj + *wie* + complément :

→ *Sie läuft **so schnell wie du**.*

Le comparatif d'infériorité *nicht so* + adj + *wie* + complément / *weniger* + adj + *als* + complément

→ *Sie ist **nicht so schnell wie du**.*

La gradation

- la gradation absolue : *sehr* (très), *ganz* (tout à fait), *total* (totalement)
- la gradation relative

schnell genug / ziemlich schnell / relativ schnell / immer schneller / zu schnell

***Je mehr** er trainiert, **desto besser** sind seine Leistungen.*
V fin **V2**

4 Les pronoms

Un pronom remplace un groupe nominal. Il a le genre et le nombre de ce groupe. Il assure une fonction dans la phrase (sujet, COD, complément second…).

Ce pronom peut être un pronom personnel, démonstratif, indéfini, relatif, interrogatif.

Les pronoms personnels

singulier	1re personne	2e personne	3e personne masculin	3e personne neutre	3e personne féminin
nominatif	ich	du	**er**	**es**	**sie**
accusatif	mich	dich	ih**n**	**es**	**sie**
datif	mir	dir	ih**m**	ih**m**	ih**r**

pluriel	1re personne	2e personne	3e personne	forme de politesse
nominatif	wir	ihr	**sie**	**Sie**
accusatif	uns	euch	**sie**	**Sie**
datif	uns	euch	ihn**en**	Ihn**en**

Lorsqu'il y a deux pronoms (un au datif et un à l'accusatif), l'accusatif précède le datif.
→ *Er gibt **dem Sportler die Medaille**.* → *Er gibt **sie ihm**.*
Dat. Akk. Akk. Dat.

Les pronoms personnels réfléchis

Les formes du pronom réfléchi sont les mêmes que celles du pronom personnel, sauf pour la 3e personne du singulier et du pluriel. On utilise *sich* à l'accusatif et au datif.
→ *Er bewegt **sich**. Er betrachtet **sich** im Spiegel. Schauen Sie **sich** das Bild an!*
Akk. Akk. Dat.

Les pronoms indéfinis

Man (on) est invariable, *einer, keiner, jeder, einige, mancher* se déclinent.

Les pronoms relatifs

VOIR P. 185

Les pronoms interrogatifs

Wer? (qui, nominatif) → *Wer wohnt jetzt in Berlin?*
Wen? (qui, accusatif) → *Wen kennt sie dort schon?*
Wem? (à qui, datif) → *Wem hat sie diesen Brief geschickt?*
Wessen? (de qui, génitif) → *Wessen Adresse hat sie vergessen?*
Was? (quoi, que) → *Was soll sie aus Berlin mitbringen?*
Woher? (d'où) *Wohin?* (où, directif) *Wo?* (où, locatif)
Wann? (quand) *Seit wann?* (depuis quand) *Bis wann?* (jusqu'à quand) *Wie lange?* (combien de temps)
Wie oft? (combien de fois)
Warum? Weshalb? Wieso? (pourquoi, pour quelle raison) *Wozu?* (pourquoi, dans quel but)
Wie? (comment) *Wie alt?* (quel âge) *Wie hoch?* (quelle hauteur) *Wie groß?* (quelle taille) *Wie breit?* (quelle largeur)

Les interrogatifs composés à partir de prépositions VOIR PP. 187-188
Wo + *(r)* + préposition
Woran denkst du? (À quoi penses-tu ?) *Wovon sprichst du?* (De quoi parles-tu ?)
Worüber wunderst du dich? (De quoi t'étonnes-tu ?)

5 Le groupe nominal prépositionnel

Les prépositions

Les prépositions toujours suivies de l'accusatif

bis	jusqu'à	*ohne*	sans
durch	à travers	*um*	autour de
für	pour	*wider*	à l'encontre de
gegen	contre		

Les prépositions toujours suivies du datif

aus	hors de (origine)	*seit*	depuis
bei	près de, chez	*von*	(venant) de
mit	avec	*zu*	vers, chez
nach	vers, après		

Les prépositions suivies du génitif

statt	au lieu de	*während*	pendant
trotz	malgré	*wegen*	à cause de

Ces prépositions se rencontrent aussi suivies du datif.

Les prépositions mixtes

Elles sont suivies du datif lorsqu'il n'y a pas de changement de lieu (question *Wo?*) ou d'état.
Elles sont suivies de l'accusatif lorsqu'il y a changement de lieu (question *Wohin?*) ou d'état.

an	contre (contact)	*in*	dans
unter	sous	*auf*	sur (contact)
neben	à côté de	*vor*	devant
hinter	derrière	*über*	au-dessus de, en passant par
zwischen	entre		

Cas particuliers

	locatif (lieu où l'on est)	directif (lieu où l'on va)
ville, pays sans article	**in** Berlin, **in** Italien	**nach** Berlin, **nach** Italien
pays avec article	**in** der Schweiz, **in** der Türkei, **in** den USA, **in** der BRD, **in** der DDR	**in** die Schweiz, **in** die Türkei, **in** die USA, **in** die BRD, **in** die DDR
personne	**bei** meinen Eltern (bei + D)	**zu** meinen Eltern (zu + D)
à la maison	**zu** Hause (zu + D)	**nach** Hause (nach + D)

L'expression du temps

les siècles	im 20. Jahrhundert / im nächsten Jahrhundert / im letzten Jahrhundert
les années	(im Jahre) 1989 / 1989
les saisons	im Winter, im Frühling, im Sommer, im Herbst, in dieser Jahreszeit
les mois	im Januar, im Februar, im März, im April, im Mai, im Juni …
les semaines	in der Woche
les jours	am Montag, an diesem Dienstag
les moments de la journée	am Vormittag, an diesem Abend, in der Nacht
les heures	um 9 Uhr / um halb vier / gegen Mittag / gegen 8 / nach Mitternacht / vor fünf

6 La négation

Lorsque le groupe nominal est indéfini ou partitif, la négation est *kein*. *Kein* se décline comme *ein*.

→ *Hast du einen Bruder? Nein, ich habe **keinen** Bruder.*

→ *Hast du heute Zeit? Nein, ich habe heute **keine** Zeit.*

Dans les autres cas, la négation est exprimée par *nicht*. *Nicht* se place généralement avant ce que l'on veut nier.

→ *Ich habe den ganzen Tag **nicht** gearbeitet.* Je n'ai pas travaillé de la journée.

→ *Ich habe **nicht** den ganzen Tag gearbeitet.* Je n'ai pas travaillé toute la journée (j'ai aussi fait autre chose).

On peut utiliser des négateurs complexes :

→ *nicht (nur) … sondern (auch)*: pas (seulement), … mais au contraire (aussi) ; *weder … noch …*: ni… ni

II Le groupe verbal

1 Sein, haben, werden

Les verbes *sein*, *haben*, *werden* sont des verbes à part entière mais sont également utilisés comme auxiliaires.

Sein

Verbe « être », mais aussi auxiliaire pour former le parfait et le plus-que-parfait.

→ *Sie ist 18 Jahre alt. Sie ist jung, aber sie ist schon viel gereist!*

Haben

Verbe « avoir, posséder », mais aussi auxiliaire pour former le parfait et le plus-que-parfait.

→ *Er hat keine Zeit. Er hat viel Arbeit! Er hat den ganzen Tag gearbeitet.*

Werden

Verbe « devenir », mais aussi auxiliaire pour former le futur (suivi d'un infinitif) et pour former le passif (suivi d'un participe passé).

→ *Es wird interessant! Nächstes Jahr werde ich Kunstgeschichte studieren. Kunstgeschichte wird an vielen Universitäten unterrichtet.*

Indicatif

	sein	**haben**	**werden**
présent	ich bin du bist er / es / sie ist wir sind ihr seid sie sind Sie sind	ich habe du hast er / es / sie hat wir haben ihr habt sie haben Sie haben	ich werde du wirst er / es / sie wird wir werden ihr werdet sie werden Sie werden
prétérit	ich war du warst er / es / sie war wir waren ihr wart sie waren Sie waren	ich hatte du hattest er / es / sie hatte wir hatten ihr hattet sie hatten Sie hatten	ich wurde du wurdest er / es / sie wurde wir wurden ihr wurdet sie wurden Sie wurden
parfait	ich bin gewesen	ich habe gehabt	ich bin geworden
plus-que-parfait	ich war gewesen	ich hatte gehabt	ich war geworden
futur	ich werde sein	ich werde haben	ich werde werden

Subjonctif II

	sein	**haben**	**werden**
présent	ich wäre du wärest er / es / sie wäre wir wären ihr wäret sie wären Sie wären	ich hätte du hättest er / es / sie hätte wir hätten ihr hättet sie hätten Sie hätten	ich würde du würdest er / es / sie würde wir würden ihr würdet sie würden Sie würden
passé	ich wäre gewesen	ich hätte gehabt	ich würde werden

2 Les verbes de modalité et *wissen*

Les terminaisons des verbes de modalité sont toujours : **Ø / st / Ø / (e)n / t / e(n)**

	können (pouvoir, être capable de, savoir faire)	**dürfen** (pouvoir, avoir le droit)	**wollen** (vouloir)	**mögen** (avoir envie de, aimer bien)
présent	ich kann**Ø** du kann**st** er / es / sie kann**Ø** wir könn**en** ihr könn**t** sie könn**en** Sie könn**en**	ich darf**Ø** du darf**st** er / es / sie darf**Ø** wir dürf**en** ihr dürf**t** sie dürf**en** Sie dürf**en**	ich will**Ø** du will**st** er / es / sie will**Ø** wir woll**en** ihr woll**t** sie woll**en** Sie woll**en**	ich mag**Ø** du mag**st** er / es / sie mag**Ø** wir mög**en** ihr mög**t** sie mög**en** Sie mög**en**
prétérit	ich konnte**Ø** du konnte**st** er / es / sie konnte**Ø** wir konnte**n** ihr konnte**t** sie konnte**n** Sie konnte**n**	ich durfte**Ø** du durfte**st** er / es / sie durfte**Ø** wir durfte**n** ihr durfte**t** sie durfte**n** Sie durfte**n**	ich wollte**Ø** du wollte**st** er / es / sie wollte**Ø** wir wollte**n** ihr wollte**t** sie wollte**n** Sie wollte**n**	ich mochte**Ø** du mochte**st** er / es / sie mochte**Ø** wir mochte**n** ihr mochte**t** sie mochte**n** Sie mochte**n**
parfait	ich habe gekonnt*	ich habe gedurft*	ich habe gewollt*	ich habe gemocht*
plus-que-parfait	ich hatte gekonnt*	ich hatte gedurft*	ich hatte gewollt*	ich hatte gemocht*
subjonctif II présent	ich könnte**Ø** du könnte**st** er / es / sie könnte**Ø** wir könnte**n** ihr könnte**t** sie könnte**n** Sie könnte**n**	ich dürfte**Ø** du dürfte**st** er / es / sie dürfte**Ø** wir dürfte**n** ihr dürfte**t** sie dürfte**n** Sie dürfte**n**	ich wollte**Ø** du wollte**st** er / es / sie wollte**Ø** wir wollte**n** ihr wollte**t** sie wollte**n** Sie wollte**n**	ich möchte**Ø** du möchte**st** er / es / sie möchte**Ø** wir möchte**n** ihr möchte**t** sie möchte**n** Sie möchte**n**
subjonctif II passé	ich hätte gekonnt*	ich hätte gedurft*	ich hätte gewollt*	ich hätte gemocht*

	sollen (devoir)	**müssen** (être obligé)
présent	ich soll**Ø** du soll**st** er / es / sie soll**Ø** wir soll**en** ihr soll**t** sie soll**en** Sie soll**en**	ich muss**Ø** du muss**t** er / es / sie muss**Ø** wir müss**en** ihr müss**t** sie müss**en** Sie müss**en**
prétérit	ich sollte**Ø** du sollte**st** er / es / sie sollte**Ø** wir sollte**n** ihr sollte**t** sie sollte**n** Sie sollte**n**	ich musste**Ø** du musste**st** er / es / sie musste**Ø** wir musste**n** ihr musste**t** sie musste**n** Sie musste**n**
parfait	ich habe gesollt*	ich habe gemusst*
plus-que-parfait	ich hatte gesollt*	ich hatte gemusst*
subjonctif II présent	ich sollte**Ø** du sollte**st** er / es / sie sollte**Ø** wir sollte**n** ihr sollte**t** sie sollte**n** Sie sollte**n**	ich müsste**Ø** du müsste**st** er / es / sie müsste**Ø** wir müsste**n** ihr müsste**t** sie müsste**n** Sie müsste**n**
subjonctif II passé	ich hätte gesollt*	ich hätte gemusst*

*Après un infinitif, le participe II des verbes de modalité a une forme identique à celle de l'infinitif (*können, dürfen, wollen, mögen, sollen, müssen*). C'est aussi le cas des quatre verbes suivants : *lassen, brauchen, sehen, hören*.

→ *Ich habe den ganzen Tag arbeiten müssen.*

→ *Ich hätte kommen können.*

wissen* (savoir)	**indicatif**	**subjonctif II**
présent	ich weiß**Ø** du weiß**t** er / es / sie weiß**Ø** wir wiss**en** ihr wiss**t** sie wiss**en** Sie wiss**en**	ich wüsste**Ø** du wüsst**est** er / es / sie wüsste**Ø** wir wüsst**en** ihr wüsst**et** sie wüsst**en** Sie wüsst**en**
prétérit	ich wusste**Ø** du wusst**est** er / es / sie wusste**Ø** wir wusst**en** ihr wusst**et** sie wusst**en** Sie wusst**en**	**passé** ich hätte gewusst
parfait	ich habe gewusst	
plus-que-parfait	ich hatte gewusst	

**Wissen* suit les mêmes règles de conjugaison que les verbes de modalité.

3 Les autres verbes

Il y a trois types de verbes : les verbes faibles, les verbes forts, les verbes mixtes.
Il y a deux types de terminaisons verbales :
radical du verbe + ***e / st / t / (e)n / t / (e)n***
radical du verbe + ***Ø / st / Ø / (e)n / t / (e)n***

Les verbes faibles

Ils gardent toujours le même radical et se conjuguent tous de la même façon.
→ ***spielen****: ich spiele, ich spielte, ich habe gespielt.*
→ ***glauben****: ich glaube, ich glaubte, ich habe geglaubt.*
Pour certains verbes un ***e*** s'intercale entre le radical et la terminaison.
→ *er arbeitet* (il travaille), *er zeichnet* (il dessine)

Les verbes forts

La voyelle du radical change au prétérit, parfois au présent et au participe passé. Ces changements sont indiqués entre parenthèses dans les lexiques et les dictionnaires.
→ ***sehen*** *(ie, a, e)*. Au présent, le *e* du radical devient ***ie*** aux 2e et 3e personnes. Au prétérit, le *e* du radical devient ***a*** à toutes les personnes : *ich sah* ; le participe passé retrouve le ***e*** : *gesehen*.
→ ***kommen*** *(a, o), er kommt, er kam, er ist gekommen*

Les verbes mixtes

Ils empruntent aux deux systèmes : ***denken****, er denkt, er dachte, er hat gedacht*

	verbes faibles	**verbes forts**	**verbes mixtes**
	suchen	**nehmen (i, a, o)**	**denken**
présent	ich such**e** du such**st** er / es / sie such**t** wir such**en** ihr such**t** sie such**en** Sie such**en**	ich nehm**e** du nimm**st** er / es / sie nimm**t** wir nehm**en** ihr nehm**t** sie nehm**en** Sie nehm**en**	ich denk**e** du denk**st** er / es / sie denk**t** wir denk**en** ihr denk**t** sie denk**en** Sie denk**en**
prétérit	ich such**te**Ø du such**test** er / es / sie such**te**Ø wir such**ten** ihr such**tet** sie such**ten** Sie such**ten**	ich n**a**hmØ du n**a**hm**st** er / es / sie n**a**hmØ wir n**a**hm**en** ihr n**a**hm**t** sie n**a**hm**en** Sie n**a**hm**en**	ich d**achte**Ø du d**ach**t**est** er / es / sie d**achte**Ø wir d**ach**t**en** ihr d**ach**t**et** sie d**ach**t**en** Sie d**ach**t**en**
parfait	ich habe gesucht	ich habe genommen	ich habe gedacht
plus-que-parfait	ich hatte gesucht	ich hatte genommen	ich hatte gedacht

	verbes faibles	verbes forts	verbes mixtes
	suchen	**nehmen (i, a, o)**	**denken**
subjonctif II présent	ich suchte	ich nähme	ich dächte
subjonctif II passé	ich hätte gesucht	ich hätte genommen	ich hätte gedacht

4 L'indicatif

Le présent

Pour tous les verbes (sauf les verbes de modalité et *wissen*) :
radical du verbe + ***e / st / t / (e)n / t / (e)n***

Certains verbes forts en *a* et *e* changent la voyelle du radical aux 2e et 3e personnes du singulier : le *a* devient *ä*, le *e* devient *i* ou *ie*. VOIR P. 185-187

Quelle que soit leur catégorie (faibles, forts ou mixtes), les verbes à préverbe séparable se conjuguent de la façon suivante :

- phrase interrogative ou impérative : ***Machst** du heute beim Wettrennen **mit**? **Mach** doch **mit**!*
- proposition indépendante : *Heute **mache** ich nicht **mit**.*
- proposition subordonnée : *Schade, dass du nicht **mitmachst**.*

Le prétérit

Temps du passé qui correspond à l'imparfait et au passé simple.

Pour les verbes faibles : radical + ***te*** + marque de personne ***Ø / st / Ø / (e)n / t / (e)n***
→ *spielen* (jouer): *ich spiel**te**Ø / du spiel**te**st / er spiel**te**Ø / wir spiel**ten** / ihr spiel**te**t / sie spiel**ten***

Pour les verbes forts : radical à voyelle modifiée + marque de personne ***Ø / st / Ø / (e)n / t / (e)n***
→ *fahren* (aller en voiture): *ich f**u**hrØ …* VOIR P. 185-187

Pour les verbes mixtes : radical à voyelle modifiée + ***te*** + marque de personne ***Ø / st / Ø / (e)n / t / (e)n***
→ *kennen* (connaître): *ich k**a**nn**te**Ø, du k**a**nn**te**st …*

Le futur

Pour tous les verbes, il se compose de l'auxiliaire *werden* + infinitif.
→ *Nächstes Jahr **werde** ich ein Praktikum bei Bosch **machen**.*

Le présent accompagné d'un adverbe ou d'un groupe adverbial peut avoir valeur de futur :
morgen, bald, gleich … : → *Morgen gehen wir ins Schwimmbad.*
Le verbe *wollen* exprime une intention : → *Nach dem Abitur will er Medizin studieren.*

Le parfait

Il correspond au passé composé, il est formé de l'auxiliaire *haben / sein* conjugué au présent + participe II.

Le plus-que-parfait

Il est formé de l'auxilaire *haben / sein* conjugué au prétérit + participe II.

Le choix de l'auxiliaire pour tous les verbes

- ***Sein*** quand le verbe exprime un état, un changement de lieu ou d'état.

→ *Sie ist 2 Meter hoch gesprungen. Sie ist groß geworden.*
→ *Ich bin glücklich gewesen* (j'ai été heureux). *Ich bin zu Hause geblieben* (je suis resté à la maison).

- ***Haben*** dans les autres cas.

→ *Sie hat gewonnen. Sie hat gespielt.*

Le participe II (participe passé)

Pour la plupart des verbes faibles : ***ge*** + radical du verbe + ***t***
→ *machen → gemacht, spielen → gespielt, sagen → gesagt*

Pour certains verbes s'intercale un e : *arbeiten → gearbeit**e**t, zeichnen → gezeichn**e**t*

Pour la plupart des verbes forts : ***ge*** + radical modifié ou non du verbe + ***en***
→ *fahren → gefahren, sehen → gesehen, nehmen → gen**o**mmen, bleiben → gebl**ie**ben*

Pour les verbes mixtes : ***ge*** + radical modifié + ***t***
→ *bringen → gebr**a**cht, denken → ged**a**cht*

Pour les verbes comportant un préverbe séparable, le participe II se forme en insérant **ge** entre le préverbe et le radical.
→ *auf/machen → aufgemacht, an/sehen → angesehen, mit/bringen → mitgebracht*

Ne prennent pas de *ge* :
- les verbes qui ne sont pas accentués sur la première syllabe.

→ *wider**spre**chen → widersprochen, repa**rie**ren → repariert*
- les verbes qui commencent par les préverbes *be, emp, ent, er, ge, miss, ver, zer.*

→ *zerbrechen → zerbrochen, besuchen → besucht*

Le parfait des verbes de modalité
Lorsque les verbes de modalité sont accompagnés d'un infinitif complément, le participe II prend la forme de l'infinitif, on parle alors de double infinitif.
→ *Er **hat** leider nicht **kommen können**.* Il n'a malheureusement pas pu venir.
La règle est la même avec les verbes de perception : *hören, sehen, fühlen* et *lassen*.
→ *Ich **habe** ihn nicht **kommen hören**.* Je ne l'ai pas entendu venir.

5 L'impératif

Il sert à exprimer un ordre, une injonction.
Sein et *haben* sont irréguliers.
Pour les autres verbes, à la 2e personne du singulier, l'impératif se forme à partir du radical du verbe à la 2e personne du présent de l'indicatif sans *st*.
→ *du glaubst → glaub mir!* (crois-moi) – *du sprichst → sprich lauter!* (parle plus fort)

Les verbes en *a* ne prennent pas de *Umlaut*.
→ *du fährst → fahr schneller* (roule plus vite)

sein	haben	verbe faible	verbe fort en e	verbe fort en a
Sei ruhig!	Hab keine Angst!	Spiel weiter!	Nimm dein Buch!	Fahr schneller!
Seid ruhig!	Habt keine Angst!	Spielt weiter!	Nehmt eure Bücher!	Fahrt schneller!
Seien Sie ruhig!	Haben Sie keine Angst!	Spielen Sie weiter!	Nehmen Sie Ihre Bücher!	Fahren Sie schneller!

6 Le subjonctif II

Il sert à exprimer des rêves, des hypothèses, des souhaits, des regrets. C'est un mode, il existe donc à tous les temps : présent, passé, futur.
La forme *würde* + infinitif tend à s'imposer au présent pour tous les verbes, surtout à l'oral, **sauf pour** :
- les auxiliaires : *ich **wäre** (sein), ich **hätte** (haben), ich **würde** (werden)*
- les verbes de modalité : *ich könnte, ich dürfte, ich wollte, ich möchte, ich sollte, ich müsste*
- *wissen : ich wüsste*
- quelques verbes usuels : *ich käme (kommen)*

Les emplois du subjonctif II
- l'hypothèse : ***Wenn** ich an deiner Stelle **wäre**, **würde** ich kein Auto kaufen!* Si j'étais à ta place, je n'achèterais pas de voiture.
- la condition : ***Wenn** du Zeit **hättest**, **würden** wir ins Kino gehen.* Si tu avais le temps, nous irions au cinéma.
- le souhait : ***Wenn** ich nur Geld **hätte**! **Hätte** ich nur Geld!* Si seulement j'avais de l'argent !
- le regret : ***Wenn** ich nicht zu spät **gekommen wäre**! **Wäre** ich nicht zu spät **gekommen**!* Si seulement je n'étais pas arrivé en retard !
- ***Als ob … als wenn …*** : comme si…

→ *Sie tut, **als ob** sie uns nicht **gesehen hätte** / sie tut, **als hätte** sie uns nicht **gesehen**.* Elle fait comme si elle ne nous avait pas vus.

7 Le subjonctif I

C'est le mode du discours rapporté.
Au présent, il se forme sur le radical de l'infinitif + **e** + **Ø / st / Ø / n / t / n**
Au passé, il se forme avec l'auxiliaire *haben* ou *sein* au subjonctif I + le participe passé du verbe.
→ *In der Zeitung stand, der Sänger **sei** krank, die Aufführung **könne** nicht stattfinden.* Il est écrit dans le journal que le chanteur serait malade et la représentation annulée.

ich sei	ich habe	ich werde	ich müsse
du sei(e)st	du habest	du werdest	du müssest
er / es / sie sei	er / es / sie habe	er / es / sie werde	er / es / sie müsse
wir seien	wir haben	wir werden	wir müssen
ihr seiet	ihr habet	ihr werdet	ihr müsset
sie / Sie seien	sie / Sie haben	sie / Sie werden	sie / Sie müssen

8 Le passif

La perspective est portée sur l'action, ce n'est pas l'acteur qui est mis en relief. Quand l'acteur est cité, il devient complément d'agent, introduit par *von* (et donc au datif). Le passif comporte tous les temps, tous les modes.

→ *Ein Journalist der Süddeutschen Zeitung interviewte den Autor.*

sujet COD

*Der Autor **wurde von** ein**em** Journalisten der Süddeutschen Zeitung **interviewt**.*

sujet complément d'agent

On utilise l'auxiliaire *werden* (au temps voulu) + participe passé

temps	temps simples	temps composés
présent	Er **wird** interviewt.	Er **ist** interviewt **worden**.
passé	Er **wurde** interviewt.	Er **war** interviewt **worden**.
futur	Er **wird** interviewt **werden**.	
subjonctif II	Er **würde** interviewt.	Er **wäre** interviewt **worden**.

Le passif impersonnel (3e personne du singulier neutre) permet :

- d'exprimer une vérité générale.
- d'exprimer une injonction.

→ *Es wird um 12 gegessen! = Um 12 wird gegessen!* On mange à midi / C'est à midi qu'on mange !

→ *Hier wird deutsch gesprochen!* Ici, on parle allemand ! *Nun wird gefeiert!* Et maintenant, on fait la fête !

III La structure de la phrase

1 La partie conjuguée du verbe est en 2e position

– dans la phrase indépendante

Dorotheas und Gabis Eltern	**wohnten**	lange in Düsseldorf.
Sie	**sind**	vor ein paar Monaten **umgezogen**.
Jetzt	**wohnen**	ihre Eltern in Berlin.
Seit sie in Berlin wohnen,	**besuchen**	Dorothea und Gabi ihre Eltern sehr oft.
Die Stadt	**ist**	sehr attraktiv für junge Menschen.
Ihnen	**gefällt**	diese Stadt sehr.
Wie	**gefällt**	Ihnen diese Stadt?

Les conjonctions de coordination *aber, denn, oder* et *und* sont hors construction, elles ne comptent pas comme premier élément de la phrase.

– dans la phrase interrogative introduite par un pronom interrogatif VOIR P. 177

→ *Wer hat es dir gesagt? Wo wohnst du? Woran denkst du?*

2 La partie conjuguée du verbe est en 1re position

– dans une phrase interrogative globale appelant une réponse par « oui » ou « non »

→ ***Kommst** du mit?* → ***Spielst** du gern Fußball?*

– dans une phrase injonctive, pour donner un ordre

→ ***Kommen** Sie schnell herein!*

– dans une conditionnelle, quand on supprime *wenn*

→ ***Wäre*** *er nur früher gekommen! (= Wenn er nur früher gekommen wäre!)*

3 La partie conjuguée du verbe est en dernière position

– dans la proposition subordonnée conjonctive VOIR P. 189

– dans la proposition subordonnée relative

Une proposition subordonnée relative est introduite par un pronom relatif qui remplace l'antécédent dont elle dépend.

Le pronom relatif s'accorde en genre et en nombre avec son antécédent. Son cas est déterminé par sa fonction dans la subordonnée.

→ *Mein Cousin, **den** ich schon lange nicht **gesehen habe**, **lebt** jetzt in Berlin.*

	masculin	neutre	féminin	pluriel
nominatif	der Mann, d**er**	das Kind, d**as**	die Frau, d**ie**	die Leute, d**ie**
accusatif	der Mann, d**en**	das Kind, d**as**	die Frau, d**ie**	die Leute, d**ie**
datif	der Mann, d**em**	das Kind, d**em**	die Frau, d**er**	die Leute, d**enen**
génitif	der Mann, d**essen**	das Kind, d**essen**	die Frau, d**eren**	die Leute, d**eren**

À cinq exceptions près, les formes sont les mêmes que celles de l'article défini.

Le relatif au génitif : le groupe auquel il est intégré ne comporte **jamais** d'article :

→ *Hatice, **deren** Eltern 1970 nach Deutschland kamen, wuchs zweisprachig auf.*

Parfois, le pronom relatif est précédé d'une préposition. Il se met alors au cas exigé par cette préposition :

→ *Die Studenten, **mit denen** sie eine Wohnung teilt, kommen aus verschiedenen Ländern.*

– dans les autres relatives

→ *Alles, **was** sie sagt und schreibt, wird in der Presse kommentiert.*

→ *Diese glücklichen Tage in Berlin, **woran** ich mich sehr gern erinnere …*

→ *Der Mann, **über den** wir so wenig wissen, …*

– dans la proposition infinitive, sous forme d'infinitif

Ohne … zu + infinitif = sans + infinitif

→ *Sie ging, **ohne** ein einziges Wort **zu sagen**.*

Anstatt … zu + infinitif = au lieu de + infinitif

→ ***Anstatt*** *in ihrem Land **zu bleiben**, zog sie nach Berlin.*

Um … zu + infinitif = pour + infinitif

→ *Sie beschloss, ihr Land zu verlassen, **um** als freie Schriftstellerin in Deutschland **zu leben**.*

– dans les interrogatives indirectes

→ *Ich weiß nicht, **ob** er in den USA **lebt**.*

→ *Ich frage mich, **wann** er **zurückkommen** wird.*

IV Annexes

Annexe 1 Les verbes (par séries d'alternances vocaliques)

Verbes forts

a, e

bitten	*er bat*	*hat gebeten*	prier, demander
liegen	*er lag*	*hat gelegen*	être allongé, posé
sitzen	*er saß*	*hat gesessen*	être assis

i, a, e

geben	*er gibt*	*er gab*	*hat gegeben*	donner
essen	*er isst*	*er aß*	*hat gegessen*	manger
fressen	*er frisst*	*er fraß*	*hat gefressen*	manger (pour les animaux)
vergessen	*er vergisst*	*er vergaß*	*hat vergessen*	oublier

ie, a, e

lesen	*er liest*	*er las*	*hat gelesen*	lire
sehen	*er sieht*	*er sah*	*hat gesehen*	voir
geschehen	*es geschieht*	*es geschah*	***ist** geschehen*	se passer, arriver

ä, u, a

fahren	*er fährt*	*er fuhr*	***ist** gefahren*	aller (véhicule), conduire (un véhicule)
laden	*er lädt*	*er lud*	*hat geladen*	charger
schlagen	*er schlägt*	*er schlug*	*hat geschlagen*	frapper
tragen	*er trägt*	*er trug*	*hat getragen*	porter
wachsen	*er wächst*	*er wuchs*	***ist** gewachsen*	grandir
waschen	*er wäscht*	*er wusch*	*hat gewaschen*	laver

i, a, o

brechen	*er bricht*	*er brach*	***ist** gebrochen*	casser
helfen	*er hilft*	*er half*	*hat geholfen*	aider
sprechen	*er spricht*	*er sprach*	*hat gesprochen*	parler
sterben	*er stirbt*	*er starb*	***ist** gestorben*	mourir
treffen	*er trifft*	*er traf*	*hat getroffen*	rencontrer
werfen	*er wirft*	*er warf*	*hat geworfen*	jeter
nehmen	*er nimmt*	*er nahm*	*hat genommen*	prendre

ie, a, o

befehlen	*er befiehlt*	*er befahl*	*hat befohlen*	ordonner
stehlen	*er stiehlt*	*er stahl*	*hat gestohlen*	voler, dérober

a, o

beginnen	*er begann*	*hat begonnen*	commencer
gewinnen	*er gewann*	*hat gewonnen*	gagner
kommen	*er kam*	***ist** gekommen*	venir
schwimmen	*er schwamm*	*hat / **ist** geschwommen*	nager

i, i

beißen	*er biss*	*hat gebissen*	mordre
greifen	*er griff*	*hat gegriffen*	saisir
reiten	*er ritt*	***ist** geritten*	faire du cheval
schreiten	*er schritt*	***ist** geschritten*	marcher, avancer
streiten (sich)	*er stritt (sich)*	*hat (sich) gestritten*	(se) disputer

ie, ie

bleiben	*er blieb*	***ist** geblieben*	rester
leihen	*er lieh*	*hat geliehen*	prêter
scheinen	*er schien*	*hat geschienen*	sembler, briller
schreiben	*er schrieb*	*hat geschrieben*	écrire
schreien	*er schrie*	*hat geschrien*	crier
schweigen	*er schwieg*	*hat geschwiegen*	se taire
steigen	*er stieg*	***ist** gestiegen*	monter

o, o

betrügen	*er betrog*	*hat betrogen*	tromper
biegen	*er bog*	*hat gebogen*	plier, courber
bieten	*er bot*	*hat geboten*	offrir
fliegen	*er flog*	***ist** geflogen*	voler (avion, oiseau)
fliehen	*er floh*	***ist** geflohen*	fuir
fließen	*er floss*	***ist** geflossen*	couler (eau)
frieren	*er fror*	*hat gefroren*	geler
lügen	*er log*	*hat gelogen*	mentir
riechen	*er roch*	*hat gerochen*	sentir
schließen	*er schloss*	*hat geschlossen*	fermer
verlieren	*er verlor*	*hat verloren*	perdre
ziehen	*er zog*	*hat gezogen*	tirer

a, u

binden	*er band*	*hat gebunden*	lier
finden	*er fand*	*hat gefunden*	trouver
gelingen	*es gelang*	***ist** gelungen*	réussir
singen	*er sang*	*hat gesungen*	chanter
springen	*er sprang*	***ist** gesprungen*	sauter
trinken	*er trank*	*hat getrunken*	boire
verschwinden	*er verschwand*	***ist** verschwunden*	disparaître
zwingen	*er zwang*	*hat gezwungen*	forcer, contraindre

ä, ie, a

fallen	*er fällt*	*er fiel*	***ist** gefallen*	tomber
gefallen	*er gefällt*	*er gefiel*	*hat gefallen*	plaire
halten	*er hält*	*er hielt*	*hat gehalten*	tenir
lassen	*er lässt*	*er ließ*	*hat gelassen*	laisser
raten	*er rät*	*er riet*	*hat geraten*	conseiller
schlafen	*er schläft*	*er schlief*	*hat geschlafen*	dormir

Verbes hors série

fangen	*er fängt*	*er fing*	*hat gefangen*	attraper
hängen		*er hing*	*hat gehangen*	être accroché
gehen		*er ging*	***ist** gegangen*	aller
heißen		*er hieß*	*hat geheißen*	s'appeler
laufen	*er läuft*	*er lief*	***ist** gelaufen*	marcher, courir
rufen		*er rief*	*hat gerufen*	appeler, crier
stehen		*er stand*	*hat gestanden*	être debout, se tenir
tun		*er tat*	*hat getan*	faire
verstehen		*er verstand*	*hat verstanden*	comprendre
wissen	*er weiß*	*er wusste*	*hat gewusst*	savoir

Verbes mixtes

bringen	*er brachte*	*hat gebracht*	apporter
denken	*er dachte*	*hat gedacht*	penser
kennen	*er kannte*	*hat gekannt*	connaître
nennen	*er nannte*	*hat genannt*	nommer
senden	*er sandte*	*hat gesandt*	envoyer

Annexe 2 Les verbes à régime prépositionnel

Un certain nombre de verbes ou d'adjectifs sont suivis d'un groupe nominal introduit par une préposition.

Attention :

Er denkt an dich. Il pense à toi. *An wen denkt er?* À qui pense-t-il ?

Er denkt daran. Il y pense. *Woran denkt er?* À quoi pense-t-il ?

Vous trouverez ci-dessous les plus usuels.

	verbes	adjectifs
an + A	*denken (a, a):* penser à *sich erinnern:* se souvenir de *sich gewöhnen:* s'habituer à *glauben:* croire à *sich wenden (a, a):* s'adresser à	*gewöhnt:* habitué à
an + D	*sich beteiligen:* participer à *leiden (i, i):* souffrir de (physiquement) *mangeln:* manquer de *sich rächen:* se venger de *teil/nehmen (i, a, o):* participer à *zweifeln:* douter de	*arm:* pauvre en *reich:* riche en *schuld:* responsable de

	verbes	adjectifs
auf + A	*achten:* prêter attention à *antworten:* répondre à *auf/passen:* faire attention à *aufmerksam machen:* attirer l'attention sur *bestehen (a, a):* insister sur *sich beziehen (o, o):* se rapporter à *sich freuen:* se réjouir à l'avance de *hin/weisen (ie, ie):* attirer l'attention sur *reagieren:* réagir à *Rücksicht nehmen (i, a, o):* tenir compte de, avoir des égards pour *schießen (o, o):* tirer (avec une arme) *verzichten:* renoncer à *sich vor/bereiten:* se préparer à *warten:* attendre *Wert legen:* attacher de l'importance à *zählen:* compter sur	*böse:* en colère contre *eifersüchtig:* jaloux de *gespannt:* impatient de, curieux de *neidisch:* jaloux de *stolz:* fier de *wütend:* furieux contre *zornig:* furieux contre
aus + D	*bestehen (a, a):* se composer de	
durch + A	*sich unterscheiden (ie, ie):* se différencier par	
für + A	*sich begeistern:* s'enthousiasmer pour *danken:* remercier pour *sich ein/setzen:* s'engager pour *sich entscheiden (ie, ie):* se décider pour *sich interessieren:* s'intéresser à *sorgen:* veiller à	*dankbar:* reconnaissant *verantwortlich:* responsable
in + A	*übersetzen:* traduire en *sich verlieben:* tomber amoureux de *sich verwandeln:* se transformer en	
mit + D	*an/fangen (ä, i, a):* commencer par *beginnen (a, o):* commencer par *vergleichen (i, i):* comparer à	*einverstanden:* d'accord avec *(ich bin) fertig:* j'en ai terminé avec *zufrieden:* satisfait de
nach + D	*fragen:* réclamer, demander	
über + A	*sich ärgern:* être fâché de *sich beklagen:* se plaindre de *berichten:* faire un reportage, informer sur *denken (a, a):* penser de *diskutieren:* discuter de *sich freuen:* se réjouir de *sich lustig machen:* se moquer de *lachen:* se moquer de *spotten:* se moquer de *sprechen (i, a, o):* parler de *sich wundern:* s'étonner de	*begeistert:* enthousiaste de *entsetzt:* épouvanté, choqué de *enttäuscht:* déçu de *erstaunt:* étonné de *glücklich:* heureux de *froh:* content de *traurig:* triste de *verzweifelt:* désespéré de
um + A	*bitten (a, e):* demander, prier *sich kümmern:* se soucier de, s'occuper de *es handelt sich:* il s'agit de *sich Sorgen machen:* se faire du souci pour *Angst haben:* avoir peur pour	
unter + D	*leiden (i, i):* souffrir de (moralement)	
von + D	*ab/hängen (i, a):* dépendre de *erzählen:* raconter, parler de *halten (ä, ie, a):* penser de *sprechen (i, a, o):* parler de *träumen:* rêver de *sich trennen:* se séparer	*abhängig:* dépendant de *weit:* loin de
vor + D	*Angst haben / (sich) fürchten:* avoir peur de *Respekt haben:* avoir du respect pour *schützen:* protéger de *warnen:* mettre en garde *fliehen (o, o):* fuir	
zu + D	*gehören:* faire partie de *gratulieren:* féliciter pour *passen:* convenir à *überreden:* convaincre de	*bereit:* prêt à *freundlich:* aimable envers

Annexe 3 Syntaxe

1. L'expression du temps

	Conjonctions de subordination	Prépositions suivies d'un nom / groupe nominal	Adverbes ou locutions adverbiales
Avant (que)	**Bevor** (*avant que*) du abreist, könntest du noch bei mir vorbeikommen.	**Vor** (*avant*) deiner Abreise könntest du noch bei mir vorbeikommen.	Ich komme bei dir vorbei. **Vorher** (*auparavant*) will ich noch meinen Koffer packen. **Früher** (*autrefois*) / **Damals** (*à cette époque*) war alles anders.
Après (que)	**Nachdem** (*après que*) sie zu Abend gegessen hat, geht sie ins Kino.	**Nach** (après) dem Abendessen ging sie ins Kino.	Sie aß zu Abend. **Dann** / **danach** / **anschließend** (*puis*, *après cela*, *ensuite*) ging sie ins Kino.
Quand, lorsque	**Wenn** (*quand*) er mich besucht, bringt er immer etwas mit. **Als** (*quand*, *lorsque*) er jünger war, kam er mit dem Fahrrad.		Er besucht mich oft. Er bringt **jedes Mal** (*à chaque fois*) / **immer** (*toujours*) etwas mit. Aber **an diesem Tag** brachte er nichts mit.
Depuis (que)	**Seit(dem)** (*depuis que*) er umgezogen ist, kommt er mit dem Auto.	**Seit** (*depuis*) seinem Umzug kommt er mit dem Auto.	Er ist umgezogen. **Seither** (*depuis*) kommt er mit dem Auto.

2. L'expression…

	Conjonctions de subordination	Prépositions suivies d'un nom	Adverbes ou locutions adverbiales	Conjonctions de coordination
du but	Sie joggt jeden Morgen, **um** fit **zu** bleiben. Ich helfe dir, **damit** du schneller fertig wirst.		Sie will fit bleiben. **Zu diesem Zweck** (*dans ce but*) joggt sie jeden Morgen.	
de la cause	Er kommt nicht mit, **weil** (*parce que*) er krank ist. **Da** (*comme*) er krank ist, kommt er nicht mit.	**Wegen** des hohen Fiebers konnte er nicht mitkommen. Er zittert **vor** Kälte.		Er kommt nicht mit, **denn** (*car*) er ist krank.
de la conséquence	Ihm ist **so** schlecht, **dass** er nicht mitkommen kann.		Ihm ist schlecht. **Deshalb** / **deswegen** (*c'est pourquoi*) kann er nicht mitkommen.	
de la concession	**Obwohl** (*bien que*) das Wetter sehr schlecht ist, wollen wir diese Wanderung machen.	**Trotz** (*malgré*) des schlechten Wetters wollen wir diese Wanderung machen.	Das Wetter ist schlecht. **Trotzdem** (*cependant*, *néanmoins*) wollen wir die Wanderung machen.	Das Wetter ist schlecht. **Aber** wir wollen die Wanderung machen.
de l'opposition	**Während** (*tandis que*) das Mädchen lieber draußen spielt, bleibt der Junge lieber zu Hause.		**Im Gegensatz zu** ihr bleibt er lieber zu Hause. Der Junge **hingegen** (*au contraire*) bleibt lieber zu Hause.	
de la condition	**Wenn** (*si*) ich Zeit hätte, würde ich dich begleiten. **Falls** (*au cas où*) du kommst, bring bitte etwas zu Essen mit.		Ich kann leider nicht kommen. **Sonst** (*sinon*) hätte ich etwas mitgebracht.	

L'ENSEIGNEMENT DE SPÉCIALITÉ

ALLEMAND

Langues, littératures et cultures étrangères

1 Pouvez-vous nous décrire ce nouvel enseignement de spécialité ?

Il vise une pratique intensive de la langue allemande, à l'oral comme à l'écrit, à travers l'**étude de documents variés** : littérature, histoire des arts, histoire des idées, cinéma, sociologie...
Il favorise à la fois la prise de parole en continu et la production de différents écrits.

2 Qu'est-ce qui va changer par rapport à la Seconde ?

Le temps d'exposition à la langue sera accru par la **lecture d'œuvres complètes, le visionnage de films et la conduite de projets**. L'autonomie des élèves sera renforcée par l'interaction en groupe, les travaux de recherche ou **l'utilisation d'outils numériques**.
Le programme explore des thématiques plus riches que les thèmes d'actualité abordés jusque-là.

3 Pourquoi choisir cet enseignement en Première selon vous ?

Pour les thèmes du programme, comme par exemple l'imaginaire et le fantastique, et la manière de les aborder : textes d'auteurs, films, œuvres picturales ou photographiques, etc., de différentes époques, qu'il s'agisse de la période classique, du cinéma expressionniste, de la Modernité viennoise, de séries télévisées ou de science-fiction.
Les compétences développées (niveau B2 attendu en fin de Première et niveau C1 visé en fin de Terminale) aideront l'élève à aborder l'enseignement supérieur, notamment en classe préparatoire littéraire ou commerciale ou en Licence de langues.
Elles faciliteront la réalisation d'un projet de mobilité et constitueront un préalable utile dans les domaines de **la communication, de la médiation interculturelle et de l'ouverture notamment vers l'Allemagne, notre voisin et premier partenaire commercial**.

Quelques exemples d'études facilitées par cette spécialité

www.horizons2021.fr

- **Licences** : Sciences du langage, Information et communication, LLCER (Langues, littératures, civilisations étrangères et régionales), LEA (Langues étrangères appliquées), Lettres, Langues, Sciences politiques
- **Classes préparatoires** littéraires, commerciales,
- Instituts d'études politiques, Écoles de commerce
- **BTS**
Communication, Édition
Tourisme, Management, Commerce, Négociation et relation client, Gestion
- **DUT** Information-communication, Gestion des entreprises et des administrations, Gestion logistique et transport

Il existe près d'une centaine de BTS et une vingtaine de DUT dans les domaines de la production et des services. Les bacheliers professionnels (BTS) et technologiques (DUT) sont prioritaires sur ces formations.

VERS QUELS MÉTIERS ?

Clara, interprète de liaison

- L3 LLCER (Langues, littératures, civilisations étrangères et régionales)
- M2 communication interculturelle et traduction à l'ISIT

Pourquoi avez-vous choisi des études de langues ?

J'ai toujours espéré exercer un métier dans lequel les langues seraient importantes. Je me suis spécialisée en allemand et en italien.

Qu'est-ce qu'une interprète de liaison ?

Je suis interprète spécialisée dans le domaine médico-social. Je suis régulièrement sollicitée par les pompiers ou le SAMU quand, par exemple, une personne parlant allemand est victime d'un accident en France. Je fais le relais linguistique et parfois, au sens propre, il est vital de ne pas me tromper ! Ma bonne connaissance du système de santé allemand me permet aussi de simplifier les démarches et je joue un rôle important auprès des familles souvent désemparées.

Amandine, responsable communication dans la filiale allemande d'une entreprise informatique française

- L3 de LEA (Langues étrangères appliquées)
- M2 marketing et gestion d'événements à l'Université de Strasbourg

Pourquoi avez-vous choisi des études d'allemand ?

Mes parents m'ont inscrite en allemand première langue car ils pensaient que la classe d'allemand serait la meilleure du collège. Mais moi, même si j'étais loin d'être la meilleure de la meilleure classe… j'ai pris goût à l'allemand et à l'Allemagne !

En quoi les langues vous servent-elles dans votre métier ?

Je travaille depuis trois ans à Düsseldorf et j'ai réalisé que plus encore que la langue, c'est la connaissance de la culture allemande et des codes de la société qui me sont le plus nécessaires, notamment dans le monde professionnel.
Comprendre ce qui n'est pas dit ou pas écrit, voilà le secret de la communication en langue allemande !

Maxime, chef de produit touristique pour un site de voyage

- Licence information et communication à Paris 8

L'allemand vous a-t-il été utile dans vos études ?

Oui, beaucoup, c'était un de mes points forts. J'ai cultivé mon allemand pendant ma licence et j'ai ainsi acquis une double compétence.

En quoi l'allemand vous sert-il dans votre métier ?

Je crée des produits touristiques dont je fais la promotion pour la clientèle allemande. C'est impossible de le faire sans comprendre l'allemand et les Allemands.

J'organise des circuits en France, je trouve des lieux d'hébergement adaptés, ainsi que des visites originales.
Je supervise la présentation des circuits sur le site : les arguments, les titres, même le choix des photos exigent de ne commettre aucune erreur linguistique ou culturelle. Je dois connaître mes clients sur le bout des doigts !

Portraits et témoignages à retrouver dans leur intégralité sur le site nathan.fr/orientation

www.orientation-lycees.fr

onisep

Bien entendu, il existe de multiples autres métiers possibles !

Crédits photographiques

Couverture
H Shutterstock/meunierd ; **B** Shutterstock/Maridav
6 h reprise de 19 ; **6 m** reprise de 27 ; **6 b** reprise de 37 ; **7 h** reprise de 45 ; **7 m** reprise de 55 ; **7 b** reprise de 63 ; **8 h** reprise de 73 ; **8 m** reprise de 81 ; **8 b** reprise de 91 ; **9 h** reprise de 99 ; **9 m** reprise de 109 ; **9 b** reprise de 117 ; **10 h** reprise de 127 ; **10 m** reprise de 135 ; **10 b** reprise de 145 ; **11** reprise de 153 ; **19** Photo12/Alamy ; **20** Leemage ; **21** Getty Images/Heritage Images/Fine Art Images ; **22 h** © Deutsche Welle DW Deutsche Welle ; **22 b** Photononstop/DPA/Maja Hitij ; **23** iStock/piola666 ; **24** Getty Images/Michael Gottschalk ; **26** Bridgeman Images:Haags Gemeentemuseum, La Hague ; **27** Photononstop/DPA/Bernd Westneck ; **28 h** SüdKurier/Michael Neubert ; **28 b** © ARD-aktuell/DFL Foundation ; **29** theredcard.de/Simon Hirsbrunner ; **30 h** Photononstop/DPA/Tobias Hase ; **30 b** Die Beauftragte der Bundesregierung für Migration, Flüchtlinge und Integration/Deutscher Fussball Bund/Ruschke und Partner/Susie Knoll ; **31** Die Beauftragte der Bundesregierung für Migration, Flüchtlinge und Integration/Deutscher Fussball Bund/Ruschke und Partner/Susie Knoll ; **34** © DOSB ; **35** Plainpicture/Cavan Social ; **36** Landessportbund NRW ; **37** Andia/Euroluftbild ; **38 h** © Exploitation permitted by SWR/Familie Burk SWR» ; **38 b** Plainpicture/Ingo Kukatz ; **39** Dreamstime/Katarzyna Mazurowska ; **40 h** Photo12/Alamy ; **40 b** Christoph Eisenmenger ; **41** Photononstop/DPA/Arifoto Ug/Michael Reiche ; **45** Photononstop/DPA/Jochen Eckel ; **46 h** ZDH/S&F ; **46 b** ZDH/S&F ; **47** © Wochenspiegel-Verlags-Gesellschaft mbH & Co ; **49 h** Photononstop/DPA/Sebastian Kahnert ; **49 b** Photononstop/DPA/Themendienst ; **52** www.pasch-net.de ; **53 g** Afp/Getty Images/Adam Berry ; **53 d** Photo12/Alamy ; **54 h** Photononstop/DPA/Jens Büttner ; **54 b** Source Appinio/DR ; **55** Biosphoto/Michael Breuer ; **56 h** Greenpeace/TBWA ; **56 b** © explain it/DR ; **57** BUND Regionalverband Südlicher Oberrhein ; **58 h** Shutterstock/Kichigin ; **58 b** Photononstop/DPA/Gero Breloer ; **59** Photononstop/DPA/A.Schmalstieg ; **60** Biosphoto/Image Broker/Frank Sommariva ; **62 g** Shutterstock/Ondrej Prosicky ; **62 d** Shutterstock/SchottiU ; **63** Photononstop/DPA/Fredrik von Erichsen ; **64 h** Photo Karsten Skrabal ; **64 b** Shutterstock/poly picture ; **65 h** © Deutsche Welle DW Deutsche Welle ; **65 b** Photo Musée Tinguely, Bâle/Stefan Schmidlin © Adagp, Paris 2019 ; **66** Abaca Press/PA Images/Geoff Caddick © Manfred Stader ; **67** © Mentalgassi ; **68** Photo12/Picture Alliance ; **70** © Fredi Lerch ; **71** Photo12/DPA/Holger Hollemann ; **72 h** iStock/justtscott ; **72 b** © Mentalgassi ; **73** Photo12/ImageBroker ; **74 h** Coll. part.© Albert Renger-Patz-Archiv/Ann und Jürgen Wilde/Adagp, Paris, 2019 ; **74 b** Photo © BPK, Berlin, Dist. RMN-Grand Palais/Fotoarchiv RuhrMuseum/Josef Stoffels ; **75 h** Photo © BPK, Berlin, Dist. RMN-Grand Palais/Fotoarchiv RuhrMuseum/Anton Tripp ; **75 b** © RP Online/DR ; **76 h** © Deutsche Welle DW Deutsche Welle ; **76 b** Photo12/Alamy ; **77** Photo12/Alamy ; **78** Shutterstock/Peeradontax ; **80** Photo12/Alamy ; **81** Shutterstock/Szasz-Fabian Jozsef ; **82** Photo12/Alamy ; **83 g** Mehrgenerationenhaus/Caritas München ; **83 d** © BMFSFJ/DR ; **84** Lagfa Bayern e.V./DR ; **85** Photononstop/Picture Alliance/Oscar Poss ; **88** Photo12/Picture Alliance/Westend61 ; **89** Photo12/Alamy ; **90 h** Photononstop/DPA/Uwe Anspach ; **90 bg** Photo12/Alamy ; **90 bd** Photononstop/DPA/Martin Schutt ; **91** Photo12/Alamy ; **93** © fff future fashion forward ; **94 h** ZeroWaste_Vegan ; **94 b** HappyCityLab/Sébastien Puiatti ; **95 g** Photo12/Alamy ; **95 d** repaircafe-thun.ch ; **98** grüne-ush.de/ill. Benjamin Petersen ; **99** Plainpicture/Hartmann ; **100 h** La Collection/Artothek/Städel Museum, Francfort ; **100 b** Bridgeman Images/SZ Photos/Blanc Kunstverlag ; **101 h** Bnf, Paris ; **101 b** Bridgeman Images/Musée de l'Ermitage, Saint-Pétersbourg ; **102 h** © Tom Sielemann ; **102 b** Photononstop/Picture Alliance/Jazz Archiv/Rainer Merkel ; **103** Photo12/Alamy ; **106** Nadja Mayer *Weil es Liebe ist*/Suhrkamp Verlag AG ; **107 h** Schwarwel/toonpool.com ; **107 b** Repair Cafe Schöneberg Berlin ; **108** Plainpicture/Willing-Holtz ; **109** Rea/Laif/Gordon Welters ; **110** © Spiegel/25 février 2013 ; **111** © Federal Ministry of Economics and Energy, www.make-it-in-germany.com ; **112** Photononstop/DPA/Christin Klose ; **113** Photononstop/Picture Alliance/Bernhard Förth ; **117** Shutterstock/TasfotoNL ; **118 h** Afp/Apa Pictures/Roman Zach-Kiesling ; **118 b** Afp/Apa Pictures/Georg Hochmuth ; **119** Afp/Apa Pictures/Georg Hochmuth ; **120 h** Shutterstock/laura Zamboni ; **120 b** © ORF/DR ; **121** Shutterstock/Cezary Wojtkowski © 2019 NAMIDA AG, Glarus, Suisse ; **122** Shutterstock/Pfeiffer © Adagp, Paris, 2019 ; **124** Photo12/Alamy © 2019 NAMIDA AG, Glarus, Suisse; **125** Bundesministerium für Wirtschaft und Energie ; **126 h** Photo12/Alamy ; **126 b** Shutterstock/saiko3p ; **127** Photo12/Alamy ; **128 h** Leemage/Lee ; **128 b** Photononstop/DPA/Bodo Marks ; **129** Getty Images/Corbis/Robbie Jack ; **130 h** © HR/DR ; **130 b** © Deutsche Oper am Rhein ; **131** Theater Krefeld/Matthias Stutte ; **134** Bregenzer Festspiele et Classica/photo Anja Köhler et Karl Forster © 2013 Unitel © 2013 Artwork Editorial © 2013 C Major Entertainment ; **135** Getty Images/Ullstein Bild ; **136** Deutsches Historisches Museum, Berlin ; **137** Akg-images ; **138 h** Prod DB © Gemini Film-Degeto Film-NDR/DR ; **138 b** © X-Verleih/DR ; **139 h** La Collection/Imagno ; **139 b** Leemage/Underwood Archives ; **142** Bundesarchiv, Berlin; **143 h** Photononstop/Picture Alliance/Christian Fürst ; **143 b** Getty Images/Corbis/Robbie Jack ; **144** Gamma-Rapho/Keystone ; **145** Photo12/Alamy ; **147** © bpb/Stephan Morgenstern ; **148 h** Andia/Euroluftbild/Gerhard K-Launer ; **148 b** © HNA/Mühlhausen ; **149** Thüringer Ministerium für Umwelt, Energie und Naturschutz ; **152** Rea/Rainer Unkel ; **153** Getty Images/Ullstein Bild/Henning Christoph ; **154** Photononstop/DPA/Sophia Kembowski ; **155 h** © Eurozoom ; **155 b** © NDR ; **156** Getty Images/Ullstein Bild/Yavuz Arslan ; **157** © GERMANIA/DR ; **161 h** Photo12/ImageBroker ; **161 b** © EF ; **163 h** Photononstop/Picture Alliance ; **163 b** dtv Verlagsgesellschaft mbH & Co ; **164** Bridgeman Images/musée Condé, Chantilly ; **165** Bridgeman Images/Lebrecht Music Arts ; **167** Photo12/Alamy ; **168** reprise de 128 b ; **170** reprise de 136.

Crédits sonores
23 Erstmal Ein Selfie, Paroles de Vincent Stein, Dag Alexis Kopplin et Robin Haefs, Musique de Vincent Stein et Dag Alexis Kopplin © Universal Music ; **94** Kleidertauschparty © Evangelische Kirche im NDR, Julia Heyde de López ; **101** Ungeduld © Universal Music ; **102** Ich und Du, Paroles et musique de Anna Depenbusch © Sony Music/DR.

Crédits textes
12-13, **190-191** rédaction : Séverine Maestri, Michel Muller, coordination : Emmanuel Percq Édition : Isabelle Dussouet ; **14-15** Caroline Normand ; **16-17** *Apprendre c'est facile*, © Éditions Nathan 2018 ; **23** *Erstmal Ein Selfie*, Paroles de Vincent Stein, Dag Alexis Kopplin et Robin Haefs, Musique de Vincent Stein et Dag Alexis Kopplin © Sony/ATV Music Publishing Allegro (Germany) I Ed. / Aquarium Songs GmbH / Publisher(s) Unknown Avec l'aimable autorisation de Sony/ATV Music Publishing (France). Droits Protégés. © Budde Music/DR © Chimperator ; **102** *Ich und Du*, Paroles et musique de Anna Depenbusch © Budde Music/DR © Peer Music/DR.

Édition : Petra Treuer, Julie Bachmann
Iconographie : Any-Claude Medioni
Illustrateur : Philippe Chauvet
Conception de la maquette : Frédéric Jély
Mise en page : La papaye verte
Conception de la couverture : Grégoire Bourdin
Cartographie : Philippe Chauvet